电子商务运营管理实务

主　编　唐连生

副主编　董新平　蓝振峰　李思寰

中国财富出版社

图书在版编目（CIP）数据

电子商务运营管理实务／唐连生主编．—北京：中国财富出版社，2020.6（2026.2 重印）
ISBN 978－7－5047－7103－2

Ⅰ.①电… Ⅱ.①唐… Ⅲ.①电子商务－运营管理 Ⅳ.①F713.365.1

中国版本图书馆 CIP 数据核字（2019）第 268843 号

策划编辑 李　丽　谷秀莉　　**责任编辑** 朱凯琳
责任印制 尚立业　　**责任校对** 杨小静　　**责任发行** 于　宁

出版发行 中国财富出版社
社　　址 北京市丰台区南四环西路 188 号 5 区 20 楼　　**邮政编码** 100070
电　　话 010－52227588 转 2098（发行部）　　010－52227588 转 321（总编室）
010－52227566（24 小时读者服务）　　010－52227588 转 305（质检部）
网　　址 http://www.cfpress.com.cn
经　　销 新华书店
印　　刷 北京九州迅驰传媒文化有限公司
书　　号 ISBN 978－7－5047－7103－2/F·3158
开　　本 787mm×1092mm　1/16　　**版　　次** 2020 年 6 月第 1 版
印　　张 16.75　　**印　　次** 2026 年 2 月第 5 次印刷
字　　数 367 千字　　**定　　价** 49.00 元

编委名单

前　言

电子商务，简称电商，是传统产业转型升级的重要手段之一，由此引发的商业形态变革极大地促进了传统产业的发展。新零售、新营销、新金融将撼动未来商业生态圈，新的商业形态将以更低的成本带来更为激烈的竞争，电子商务运营管理人才培养的模式要顺应这种趋势。

国内电子商务运营管理实务相关课程的教学内容分化较大，有的侧重网店运营，有的侧重跨境电子商务平台建设。多年的行业接触，让我们对国内外电子商务培训市场和电子商务企业对人才培养的目标有了更清晰的认知。电子商务市场瞬息万变，新技术和新概念层出不穷，唯有电子商务运营的理念才是根本。电子商务运营已经成为电子商务等企业开展电子商务活动的必备环节，同时也是最重要的环节。

在这样的大趋势下，电子商务企业要想在日益激烈的竞争中脱颖而出，势必要组建优质的运营团队，制定更佳的运营策略。具体来说，运营人员不仅要了解“获得用户—提高活跃率—提高留存率—获得收入—自传播”的运营模型，还要掌握其中的工作方法及相关工具的使用技巧等。

本书可作为应用型本科院校和高职高专院校电子商务、工商管理等专业的教材或教学参考书，也对电子商务管理、运营、推广人员及仓储客服人员的实际工作具有指导意义。受编写团队行业阅历和学识所限，书中难免有疏漏之处，还望读者不吝赐教、斧正。

本书第一章由宁波工程学院的许燕副教授编写，第二、三章由宁波工程学院的唐连生教授编写，第四、五章由浙江大学宁波理工学院的董新平、陆萍、蒋怡等人编写，第六、七章由宁波大学科技学院的蓝振峰副教授编写，第八、九章由宁波工程学院的刘铁莉老师编写，第十章由湖南怀化学院的李思寰教授编写，附录由杭州千格源科技有限公司董事长毛江伟编写。全书由唐连生教授统稿。

最后，感谢宁波工程学院经济与管理学院朱占峰院长的大力支持，感谢我的助理陈艳进行的校对，对行业内外在本书编写过程中提供支持的朋友一并表示衷心感谢！部分资料来源于“人人都是产品经理”“运营喵”和“今日头条”等网站，在此一并表示感谢。

唐连生

2019 年 10 月 31 日于宁波

目　录

第一章　电子商务运营管理概述

【学习目标】通过本章的学习，了解电子商务发展现状、发展趋势以及电子商务运营管理的意义，熟悉近年来电子商务行业发展特点及新趋势，掌握目前电子商务发展存在问题及其解决思路、电子商务运营的相关概念和关键成功要素。

【关键词】电子商务运营；整合与转型；社会化电子商务

近年来，世界经济正向数字化转型，大力发展数字经济成为全球共识。党的十九大报告提出要建设“数字中国”“网络强国”。数字经济与实体经济深度融合，将有力促进供给侧结构性改革。20 世纪 90 年代，电子商务这种新型商业模式诞生于美国。伴随着互联网的飞速发展及其在经济社会生活领域的广泛应用，电子商务成为我国经济发展过程中不可缺少的驱动力之一。进入 21 世纪，我国电子商务走向快速发展阶段，并逐渐稳定。2018 年国务院政府工作报告提到，我国创新驱动发展成果丰硕，高铁网络、电子商务、移动支付、共享经济等引领世界潮流。电子商务在引领数字经济、促进全面开放、推动深化改革、助力乡村振兴、带动创业创新等方面都发挥了重要作用，是数字经济的重要组成部分，也是数字经济最活跃、最集中的表现形式之一。

《电子商务“十三五”发展规划》提出三个具体发展指标：2020 年电子商务交易额超过 40 万亿元、网络零售额达到 10 万亿元左右、电子商务相关从业者超过 5000 万人。一方面，电子商务全面融入国民经济各领域，推动形成全球协作的国际电子商务大市场，成为经济增长和新旧动能转换的关键动力；另一方面，电子商务全面覆盖社会发展各领域，带动教育、医疗、文化、旅游等社会事业创新发展，成为促进就业、改善民生、惠及城乡的重要力量。

第一节　电子商务发展趋势①

一、总体发展趋势

（一）电子商务交易额、网上零售额及从业人员规模

截至2018年6月，我国网民规模达8.02亿人，互联网普及率为57.7%。2017年，全国电子商务交易额高达29.16万亿元，较2016年同比增长11.7%。同年，全国网上零售额为7.18万亿元，社会消费品零售总额的比重不断提升。电子商务从业人员多达4250万人，包括大量农村剩余劳动力、返乡创业青年等。

（二）非银行支付机构网络支付

伴随着电子商务的发展，网络支付改变了人们传统的支付习惯，覆盖消费者衣食住行等多方面，2017年非银行支付机构发生网络支付143.26亿万元，较2016年同比增长44.32%。快递服务业业务量累计400.6亿件，其中有70%的业务量由电子商务拉动产生。

（三）农村网络零售额

2017年，我国农村网络零售额虽然只有1.24万亿元的规模，但同比增长高达39.1%。

（四）海关验收跨境电子商务进出口商品总额

2017年，海关验收跨境电商进出口商品总额为902.4亿元，同比增长高达80.6%。跨境电商在B2B（企业对企业）、B2C（企业对客户）等多个方向均呈现出活跃发展态势，产业规模和辐射带动领域不断扩大。2017年，经我国海关办理的跨境电子商务进出口清单达6.6亿票，是进出口货物报关单的8.4倍，进出口商品总额为902.4亿元，较2016年同比增长80.6%。其中，出口为336.5亿元，进口为565.9亿元，较2016年同比分别增长了41.3%和120%。

① 本节数据来源：中国互联网络信息中心（CNNIC）第42次《中国互联网络发展状况统计报告》、商务部《中国电子商务报告（2017）》。

二、2017—2018 年电子商务行业发展特点

（一）2017 年电商行业发展特点

1. 引领数字经济，壮大发展动能

拉动消费方面：2017 年实物商品网上零售对社会消费品零售总额增长的贡献率达 37.9%，比 2016 年提升 7.6 个百分点。

促进出口方面：跨境电子商务出口日益成为中国商品开辟海外市场的新通道，海关跨境电子商务管理平台验收商品出口增速达 41.3%。

示范引领方面：238 家国家电子商务示范企业年营业收入合计超过 1 万亿元。其中，上市及新三板挂牌公司达 48 家，2017 年合计市值达 7.5 万亿元。

创新发展方面：大数据、云计算、人工智能、虚拟现实等数字技术为电子商务创造了丰富的应用场景，不断催生新的营销模式和商业业态。

2. 促进全面开放，拓展全球协作回到原点

跨境电商方面：进出口政策释放利好。国务院将跨境电子商务零售进口监管政策过渡期再次延长至 2018 年年底，将跨境电子商务综合试验区“两平台、六体系”的建设经验向全国推广。

国际合作方面：“丝路电商”稳步推进。2017 年我国与 7 个国家建立双边电子商务合作机制，推进十余个自贸协定电子商务议题谈判，积极参与亚洲太平洋经济合作组织（亚太经合组织）、上海合作组织（上合组织）、金砖国家、二十国集团、世界贸易组织（世贸组织）等多边贸易机制和区域贸易安排框架下的电子商务议题谈判。

3. 推动深化改革，优化规制环境

《中华人民共和国电子商务法》已由中华人民共和国第十三届全国人民代表大会常务委员会第五次会议于 2018 年 8 月 31 日通过，自 2019 年 1 月 1 日起施行。

电子商务与物流业协同发展取得新经验，试点城市在优化快递车辆管理制度、快递末端服务创新等方面取得突出成效。电子商务大数据建设取得重要进展，覆盖主要平台、主要领域的电子商务统计分析和运行监测体系初步形成。电子商务示范体系持续完善，商务部对 100 家电子商务示范基地开展综合评估，组织 238 家电子商务示范企业签署诚信经营承诺书。

4. 助力乡村振兴，加快精准扶贫

政府层面：2014—2017 年，累计建设电子商务进农村综合示范县 756 个，其中，国家级贫困县 499 个。

企业层面：阿里巴巴、京东商城、苏宁易购、一亩田、时行生鲜、乐村淘、云田等电子商务企业积极响应商务部号召，在解决部分地区鸡蛋、水果“卖出难”的问题上开展了大量工作，取得明显成效。多家电子商务企业开设了“扶贫频道”，贡献出宝

贵的流量资源，帮扶贫困地区进行农产品销售。

（二）2018 年电子商务行业发展特点

1. 苏宁易购、银泰网等传统企业开始发力

企业只有不断创新、不断变革，前端以用户为中心打造超级体验，提供更多的增值服务，后端高度协同商家，整合供应链和资源，才能在竞争中保持领先优势。因此，传统企业要做的是利用线下的传统品牌优势和资源，做好品牌在线上的延续和延伸，以用户为中心，为用户提供一站式服务和增值服务，提升用户体验和服务水平，提供符合电子商务客户需求的高性价比商品，在未来电子商务的竞争中占据优势。

2. 平台电子商务回到原点

经过一轮投资泡沫后，平台电子商务会回到原点，深挖客户需求，丰富盈利方式，而不是一味在利益驱动下改变盈利模式。

3. 从企业内部和外部入手进行转型

电子商务行业的转型主要从企业内部资源整合优化和外部资源深化两方面进行。企业平台内部进行供应链优化，提升流量和客户体验，形成品牌效应，并提高客户忠诚度；企业平台外部，基于物联网和云计算的快速发展，抢占移动终端和社会化电子商务领域先机。“移动终端 + 客户体验”组合将极大提升网站用户数量或者流量，“SNS + 客户忠诚”组合将极大提升用户黏度，“物联网 + 供应链”组合将大大推动供应链优化过程。

（1）移动终端 + 云计算

随着集成电路技术的飞速发展，移动终端已经拥有了强大的处理能力，它正在从简单的对话工具变为一个综合信息处理平台，进入智能化发展阶段，并将逐渐替代 PC（Personal Computer，个人计算机）。随着云计算快速发展，新的商务模式将不断涌现，未来电子商务竞争会集中在移动终端领域。

（2）社会化电子商务进一步深化

①基于电子商务网站构建社区。

“淘江湖”是一个真实的好友交互平台。依托于淘宝网，“淘江湖”帮人们便捷地同亲友保持联系，用户可以及时了解亲友的最新状况与动态信息，获得更可靠的购物经验与建议。

“凡客达人”是互联网快时尚品牌“凡客诚品”（VANCL）推出的一个社区化全民营销平台，于 2011 年 3 月 18 日凌晨正式上线。在该平台，用户可免费开通店铺，成为“凡客达人”（Vancl Star），发布凡客产品搭配，如有其他用户从该搭配页面下单成功，则此“凡客达人”可获得销售分成，最高可达 10%。

②基于社区的社会化电子商务。

“微跳蚤”是一款基于新浪微博的二手交易平台，为微博用户提供发布、查询、评价商品的服务。用户在微博上点击“我要卖”或者“我要买”，然后这些微博会自动带上买或者卖的“标签”。用户可以在“微跳蚤”上查看最新的买卖信息，也可以查看自己在微博上所关注好友发布的买卖信息，还可以查看同城用户的买卖信息，或者收藏或者转发相关的信息。

“卷豆网”致力于提供适合在线社区的电子商务方案，“淘金链”（LinkMiner）是该网站发布的第一个产品。“淘金链”可以把商家网站上的普通的网店链接和在线商品链接转换为支持佣金结算的 CPS（信息物理系统）链接（比如“淘宝客”链接），在不占用广告位的情况下，为商家开辟一个全新的收入来源。

③第三方社会化电子商务平台。

“知美”成立于 2011 年，是一个社会化电子商务平台，是用户消费兴趣的集合，能够展现用户的生活品位，用户可以浏览并关注别人在“知美”的收集、共同发现生活中的消费乐趣。用户在这里能找到品位相似的朋友，可以借助购物达人们的意见，简单、快捷地找到更适合自己的商品。

“堆糖”成立于 2010 年 10 月，其主题是收集和发现用户喜爱的事物，以图片的方式来展示。“堆糖”的目标是连接人的兴趣和事物，通过重新组织信息流动的方式，提供超快捷的图文收集工具，还有各种兴趣主题小组。“堆糖”早期定位是用户对物品的兴趣分享，类目主要集中在生活、设计和时尚方面。随着社区的发展，用户逐渐自发拓展了各种领域，内容逐渐多元化。

（3）物联网的发展将对供应链的优化产生重要影响

物联网形势下的企业供应链管理，是基于物联网的信息系统，将供应链管理与质量控制进行智能化集成，以实现供应链管理的高度敏捷化和集成化，以产品服务化的理念结合更加优化的供应链成员、更小的供给库规模和更快的反应速度，满足顾客日益个性化的需求，提高整个供应链的价值。

4. 电子商务发展新趋势

我国电子商务仍将继续保持高速增长的态势，具体表现在以下四个方面。

（1）手机购物将成为新趋势，移动电子商务得到大力发展

进入移动互联网时代，绝大多数的传统企业都增加了在移动客户端的服务，例如订酒店、订餐、订票、购物支付等，因此移动电子商务的快速发展成为时代的必然。

（2）多维度融合全面展开

大数据、人工智能、区块链等数字技术与电子商务加快融合，将构建更加丰富的交易场景；线上电子商务平台与线下传统产业、供应链配套资源加快融合，将构建更加协同的数字化生态；社交网络与电子商务运营加快融合，将构建更加稳定的用户关系；电子商务还将进一步促进内外贸市场融合，加快资源要素自由流动。

（3）产业数字化加速推进

产业数字化将全面推进零售业态创新，提升商品质量和用户体验，零售业竞争力

逐步从经营商品向经营用户、经营场景转变。B2B 将进一步促进工业制造及供应链数字化转型，成为推进工业互联网发展的重要突破口。

（4）国际合作日益密切

未来全球电子商务将继续保持较快发展速度，东南亚、非洲和拉丁美洲的电子商务发展潜力较大。全球电子商务资源，如技术、数据、支付、物流等，将加速集聚共享和协同发展。

三、存在的问题

我国电子商务发展取得显著进展，但同时发展不平衡、不充分以及人才缺乏的问题依然是制约其高质量发展的主要因素。

（一）发展不平衡

我国电子商务发展东强西弱，地区失衡。东部省市网络零售额在全国占大部分；中、西部地区虽增速较快，但占比较小。我国电子商务的发展依赖于区域基础设施建设，因此东南沿海及经济发达地区电子商务规模较大，而中、西部地区电子商务发展相对滞后。

（二）发展不充分

我国电子商务政策法规环境有待改善。传统监管方式难以适应新业态、新模式的发展，制度改革和监管难度较高，公平竞争秩序和信息安全保护亟待加强。电子商务企业之间对数据、客户的争夺，很可能侵犯消费者权益、破坏公平竞争的市场秩序；网络安全、个人信息保护面临着很大的挑战。

（三）人才缺乏

在大数据背景下，我国电子商务迅速发展，并成为我国经济的重要组成部分。与此同时，人才缺乏成为其发展的制约因素。对于企业内部来说，电子商务专业人才包括运营人才、技术人才、销售人才、管理人才。对于企业外部来说，高校培养的电子商务人才是企业所需人才的重要来源之一，但目前，我国高校电子商务专业人才培养模式结构单一，电子商务运营和技术人才极为缺乏，制约着我国电子商务的发展。

四、问题的解决

（一）规范电子商务产业链

一方面，对于企业内部：一是制订物流配送方案。企业需要制订一个适合当地经济、交通运输的物流配送方案，规划好运输工具、运输方式及运输路线等。二是加强与消费者的交流沟通。在服务行业，顾客就是上帝。要提高产品透明度，让消费者更加了解产品，就要加强与消费者的交流沟通。因此，加强消费者和生产者间的沟通与联系也是规范产业链的重要环节。要连接东、西部地区，连接消费者和供货商，规范产业链。

另一方面，对于企业外部，首先要分析不同地区的需求，然后进行简单的集货处理，最后再根据客户需求配送相应产品。这样将客源与货源紧密结合起来，从而加强产业链的紧密度。

（二）完善监管体系，降低风险

完善监管体系，需要国家相关政策与法律法规的支持。同时，需要企业内部做到以下几点：一是设置企业内部监管部门，组成特殊小组，监管产品的质量、材料用量、制作工序等；二是成立监管配货和发货部门，保证发出优质产品，对不合格产品与合格产品做不同处理；三是定期抽查产品，保证产品的质量。

（三）加强电子商务人才的培养与培训

加强电子商务人才的培养与培训，要做到开源节流。开源即寻找更优质的人力资源。一方面，企业在招聘毕业生时，应该关注电子商务人才的质量；另一方面，高校培养人才应该是全方位、多层次、多样性的，应做到理论与实践统筹兼顾，重视运营人才和技术人才的培养。同时，企业在内部培训时应该做到因材施教，面对不同的人才采取不同的培训方式，并且设立不同的奖惩与激励机制，在员工之间建立起竞争与合作关系，培养员工的竞争与合作意识。在培训课程中，设置一定的考核机制与小组任务，并对每一次的考核成绩进行排名，给予员工相应的奖惩。

第二节 电子商务运营管理概述

电子商务运营管理的高效对业务的顺利开展极为重要。要想提高电子商务运营的内部效率，企业管理层必须平衡好各部门之间的利益关系和责任关系，管理和控制运营流程，包括产品和服务的需求预测、库存管理、调度管理、采购管理、供应链管理、市场营销以及人力资源管理等。

电子商务企业和传统企业一样，都面临着如何进行运营管理的问题。电子商务的产生和发展为企业注入了新的机遇和活力，但是也对企业的运营模式和流程提出了新的要求。电子商务企业将互联网引入运营活动，极大地提高了企业的运营管理和工作效率。电子商务运营绝不是可有可无的，凡是期望在电子商务中取得理想成绩的企业，都必须付出努力，以提高自身的电子商务运营能力。

电子商务企业运营能力的高低，在很大程度上决定了其运营工作是否到位和高效。搭建好电子商务运营平台是企业开展电子商务活动的基础条件，电子商务企业要正确认识电子商务运营管理的必要性，做好运营工作。

一、电子商务运营含义

电子商务运营（Electronic Commerce Operation，ECO）最初被定义为电子商务平台（E－commerce Platform）建设，如企业网站、论坛、博客、微博、商铺、网络直销店等的建设，包括产品的优化推广，电子商务平台的维护重建、扩展以及网络产品的研发及盈利。电子商务运营可以分为两部分，电子商务（Electronic Commerce）和运营（Operation），前者是后者所在的平台。

电子商务运营与企业运营存在相似之处，包括市场调研、产品定位、管理分类、开发规划、运营策划、产品管控、数据分析、分析执行及跟进等，但其执行对象有别于实体产品。电子商务运营的对象是根据企业需要所开发、设计、建设的电子商务平台宣传、推广的产品。

本书将电子商务运营定义为：电子商务公司在经营过程中，围绕产品和客户，对人力、物力等相关资源进行优化的过程。

二、电子商务运营的核心

电子商务运营的内容主要包括电子商务运营战略的制定、盈利模式设计、网络营销、物流与供应链管理、客户关系管理、移动客户端运营、线上线下运营策略、人力资源管理、运营效果监控测评等几个方面，这也是运营经理的职责所在。具体来说，产品、客户及网站经营是电子商务运营的核心。

（一）产品

产品既包括通常意义上的有形产品，也包括服务等无形产品，合适的产品是一切的基础。所谓合适，即产品或服务要适合网络销售，产品的质量要过硬。首先，网络零售的产品需要便于运输，即体积和重量不宜过大，不容易损坏或变质；其次，商品的货值不能过低，如果货值低于运费，则这种商品的利润空间就非常小，不利于盈利；最后，消费者在当地实体店买不到的产品或虽然能够在实体店买到但是价格比网上购买昂贵的产品更有利于进行网络零售。

随着微博、微信等移动社会化网络平台的快速发展，网上负面新闻传播范围广且速度快，一件小事就可能毁了一个商家。因此，保证产品质量就显得更加重要。

（二）客户

客户关系管理把提高客户满意度和客户忠诚度作为目标，将信息技术集成在软件上，致力于在企业与顾客之间建立一种数字的、实时的、互动的交流管理系统，是现代经营管理的一种理念。根据客户与企业发生交易关系的阶段，可以将电子商务客户服务分为售前、售中和售后三个阶段，同时，网站的客户服务相应地划分为网上售前服务、网上售中服务和网上售后服务。

（三）网站经营

网站经营效果的好坏，直接关系到企业的电子商务能否成功，能否为企业带来价值和利润。网站不仅代表着企业的网上品牌形象，也是企业开展网络营销的根据地，网站的功能对网络营销的效果有直接影响，对网站功能进行准确定位是网站经营中要解决的首要问题。

第一，网站应通过文字、图案、颜色甚至声音等媒介充分展示产品或服务的特色，让客户在最短的时间内抓住企业所要传递给目标客户的核心思想。第二，处理好信息服务与在线销售的关系。网络与电子商务的最大优势在于信息的传递，企业可以在网站上提供丰富的相关产品信息、专业知识和服务。

网站目标要非常明确，具有可操作性。电子商务网站的设计核心是亲近客户和提高商家销售量，就是按照潜在客户的购物习惯，引导客户一步步在网站上展开购物。这种思路会应用到网站经营的各个方面，集中体现在网站的购物流程中。对于营销网站来说，如果想吸引潜在客户，就需要思考如何使客户按照网站预先设想的路径进行消费，从主页到需求的产品页面，再到支付页面，直至最后的交易结束页面，每步都是不容出错的。

三、电子商务运营本质

电子商务运营的本质是“心态＋技能＋思维”，通过对这三个要素的把握，实现提高企业利润、客户忠诚度以及加强用户体验的目标。

（一）心态

一旦决定要以运营者的身份进入电子商务领域，就必须端正心态，明确两件事：第一，运营不是万能的，但没有运营是万万不能的。运营的效果与产品的质量以及相关部门的配合都有很紧密的联系，因此运营失利的时候，一定要及时摆正心态，把影响运营效果的因素一一解决。第二，运营要有积极的心态，也就是要充分利用生活中的细节，对于随处可见的广告设计、网上盛传的行业热点等，积极地关注和分析，这些都会对运营有所帮助。

（二）技能

1. 对数据的敏感

大数据、云数据在许多领域得到了广泛的应用。电子商务运营越来越注重细节和精细化的运营。精细化的核心是对数据的把控。电子商务平台的运营者要学会搜索数据、整理数据、分析数据，这个过程就是对数据的敏感度的体现。优秀的电子商务运营者要拥有较高的数据敏感度。

2. 口头表达能力和文字表达能力

口头表达能力是指用口头语言来表达自己的思想、情感，以达到与人交流的目的的一种能力。文字表达能力就是运用语言文字阐明自己的观点、意见或抒发思想、感情的能力，是将自己的实践经验和决策思想系统化、科学化、条理化的一种能力。

3. 沟通能力

沟通能力包含表达能力、倾听能力和设计能力（形象设计、动作设计、环境设计）。沟通能力看起来是外在的东西，而实际上是个人素质的重要体现，它关系着一个人的知识、能力和品德。沟通的要素包括沟通主体、沟通客体、沟通媒介、沟通环境和沟通渠道。

4. 执行力

执行力是指贯彻战略意图，完成预定目标的操作能力。执行力包含完成任务的意愿、能力、程度。对个人而言，执行力就是办事能力；对团队而言，执行力就是工作能力；对企业而言，执行力就是经营能力。

（三）思维

1. 发散思维

发散思维是指大脑在思考时呈现扩散状态的思维模式，它表现为思维视野广阔，思维呈现多维发散状。发散思维是创造性思维最主要的特点，是测定一个人创造力的主要标志之一。

2. 结构思维

结构思维是指在面对工作任务或者难题时能从多个侧面进行思考，深刻分析问题出现的原因，系统地制订行动方案，并采取恰当的手段使工作得以高效率开展，从而取得高绩效。

3. 逆向思维

逆向思维也叫求异思维，是对司空见惯的、似乎已成定论的事物或观点反过来思考的一种思维方式。

四、如何评价运营的效果

随着互联网技术不断突破，电子商务得以迅速发展，产生了许多专门针对电子商务的评价机构和网站，如 Alexa（亚马逊旗下子公司）主要从网站访问量、人均页面浏览数与网站流量等指标来对企业网站进行排名；Gomez（美国高明网络）从客户需求、顾客满意度等角度来评价企业的电子商务运营水平，其建立的指标体系包括实用性、用户忠诚度、站点资源、客户关系和总成本 5 个一级指标。我国对电子商务领域的研究始于 2000 年左右，在理论方面，以研究电子商务竞争力为主，通过建立网站建设、商品类别、信息技术、服务质量等指标体系，构建评价模型进行分析，也有学者从物流和价值链的角度出发，来研究 B2C 与物流的关系。在实践方面，艾瑞咨询集团从总体运营、经营环境、营销活动、用户行为与客户价值等指标来衡量和评价电子商务企业的运营能力。因此，运营能力是企业的核心能力，与传统制造业不同，电子商务企业的运营能力更多体现在其信息化水平上，以信息化技术与研发能力为核心，以客户需求信息收集与服务产品为营销手段，通过提高客户满意度来不断提升其商业品牌价值，从而获得利润。

在新时代背景下，许多企业采用关键绩效指标法（Key Performance Indicator，KPI）作为判断运营人员运营水平的指标。KPI 就是在进行简单计算后，给出目标，让运营人员通过努力，能够比别人更快、更好地实现目标。

关键绩效指标法把对绩效的评估简化为对几个关键指标的考核，将关键指标当作评估标准，把员工的绩效与关键指标做比较，在一定程度上可以说是目标管理法与帕累托定律的有效结合。

关键指标必须符合 SMART 原则：具体性（Specific）、可衡量性（Measurable）、可实现性（Attainable）、关联性（Relevant）、时限性（Time－based）。

第三节　电子商务运营管理经典案例

一、电子商务运营管理成功案例——海尔

（一）进军电子商务领域是海尔的必由之路

随着网络经济时代的到来，企业如何发展，是一个崭新而迫切的问题。海尔从 1999 年 4 月就开始了“三个方向的转移”：第一是管理方向的转移（从直线职能制组织结构向业务流程再造的市场链转移）；第二是市场方向的转移（从国内市场向国外市场转移）；第三是产业的转移（从制造业向服务业转移）。这些都为海尔开展电子商务

奠定了必要的基础，而进军电子商务领域是海尔国际化战略的必由之路。

海尔的电子商务的特色可以用“两个加速”来概括，首先是加速信息的增值：无论何时何地，只要用户点击网站，海尔就可以在瞬间提供一个 E + T > T 的惊喜，其中 E 代表电子技术，T 代表传统业务，而 E + T > T，就是电子技术加上传统业务强于传统业务。其次是加速与全球用户的零距离：无论何时何地，海尔的网站都会给用户提供在线设计的平台，用户可以实现自我设计的梦想。

（二）海尔与众不同的电子商务模式

1. 个性和特点鲜明的垂直门户网站

2000 年 3 月 10 日，海尔投资成立电子商务有限公司。2000 年 4 月 18 日，海尔电子商务平台开始试运行，6 月正式运营。截至 2000 年 12 月 31 日，海尔电子商务平台的 B2B 采购额已达到 77.8 亿元，B2C 销售额已达到 608 万元。海尔的电子商务为什么魅力四射？用户为什么会有如此大的购买热情，可以看下面的例子：

案例：我要一台自己的冰箱

青岛的徐先生是一位艺术家，他家里的摆设都非常富有艺术气息，徐先生一直想买一台既有艺术感又实用的冰箱。后来徐先生在海尔网站上看到“用户定制”模块，随即设计了一款自己的冰箱。他很快得到了海尔的回音：一周内把货送到。

2. 优化供应链取代本公司的（部分）制造业，变推动销售模式为拉动销售模式，提高新经济形势下企业的核心竞争力

海尔电子商务从两个重要的方面促进了经济模式的变化：一是 B2B 促使外部供应链取代自身的部分制造业务；二是 B2C 促进了企业与消费者的深化交流，这种交流全方位提升了企业的品牌价值。

一位供应商在通过网络与海尔进行业务往来后给海尔写了一封信：我是一家国际公司的中国业务代表，以前我每周都要到海尔公司来，既要落实订单，又要每天向总部汇报工作进展。有时候根本顾不上拓展新的业务，非常忙碌。自从海尔启用电子商务采购系统后，我可以在网上参加招投标、查订单、跟踪订单等，大大节省了人力、物力和财力，这真是一个公开、公平、高效的平台。而且我有更多的时间来了解海尔的需求，并为公司又谈下了一笔大生意，得到了公司的表扬。更重要的是，我作为中国人也为海尔感到自豪，海尔体现了国际化的先进手段和效率！

3. 把经销商也变成设计师，“个性化”不会增加成本

海尔电子商务最大的特点就是个性化。要做到与客户之间进行零距离的接触，就不能忽视经销商的作用。因为经销商最了解客户需要什么样的商品，所以要与经销商

之间零距离，让经销商代替客户来定制产品。

海尔提出的经销商、消费者设计产品的策略，其内容是有选择的，海尔的冰箱、空调、洗衣机等58个门类的9200多个基本产品类型，就相当于9200多种“素材”，再加上提供的上千种“佐料”——2万多个基本功能模块，这样经销商和客户就可以在海尔提供的平台上，有针对性地将这些“素材”和“佐料”进行自由组合，从而设计出独具个性的产品。

（三）海尔开展电子商务的优势

海尔首席执行官张瑞敏提出，海尔开展电子商务靠的是“一名两网”的优势：“名”是名牌，品牌的知名度是海尔的显著优势；“两网”是指海尔遍布全球的销售、配送、服务网络以及与银行之间的支付网络。

在产业方向转移方面，海尔已实现了网络化管理、网络化营销、网络化服务和网络化采购，海尔的品牌影响力和已有的市场配送、服务网络为海尔向电子商务过渡奠定了坚实的基础。在管理转移方面，传统企业的“金字塔”式的管理体制已经不适应市场发展的需要，因此，在管理机制上，海尔把“金字塔”推翻，建立了以市场为目标的新体制，企业的主要目标由过去的利润最大化转向以顾客为中心，以市场为中心。在企业内部，每个人要由过去的“对上级负责”转变为“对市场负责”。海尔还制定了物流、商流、资金流“三个流”的推进策略。物流作为“第三利润源泉”，降低了成本，提高了产品的竞争力；商流通过整合资源，降低了费用，提高了效益；资金流则保证资金运转顺畅。

海尔拥有比较完备的营销系统，在全国各个城市有40多个电话服务中心，1万多个营销网点，甚至延伸到6万多个村庄。这就是有些电子商务网站对订货的区域有限制而海尔可以在全国范围内实现配送的原因。

（四）海尔电子商务平台的搭建

海尔是国内大型企业中第一家进军电子商务的企业，率先推出了电子商务平台，累计投资1亿多元，建立了自己的IT（互联网技术）支持平台，为电子商务平台服务。

目前，海尔电子商务平台在集团内部有内部网络、ERP（企业资源计划）的后台支持体系。海尔有7个工业园区，各地还有工贸公司和工厂，它们相互之间的信息传递，如果没有内部网络的支持是不可想象的，各种信息系统等的应用也日益深入，比如物料管理系统、分销管理系统、电话中心、C3P（辅助设计软件）系统。海尔以企业内部网络、企业内部信息系统为基础，以网站为窗口，搭建起真正的电子商务平台。

当然，开展电子商务并不是一厢情愿的事，不仅要有各方面的基础，还要让经销商、供应商和消费者接受。海尔为经销商、供应商和消费者提供了一个简单、操作性强的电子商务平台，在平台设计的时候就考虑到如何为使用者提供方便和帮助，遵循以客户为中心的原则，让业务伙伴和海尔一同发展和成长。

海尔的电子商务平台将发展成为公用的平台，不仅销售海尔的产品，也将销售其他品牌的各类产品；不仅为海尔自身的采购需求服务，也将为第三方采购和配送服务。

电子商务是海尔前进的加速器。

（案例来源：IT 知识解析，有增减和修改）

二、电子商务运营管理失败案例——红星美凯龙、乐蜂网

（一）红星美凯龙

1. 公司概况

2012 年 8 月，红星美凯龙旗下的红美商城宣布开始公测，逐步投入运营。红美商城的业务主要分为三大体系：以家居建材产品为主的在线 B2C 平台业务、以家纺家饰及小件家居用品为主的线上闪购业务和家居用品的团购业务，分别对应页面顶端的“商城”“抢购”“团购”三个入口。

在线上运营的半年内，红美商城交易额仅为 4 万元左右，但先期投入已达 2 亿元。2013 年 1 月，红美商城被传发生人事震荡，原负责人于 2012 年年底离职。随后，红美商城全新改版，正式更名为星易家，公司给出的官方解释是“为了统一线上线下的品牌形象”。星易家由红星美凯龙体系的领导全权负责，同时把线上销量纳入线下商城的考核体系，让线下商城共同参与电子商务业务。

2. 失败原因分析

（1）缺乏运营所需的专业人才。红星集团内几乎所有实体商城高级总裁均同时兼任电子商务的高级副总裁。两个截然不同的领域如果都想要取得成功，专业团队必不可少。

（2）对电子商务认识不足，战略规划不清晰。半年时间内更换网上品牌，会失去一部分用户，红星集团花费几亿元的资金换来几万元的销售额，他们从一开始就认定电子商务是“烧钱”的领域，对于电子商务的定位不当。

（3）物流售后等成本过高。家具不容易运输，而且容易损坏，是家居电子商务的硬伤。

（4）市场价格差异。整个家居市场的价格都是不统一、不透明的。客户通过网络购买家居是无法在几个平台进行对比的，很难做到价格透明化，这是家居产品的特性。

（二）乐蜂网

1. 公司概况

乐蜂网和聚美优品曾一度被称作化妆品电商网站的“双璧”，两家老板都是知名度颇高的时尚人物。自从 2014 年“情人节”，乐蜂网作价 1.125 亿美元卖给唯品会 75%股份后，其影响力就弱了很多，直到乐蜂网 6 周年庆时才再次引起关注。从卖出后的半年来看，乐蜂网的业绩并没有明显提升，销售额不但上不去，而且处于持续亏损的状态。唯品会财报显示，其环比利润下降是受乐蜂网的影响，目前乐蜂网仍在亏损中。

2. 失败原因分析

（1）“达人效应”转化率低。初期，其创始人李静以“明星达人效应”进行宣传推广，短时间内聚集大量人气，但购买力转化不高。过分倚重明星效应，偏离电商核心，使公司整体战略一再摇摆。

（2）高管流失，与唯品会互搏，原乐蜂网 CEO 被取代。资料显示，唯品会接手乐蜂网后，多个高管职位发生变化，涉及财务、人力等方面。除了原班人马大量流失外，唯品会给乐蜂网的定位是独立经营，因此在唯品会内部，乐蜂网并不能得到太多实质性的资源支持，甚至还要与其进行直接竞争。

（3）定位不明晰，战略方向不坚定。在收购乐蜂网之后，唯品会依然在独立推动自己的化妆品电商业务。两家网站几乎是平行向前，缺乏更多有效的交集和协同。被收购后的乐蜂网定位不明晰，战略方向不坚定，短期动荡对其实际业务影响较大，也没有得到足够的资源支持和扶植，加上被收购后其独立品牌自然而然弱化，慢慢有被边缘化的趋势。

（案例分析部分选自中国论文网 https：//www.xzbu.com/2/view－7817155.htm，有删改）

【综合练习】

一、单项选择题

1. 正确认识到（　　）的必要性，做好运营工作，搭建好电子商务的运作平台，是开展电子商务运营活动的基础条件。

A. 电子商务运营管理　　B. 网络零售　　C. 电子支付　　D. 电子商务法律

2. 电子商务运营的核心是（　　）。

A. 绩效　　B. 利润　　C. 产品、客户、网站运营　　D. 人才

3. 电子商务运营的本质不包括（　　）。

A. 心态　　B. 技能　　C. 思维　　D. 数据

4. 以下（　　）是基于社区的社会化电子商务。

A. 凡客达人　　B. 堆糖　　C. 翻东西　　D. livescribe

5. 电子商务运营的本质是（　　），以提高企业利润、客户忠诚度及加强用户体验。

A. 心态＋技能＋思维　　B. 技术＋团队＋平台

C. 心态＋团队＋思维　　D. 技术＋平台＋思维

6. 我国电子商务发展取得显著进展，但同时（　　）问题依然是制约电子商务高质量发展的主要因素。

A. 软件技术落后

B. 发展不平衡、不充分以及人才缺乏

C. 团队管理不善

D. 前期投入资金量较大

7. 电子商务企业应用电子商务能力的高低，在很大程度上依赖于（　　）。

A. 平台政策支持力度

B. 各个职能部门相互配合情况

C. 运营工作是否到位和高效

D. 领导人的领导力情况

二、多项选择题

1. 2017 年电子商务行业发展主要特点包括（　　）。

A. 引领数字经济，壮大发展动能

B. 促进全面开放，拓展全球协作

C. 助力乡村振兴，加快精准扶贫

D. 推动深化改革，优化规制环境

2. 目前电子商务发展存在问题包括（　　）。

A. 人才缺乏　　B. 发展不充分

C. 发展不平衡　　D. 无电子商务相关法律

3. 关键绩效指标法是判断电商运营管理好坏的主要标准，必须符合（　　）时限性（Time－based）等原则。

A. 具体性（Specific）　　B. 可衡量性（Measurable）

C. 可实现性（Attainable）　　D. 关联性（Relevant）

4. 电商行业的转型主要从（　　）两方面进行。

A. 企业内部资源整合优化　　B. B2B 转型到 B2C

C. 外部资源深化　　D. 线下转型到线上

5. 电子商务发展主要解决了（　　）问题。

A. 规范电子商务产业链　　B. 完善监管体系，降低风险

C. 制定了相关法律法规　　D. 加强电子商务人才的培养与培训

6. 网站运营的主要内容包括（　　）。

A. 文案编辑　　B. 内容　　C. 用户运营　　D. 活动经营

7.“助力乡村振兴，加快精准扶贫”主要是从（　　）层面来进行。

A. 个人层面　　B. 国家层面　　C. 政府层面　　D. 企业层面

8. 客户关系管理把追求客户满意和客户忠诚作为最终目标，通过将信息技术集成在软件上，在企业与顾客之间建立一种（　　）交流管理系统，是一种现代的经营管理理念。

A. 技术的　　B. 数字的

C. 实时的　　D. 互动的

9. 网站目标要非常明确，具有可操作性。电子商务网站的设计核心是（　　）。

A. 让网站亲近消费者　　B. 引导下单

C. 网站宣传　　D. 提高商家销售额

10. 网络零售的产品需要便于运输，即（　　）。

A. 体积不宜过大　　B. 不宜过重　　C. 不容易损坏　　D. 不易变质

三、名词解释

1. 电子商务运营

2. KPI

3. 社会化电子商务

四、简答题

1. 电子商务运营管理基本途径。

2. 电子商务运营管理关键要素。

3. 电子商务运营与管理评价标准。

五、论述题

1. 简述电子商务运营与管理的重要性。

2. 简述电子商务行业发展特点。

3. 简述电子商务发展新趋势。

第二章　电子商务运营管理的基本框架

【学习目标】通过本章的学习，了解电子商务运营体系框架、电子商务运营的基本板块，理解运营关键难题中的团队问题，掌握电子商务运营管理的核心工作内容、方法，能够用运营管理的基本知识去解释和分析电子商务运营管理案例。

【关键词】电子商务运营体系框架；运营的基本板块；运营核心工作内容；方法论

第一节　运营体系框架

一、运营核心架构

（一）BD

商务拓展（Business Development，BD）的定义为：根据公司的发展来制订跨行业的发展计划并执行，和上游及平行的合作伙伴建立畅通的合作渠道，和相关政府、协会等机构沟通以寻求支持并争取资源。可以将其理解为“广义的 Marketing”或“战略 Marketing”。

（二）推广

推广包括两种方式：一是网络推广，以电子邮件、微博、博客、论坛、短信和广告等形式推广；二是线下推广，以超市、路演、交通枢纽海报等形式推广。

（三）运营

从大的方面来看，运营是一切与电子商务网站相关事务的总称，甚至包括技术、美工、市场、销售、内容建设等；从小的方面来看，运营却是独立于技术、美工、销售、市场等工作而存在的，如在一些大的网络公司，一般都设有专门的网站运营部门，以及运营经理、运营总监等职位。

网站运营应包括网站需求分析和整理、频道内容建设、网站策划、产品维护和改进、部门沟通协调 5 个方面的具体内容。

1. 需求分析和整理

对于一名网站运营人员来说，最重要的就是了解客户需求，并在此基础上提出网站具体的改善建议和方案，与大家一起讨论分析，确认是否可行。必要时，还要进行调查取证或分析统计，综合评析这些建议和方案的可行性。

需求分析，直接决定了网站的特色，有特色的网站才会更有价值，才会更吸引用户。例如，新浪微博的每条微博后面，常会推荐与该微博内容相关的其他微博，充分考虑了用户的兴趣需求。网站细节的改变，应基于对用户需求的把握。

另外，对用户需求的分析还包括对竞争对手的研究。研究竞争对手的产品和服务，看看他们最近做了哪些创新，判断这些创新是不是真的具有价值。

2. 频道内容建设

频道内容建设是网站运营的重要工作。尤其是对一些信息门户网站来说，网站内容就是核心。

频道内容建设应由专门的编辑人员来完成，包括频道栏目规划、信息的编辑和上传、信息内容的质量提升等。编辑人员做的也是网站运营范畴内的工作，他们属于网站运营工作中的重要成员。

频道内容建设是一个长期积累的过程。网站内容质量的提升应当是编辑人员追求的目标。在很多小网站或部分大型网站，网站编辑人员承担着网站运营人员的角色，他们不仅要负责信息的编辑，还要承担提需求、做方案等工作。

3. 网站策划

网站策划包括前期市场调研、可行性分析、策划文档撰写、业务流程说明等。策划是运营网站的关键，前期的网站策划会涉及更多的市场因素。

运营人员应该根据需求，对网站进行有效的规划，包括文章标题和内容怎么显示、功能键怎么摆放、广告如何展示等。

页面规划和页面设计是不一样的。页面规划较为初级，而页面设计则上升到了更高级的层次。运营人员策划的方案为初级规划，由设计人员填图上色，使之成为美观的页面，才能获得用户的好感。

4. 产品维护和改进

产品的维护和改进与需求分析有一定的相似之处。但产品维护和改进更强调维护，更多地是对顾客已购买产品的维护工作，回应顾客提出的问题。

大多数网络公司都有比较多的客服人员。很多时候，客服人员对有关技术、产品的问题不是非常清楚，对顾客的相关问题未能做出很好的解答，这时候就需要运营人员分析和判断问题，给顾客合理的解释，或把问题交技术人员处理，找到更好的解决方案。从这个角度来说，客服人员是运营人员的“顾客”。

此外，产品维护还包括制定和改变产品策略、进行良好的产品包装、改进产品的使用体验等。

5. 部门沟通协调

部门的沟通协调更多地体现为管理角色。因为运营人员深知整个网站的运营情况，知识面相对来说比较广，所以与技术、美工、测试等业务人员的沟通协调工作，更多地是由运营人员来承担。

作为一名运营人员，沟通协调能力必不可少。因为要与不同专业、不同工作领域的人打交道，所以在沟通的过程中，可能遇上许多得不到对方的理解或难以沟通的情况，这也是比较正常的。

优秀的网站运营人才要具备行业专业知识、文字撰写能力、方案策划能力、沟通协调能力、项目管理能力等。目前，网站数量众多，网站运营人员也多得数不胜数，而优秀的运营人才却是凤毛麟角。

（四）UED

User Experience Design（用户体验设计），简称 UED。UED 设计师是进行产品策划的主力之一，他们用自己的知识、经验和设计能力做出设计方案，他们不仅是互联网专家，还是行业专家，能够用自己的互联网知识设计出满足不同用户需求的网站，并将其付诸商业用途。

进行用户体验设计时，应考虑以下内容：

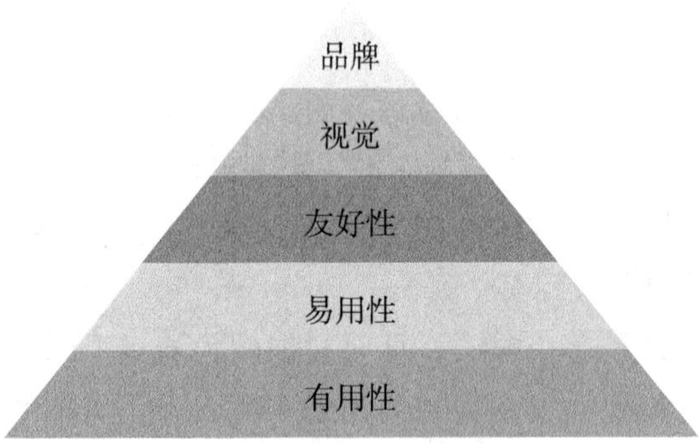

用户体验设计金字塔

1. 有用性

用户体验设计的基本目标是要让产品有用，这里的“有用”是指满足用户的需求。用户需求是根本，但用户需求不一定等同于功能。要了解客户的需求，根据用户遇到的实际问题为用户提供对应的解决方法，不盲目追求功能的“大而全”，而应更注重解决问题的有效性。

2. 易用性

对网站来说，易用性也是非常关键的。不易使用的网站，帮助用户解决问题的功效会大打折扣。

3. 友好性

一个只拥有漂亮的界面的网站称不上具有用户友好性，用户友好性的直接表现是缩短或消除网站开发者与用户的距离。

4. 视觉

漂亮、舒适的界面设计是良好的用户体验不可或缺的组成部分。开发者开发网站时，应秉持着格式、风格统一的原则，以此来减少用户的认知负担，让用户在视觉上受到吸引，爱上这个网站，通过视觉体验增加用户黏度。

5. 品牌

在经济飞速发展的今天，全球市场已基本属于买方市场。然而市场上产品或服务的同质化现象严重，特别是产品核心功能的差别几乎为零。在这种条件下，品牌特征毫无疑问已经成为同类产品相互区分的主要标志，在品牌竞争时代，拥有品牌特色就会拥有更高的关注度、更强的竞争力，越来越多的企业开始认识到品牌是竞争制胜的法宝。

（1）品牌对企业的作用

①存储价值。品牌可以帮助企业存储价值，并使得品牌资产随着品牌价值的提升而不断增值。

②维权保护。通过注册专利和商标，品牌可以受到法律的保护，可以利用法律武器防止和打击假冒或抄袭行为。

③促进销售。品牌让销售变得更容易，使产品卖得多、卖得快、卖得久。

④降低成本。平均而言，赢得一个新客户所花的成本是维持一个老客户成本的6倍，而品牌则可以通过培养用户的品牌偏好（即忠诚度）有效降低宣传和新产品开发的成本。

⑤保持优势。品牌可以打破企业生命周期的限制，为企业创造可持续经营和发展的机会，成为企业对抗竞争的优势。

（2）对用户的作用

①识别导购。品牌有利于用户快速识别及选购商品，从而提高购物效率，节约购物成本。

②降低风险。用户选择品牌商品是为了放心，选择信誉好的品牌可以帮助用户降低精神风险和金钱风险，因为品牌的背后有着品牌企业的实力支撑。

③个性展现。品牌经过多年的发展，能积累独特的个性和丰富的内涵，而用户可以通过购买与自己个性气质相吻合的品牌商品来展现自我。

（3）名牌、强势品牌效应

①磁场效应。企业或产品拥有了较高的美誉度后，会在消费者心目中树立起极高

的威望，消费者会表现出对品牌的忠诚。

②内敛效应。名牌企业的良好形象会使员工产生自豪感和荣誉感，从而更加努力、认真地工作。

③聚合效应。企业和产品成了名牌，就会获得社会的认可，有利于企业聚合社会资源，使企业进一步扩大，形成规模。

④光环效应。名牌会给企业和产品带来一道光环，在其照耀下，企业和产品会受到一种正面的影响。

⑤宣传效应。名牌形成后，企业可以利用它的知名度、美誉度传播企业名声，宣传企业形象。

⑥带动效应。名牌企业对城市经济、地区经济甚至国家经济都有带动作用。

⑦稳定效应。当一个地区经济波动的时候，名牌企业稳定发展一方面可以拉动地区经济，另一方面可以起到稳定军心的作用，使人、财、物不致流走。

⑧“核裂变”效应。当品牌发展到一定阶段后，它积累、聚合的各类社会资源及营销力量、管理经验就会产生“核裂变”，不断衍生出新的产品、新的服务，形成新的名牌。

（五）客户服务

客户服务主要体现为一种以客户满意为导向的价值观，它整合及管理在预先设定的最优成本——服务组合中客户界面的所有要素。广义上说，任何能提高客户满意度的内容都属于客户服务的范围。

客户服务在商业实践中一般会分为三类，即售前服务、售中服务、售后服务。售前服务一般是指企业在销售产品之前为客户提供的一系列服务，如市场调查、产品设计、提供使用说明书、提供咨询服务等。售中服务则是指企业在产品交易过程中向客户提供的服务，如接待服务、商品包装服务等。售后服务是指所有与所销售产品有连带关系的服务，如产品的质量保修、产品的使用反馈等。

（六）策划

策划是一种策略、筹划，它是个人、企业、组织结构为了达到一定的目的，在充分调查市场环境及相关联的环境的基础上，遵循一定的方法或者规则，对未来即将发生的事情进行系统、周密、科学的预测并制订的科学的、可行的方案。

电子商务策划包括定位、展现和营销等环节。具体来说如下：

1. 定位

定位是电子商务策划的根本，不管是店铺还是产品，都要有能够吸引消费者、能够与消费者建立关系的要素。

电子商务企业必须找到自身在销售体系里的定位，并且想办法融入，尝试一些主动变革的举措。

2. 展现

基于互联网这一载体的限制，电子商务企业只能通过图片、视频、文字将产品的信息传递给用户。在电子商务企业与用户的交互过程中，用户通过这些信息来了解企业、了解产品。如果展示效果好，那么用户在了解的过程中就会逐步对企业产生信任，从而产生购买意向，最后达成交易。如果展示效果不好，用户就会对产品信息产生误解。

3. 营销

营销可以产生事半功倍的效果，但是很多电子商务从业人员将营销和推广混为一谈。那么到底什么是营销，什么是推广？简单来说，营销就是让产品好卖，而推广则是让产品卖得好。营销的精髓在于包装，推广的精髓在于渠道。

营销的主旨是将产品的定位通过一系列包装展示给用户，并在用户群里产生传播效应，从而达到提升品牌知名度、美誉度的目的。

（七）数据分析

数据分析是指用适当的统计分析方法对收集来的大量数据进行分析，提取有用信息并对数据进行详细研究和概括总结的过程。这一过程也是质量管理体系的支持过程。在实际工作中，数据分析可以帮助人们做出判断，以便采取适当行动。

二、运营基本板块

（一）平台建设

许多企业在建设电子商务平台的时候，将电子商务平台当成一种工具。其实，电子商务平台并不是一种工具，而是一种基于人性与客户价值，对整个工业化模式的颠覆：不再追求“大生产 + 大零售 + 大品牌 + 大物流”，而是在于个性化和柔性化的供应链整合，即 C2B + O2O（客户需求化生产 + 线上线下一体化运营）。

1. 平台架构

（1）平台入驻：入驻电子商务平台（淘宝、京东、拍拍网等）。

（2）店铺定位：由专业的运营团队结合客户和产品确定店铺的风格。

（3）页面策划：根据消费者习惯和产品特性设计页面。

（4）产品上架：编辑产品信息并将其上传到平台。

（5）网站管理计划：制订店铺管理计划，确立规章制度。

（6）组建团队：建立、培训自由运营团队。

2. 产品拍摄美化

（1）拍摄策划：灯光配合、色调选择、多角度解析、模特挑选。

（2）拍摄定位：拍摄出与店铺相符的风格。

（3）拍摄布景：内外景结合，拍出实物与描述相符的产品。

（4）图片处理：调整产品颜色，合理设计，提高视觉冲击力。

3. 品牌推广

（1）SNS 推广：建立博客、论坛、贴吧、帮派，加入知名论坛宣传、推广。

（2）站内推广：淘宝客、直通车、钻石展位等。

（3）活动策划：推出店铺主题活动和参加淘宝市场的推广活动。

（4）客户管理：维护客户，进行老客户营销。

（5）多渠道分销：通过独立 B2C 平台，如京东、当当、拍拍网等多渠道分销。

（6）订购推广工具：使用适合店铺的推广管理工具，优化流程。

4. 运营支持

（1）软件支持：提供店铺所需要的管理软件。

（2）产品分销：建立独立的 B2C 平台并整合分销平台，拓展销售渠道。

（3）客服支持：专业的电子商务客服（配套售前、售中、售后客服）。

（4）物流支持：提供打单、打包、发货、物流接口等服务。

（5）数据分析：行业、品牌、店铺网络综合销售数据分析。

（6）订购推广工具：使用适合店铺的推广管理工具，优化流程。

（二）整合营销

1. 整合营销需求分析

营销难点：如今的电子商务发展与各个时期都完全不同，受电子商务激烈的竞争环境所影响，营销陷入困境，传统零售行业开始大量转型，但其对电子商务的陌生进一步导致营销整合需求的产生。

（1）目标客户分析

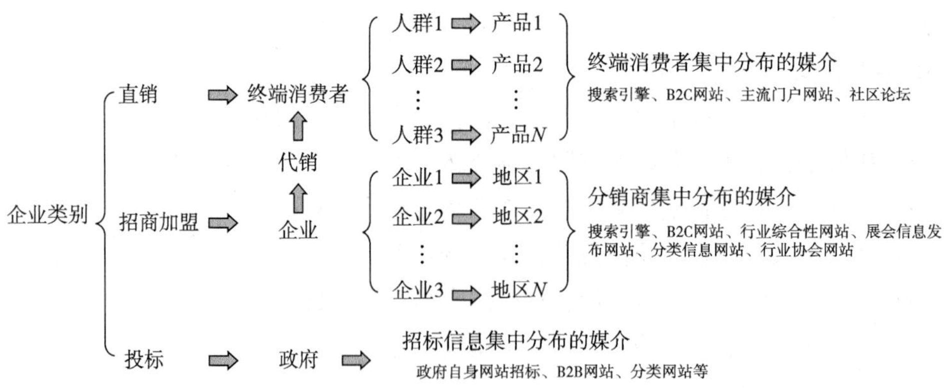

由于不同的目标客户群体在互联网上的聚合状态和分布情况不同，因此针对不同的目标客户群体需要进行精准投放式操作，对不同类型的客户使用相对应的营销方式，即目标客户群体分析。

（2）营销渠道分析

营销渠道		
业务员：2M资源、专柜、门店、电话	⇒	业务员如何找到客户？ 搜索引擎、2M资源、产品受众集中的论坛、社区
第三方营销平台：行业协会、展会	⇒	企业的客户会关注哪些第三方营销平台？ 搜索引擎、展会、展会信息发布平台、行业协会等信息分类平台
区域营销：办事处、分公司	⇒	企业如何进行区域划分及选择？ 通过搜索分析、产品受众集中区域进行选择
招商加盟：加盟商、批发商、代理商	⇒	企业去哪里找合作伙伴？ 搜索引擎、招商加盟类信息分类平台、论坛
电商网站：B2B、B2C	⇒	企业电商网站针对哪些媒介进行推广？ 搜索引擎、B2B、B2C电商网站、产品受众集中的论坛、社区
传统广告：纸媒、电视、户外广告	⇒	企业如何将传统广告搬到网上提高覆盖面？ 传统广告资源企业的官网

2. 整合营销策略构成

（1）推广渠道的选择

①搜索引擎营销（Search Engine Marketing），通常简称“SEM”。简单来说，搜索引擎营销就是基于搜索引擎平台的网络营销，即利用人们对搜索引擎的依赖和使用习惯，在人们检索信息的时候将信息传递给目标用户。搜索引擎营销的基本思想是让用户发现信息，并通过点击进入网页，进一步了解所需要的信息。企业通过搜索引擎付费推广，让用户可以直接与企业客服进行交流、了解，实现交易。

②直投（Direct Mail）广告，全称为印刷品直递广告，是并列于电视广告、电台广告、报纸广告、户外广告、互联网广告的又一大广告形式，它有三种主要发布渠道，即直递投入居民信箱、商务楼派发、车站地铁等地定点派发，它是将特定的信息直接给目标对象的广告。与上述各类广告形式相比，直投广告拥有覆盖面广、受众群体的可选择性强、广告信息传递速度快、版面及篇幅灵活、传阅率高、滞留时间长、广告成本低等诸多优点，在产品推介、信息传递、品牌提升方面越来越显示出强大的生命力。

③SEO（Search Engine Optimization），即搜索引擎优化，是利用搜索引擎的规则提高网站在有关搜索引擎内的自然排名，目的是让其在行业内占据领先地位，获得品牌收益。很大程度上，搜索引擎优化是网站经营者的一种商业行为，目的是将自己的网站或企业的排名前移。

（2）整合营销媒介的选择

①告知型传播媒介：电视、广播媒体、报纸广告、杂志、户外广告、特殊广告等。

②公众媒体工具：新闻发布会、记者会、访问、独家报道、事件赞助、公众报道、

公司形象广告、广告植入影视剧等。

③行销媒介工具：直接邮购、电话营销、印刷媒体、新电子媒体、电视购物等。

④SP 媒介工具：折价券、样品赠送、竞赛与抽奖、优惠包装、价格折让买卖等。

（3）进行营销经费的预算

进行营销经费的预算，需要建立长期适用的营销经费预算表，除了记录每一期营销经费，还可进行总结反馈，做到将经费用到最恰当的营销项目中，实现利润最大化。

3. 整合营销策略实施的主要流程

整合营销是一种对各种营销工具和手段的系统化结合，整合营销是一种在满足顾客需求的同时，最大限度地实现企业目标的双赢营销模式。以下是整合营销策略的主要实施流程：

（1）建立数据库

整合营销策略的起点是建立数据库。数据库是记录客户信息的“名单”，含有每个客户或潜在客户的有关营销数据，包括历史数据和预测数据。其中，历史数据记录了姓名、地址、最新购买、购买次数、对优惠措施的回应、购买价值等历史信息；预测数据则是通过对客户属性进行打分，推测哪个群体更可能对某项特定优惠做出回应，它有助于预测客户未来的行为。数据库是企业最有价值的资产。成功的营销依赖于重复营销，企业的营销挑战来自如何有效地吸引和保持有价值的终身客户，数据库营销是解决这一问题的最好途径之一。

企业建立数据库的目的在于通过对数据库的管理确定有价值的终身客户，并与之发展良好的客户关系。

（2）选择目标市场

根据数据库资料，企业可以首先进行市场细分，在此基础上，选择企业拟进入的目标市场，并进行相应的市场定位。同时，在特定的目标市场，要根据客户及潜在客户的行为信息将其分为三类——本品牌的忠诚客户、其他品牌的忠诚客户、游移客户，并依据他们在品牌认知、信息接收方式及渠道偏好等方面的差异，有针对性地开展各项营销活动。

（3）进行接触管理

整合营销的起点和终点都是客户，无论是企业的价值供应活动（产品开发、价格制定、分销）还是营销传播活动（广告、人员推销、公共关系），均需以 4C 为基础。需要注意的是，在买卖双方之间存在着界面，必须通过某种接触通道将二者联系在一起，才能实现价值共享。D. E. 舒尔茨把“接触”定义为能够将品牌、产品类别及其他与市场相关的信息传递给客户或潜在客户的所有方式、渠道、行为，它包含了媒体、营销传播工具及其他可能与客户接触的形式，例如，媒体广告、店内推广、产品包装、亲朋邻里的口头交谈等。李奥贝纳广告公司的一项研究表明，客户拥有 102 种类似广告的不同媒体——从电视到购物袋以及企业发起的活动事件等。客户和企业只有通过接触通道才能发生联系，因此必须对其进行管理。

（4）制定营销战略

在以上步骤的基础上，依据数据库提供的营销数据，制订明确的营销战略目标，并将其与企业战略及企业的其他业务相结合，实现企业层次的营销整合。

（5）选择营销工具

在营销战略目标的指导下，根据客户的需求、愿意付出的成本、对购买便利性的要求，以及沟通方式确定具体的营销工具，并找出最关键的工具，将其与其他营销工具予以整合。

（6）进行沟通整合

沟通整合是整合营销的最后环节，也是一个非常重要的步骤。依据客户信息，对不同行为类型的客户分别确定不同的传播目标，使用不同的传播工具，如广告、营业推广、公共关系、人员推销等，并根据实际情况的需要将多种工具结合使用，以整合成协同力量。

（三）品牌推广

1. 品牌营销四要素：产品（Product）、价格（Price）、渠道（Place）、促销（Promotion）

从市场营销的角度来看，产品是指能够进入市场被人们使用和消费并满足人们某种需要的任何东西，包括有形产品、服务、人员、组织、观念或它们的组合。

价格是指客户购买产品时的价格，包括折扣、支付期限等。价格或定价，关系到企业的利润、成本补偿以及是否有利于产品销售、促销等问题。影响定价的主要因素有三个：需求、成本、竞争。最高价格取决于市场需求，最低价格取决于该产品的成本费用，在最高价格和最低价格的幅度内，企业对这种产品的最终定价则取决于竞争者同种产品的价格。

所谓销售渠道，是指在商品从生产企业流转到客户手上的全过程中所经历的各个环节和推动力量。

促销应当包括品牌宣传（广告）、公关等一系列的营销行为。

2. 品牌营销的两大核心因素：Search（搜索）和 Share（分享）

在品牌营销中，口碑营销成为影响消费者决策的核心因素，分享则对品牌成长速度有着至关重要的影响。品牌营销是以搜索引擎为终端进行品牌传播的第一站。

3. 品牌在网络上的传播

品牌在网络上的传播具有即时性、交互性、时空延展性、分众性等特性。

（1）即时性。在网络媒体上，信息的内容总是在不断滚动更新循环的。网络这种即时性的特点，缩短了品牌传播的周期，拉近了人们与信息传播媒介或某一事件的“距离”。

（2）交互性。由于网络上发布信息的门槛比较低，信息传播方式非常灵活，且信息传播由单向转为双向，人们有了更多的自主权，以及发表意见的权利，交互性大大增强。

（3）时空延展性。互联网独有的优势突破了时间和空间的限制，进而使品牌传播突破了地域和时间的限制，使低成本打造全国性乃至全世界性的品牌成为可能。由于时空的延展性，企业可以方便地记录品牌信息被消费者接受和反馈的过程以及消费者网上行为等，从而使品牌和顾客之间不仅能建立个性化的关系，而且可以形成长期的信任关系。

（4）分众性。分众传播是指不同的传播主体对不同的传播对象用不同的方法传递不同的信息。随着社会经济的发展、社会结构和群体的分化、技术的进步以及受众信息需求的多样化，大众传播逐渐向分众传播转变。

（四）客户服务

客户服务，简称客服，分为售前咨询服务和售后支持服务。

通过网络和电话全方位建立企业与市场的联系，使管理与执行流程统一，网络客服和呼叫中心共同支撑着客户服务。

1. 客户服务重要性

（1）客户服务是任何一家企业都需要的，客户服务部门是独立为客户提供专业服务的部门。

（2）结合企业不同的实际情况，因地制宜设立适合本企业的客户服务部门，是现阶段摆在所有企业面前的重要问题。

（3）良好的客户服务能准确地把握市场发展的风向，及时化解客户对产品和服务的任何疑问。

（4）良好的客户服务能够维护企业与客户间的感情，树立企业良好的社会形象，最终实现培养消费者对企业和产品的忠诚的长远目标。

2. 售前客服流程

在售前客服流程中，客户可选择在线或者电话的方式进行购物咨询和订单查询，对应的客户下单方式也有网上下单和电话下单，而客服则在客户下单后对客户的信息以及订单信息进行审核。

3. 售后客服流程

在售后客服流程中，客户可选择在线或者电话的方式进行一系列维权投诉和申请售后服务，而客服需要合理处理客户的问题，并对问题进行跟踪，为客户进行日常的退、换、修处理以及信息传递。

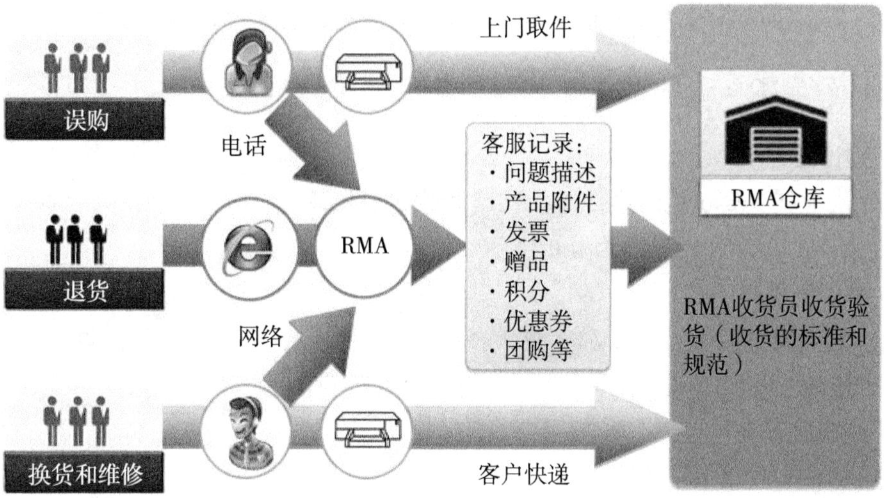

4. 售后 RMA（退料审查）流程

在售后 RMA 流程中，客服负责为客户处理一系列售后问题，如误购、退货、换货和维修等，应与客户保持沟通并做好相应记录，如问题描述、产品附件、发票、赠品、积分、优惠券和团购等。

客服对库存和货物进出要有明确的概念，否则 RMA 流程的库存安全和正常运营就无法保证。RMA 流程运营依据的是 B2C 对客户的售后承诺，以及采购合同中的售后协议。

（五）仓储物流规划

对于电子商务自建物流来说，即使干线成本低于落地配送成本，但只要干线不是自建的，就存在不受控的风险，仓储、分拨中心和落地配送之间也会出现明显的漏洞，而这些不可预测环节会导致整条配送链的失控。

仓储物流的管理是核心竞争力的体现，现代化仓储管理的根本是系统支持。

1. 品牌商要解决的问题

品牌商要解决的问题有：

（1）业务增长快、仓库面积需求大，非计划性增长太快。

（2）过大的仓储管理困难。

（3）系统支持不够，包括成本核算、BI（商务智能）报表支持不及时等。

（4）独立 B2C 官网支持。

2. 平台商、渠道商要解决的问题

平台商、渠道商要解决的问题有：

（1）业务增长过快、仓库面积需求大、非计划性增长太快。

（2）平台运营数据管理困难，软件系统升级较快。

（3）渠道供应链管理较复杂，容易存在成本虚高、管理不善等问题。

三、运营体系框架

1. 理论层框架

理论层框架主要包括网络传播（网络理论、长尾理论）、社会理论（社会学、SNS理论）、用户心理学和用户行为分析。

2. 概念层框架

概念层框架以网站、产品和客户为核心，围绕供应链优化、客户忠诚、网络营销这几方面给用户最佳体验。

3. 执行层框架

执行层框架包括以下内容：

（1）产品：采购策略、库存优化、物流效率、售后保障。

（2）网站：用户定位与需求、风格图片与文案管理、流量引入、活动推广与执行、爆款打造。

（3）客户：客户行为分析、客户分类特性、客户黏性、客户忠诚度、客户回访。

第二节　运营关键难题——团队问题

运营的核心来源于团队，好的团队能够解决80%的难题。尤其是在电子商务运营过程中，其重要性不言而喻。可以说，“项目秀”“个人秀”的时代正在结束，团队的力量逐渐被越来越多的人看重，尤其是在起步阶段，没有一个成功的团队，再好的计划和项目都会“胎死腹中”。

一、团队建设问题

电子商务运营团队的主要职责是保证网站的正常运行，网站的每一个功能，都应该由相应的团队或者专人负责运营和维护。因此，团队建设就显得尤为重要。电子商务运营过程不仅涉及技术性的工作，还包含大量的管理工作，因此在电子商务运营团队中，除了技术人员，还需要市场营销、调研、服务等方面的专业人员。

具体来说如下：

1. 首席运营官（运营总监）

运营总监（COO）是负责企业运营管理、战略决策及运营计划监控的运营管理岗位，其主要责任在于战略目标决策及监控，协调运营团队整体工作。运营总监在互联网企业担任着非常重要的角色，这个职务拥有以互联网为依托的一个企业整体运营的决策权。

2. 网站运营主管

网站运营主管应具有电子商务全程运营管理的经验，熟悉网络营销常用方法；能够制订网站短、中、长期发展计划，执行并监督；能够完成整体网站及频道的运营、市场推广、广告与增值产品的经营与销售；能够进行网站运营团队的建设和管理，实现网站的战略目标，提升流量与知名度。

3. 物流主管

物流主管负责保障产品顺利完成从采购、入库、加工、出库直至消费的整个流程。物流主管应具有优秀的谈判技巧和供应商管理能力，也应具备较强的分析能力。

4. 客服主管

客服主管负责整个网站客户服务中心的管理工作，包括对重要客户进行回访、提供个性化服务等。

5. 设备系统运行管理人员

设备系统运行管理人员一般属于一个团队，该团队包括网站设备管理员、操作系统管理员、应用服务器软件管理员、数据库管理员和网站安全管理员等。团队主要负责支持网站运行的各种软硬件的检修和维护，涉及服务器设备、操作系统、应用服务器软件和数据等。

6. 网站内容管理人员

网站内容管理是网站管理的核心，是保证电子商务网站有序和有效运作的基本手段。网站内容管理人员包括网站内容管理员、网站编辑和网页维护员等。

7. 网站数据统计管理人员

网站的运行数据是网站维护和改进的重要依据，网站数据统计管理人员负责对这些数据进行统计和分析，以供网站管理者做出相应的改进和决策，从而优化网站服务。

二、电子商务运营团队建设的原则

建设优秀的团队，就是使目标、定位、职权、计划和人员各项协调，团结协作，从而达成企业的目标。在电子商务团队建设过程中，总的原则是保障网站业务流程的正常运行，同时保障每位成员的应有利益，并鼓励其发挥积极性和创造性，强化员工和公司之间的沟通和联系。电子商务运营团队建设的原则具体包括以下几个方面的内容：

（1）维护原则。结合以人为本的理念，考虑每位成员自身的感受，保障企业和员工的基本利益。

（2）警示原则。为保障网站的正常运行，团队在建设过程中应制定完备合理的管理制度，既能发挥人的主观能动性，又能克制其惰性。

（3）分工原则。要明确团队中每个人的职责和权限，既分工又协作。团队的每个人履行自己的职责，享受自己的权利，既横向体现个人的价值，又纵向关联企业的目标，使团队中每个人的每一次进步都推动着企业目标的完成。

（4）激励原则。人是企业竞争中的根本因素，对员工进行科学、恰当的考核和激励也是团队建设过程中的重要内容。良好的激励机制是激发员工潜力的有效工具，是团队保持旺盛的战斗力必不可少的条件。

三、团队制度问题

团队组建完成后，可以从以下几个方面制定相应的团队运营管理制度：

（1）人员管理制度。明确团队中每个人的职责和权限，并建立相应的选拔、培训、考核、责任和监督机制。防止出现以权谋私、损害企业利益的现象。

（2）安全保密制度。要制定对网络恶意攻击和病毒入侵的防范措施。电子商务系统涉及企业商业和技术秘密，必须制定相应的规范严格的安全保密制度。

（3）日常维护管理制度。要建立日常维护管理制度，对软件和硬件进行维护和升级，对网站系统资料进行备份，对数据进行统计、分析和及时更新，对系统日志进行检查和审核，保证电子商务系统的正常运转。

（4）应急制度。要预防电子商务系统发生紧急事件或者安全事故，准备好能够将损失降到最低的应急措施和程序。

四、团队激励问题

团队发展还应将激励制度和能力发展计划挂钩。绩效管理是其他人力资源工作的基础，绩效加薪、浮动薪酬都以此为依据，从而保证企业决策的透明度；培训部门能够通过绩效管理获得比较准确的信息，分析员工绩效不理想的原因，总结员工的培训需求；在后备干部队伍选拔方面，绩效记录也可以提供很重要的支持。企业应避免随意、短期的激励行为，而应将短期激励与长期激励、有形激励与无形激励相结合，构建合理的激励机制，并分析不同员工的需求层次，有针对性地开展激励工作，才能达到事半功倍的效果。

一般而言，可以利用以下两种理论对团队成员进行激励。

1. 马斯洛需求层次理论

马斯洛是美国社会心理学家，在20世纪50年代提出了著名的需求层次理论，他认为人的需求分为以下几个层次：

（1）生理需求：人们最原始、最基本的需求。

（2）安全需求：人们保障自身生命安全及自由、摆脱失业和丧失财产威胁等方面的需求。

（3）社会需求：个人渴望得到家庭、团体、朋友、同事的关怀、爱护、理解，是对友情、信任、温暖、爱情的需求。

（4）尊重需求：人们希望自己有稳定的社会地位，个人的能力和成就得到社会承认的需求。

（5）自我实现需求：人们实现个人理想、抱负，尽量发挥自己的才能，实现具有挑战性目标的需求。

2. 赫茨伯格的双因素理论

双因素理论也被称为“激励—保健理论”，由美国的行为科学家弗雷德里克·赫茨伯格提出。

双因素理论中的双因素：保健因素，包括公司政策与管理、监督、工作条件、人际关系、薪金、社会地位等；激励因素，如成就、赏识、挑战性的工作、增加的工作责任，以及成长和发展的机会等。这两种因素会对员工产生不同的激励作用，应该差别对待。

第三节　运营岗位

运营岗位在很多新人眼里，可能就是写文案、排版、投放、和粉丝互动，但其实运营这项工作十分复杂，面向的是“产品推广矩阵领域”，它也因此被称为“极限职业”。

1. 运营岗位的工作内容

一种产品的运营工作大概需要五个人合作才能完成，分别完成的工作内容为：①文案撰写；②摄像/图像设计；③广告投放；④品牌经营；⑤客服。

其实除了上述五项工作，活动策划、推广拓展、广告创意、专题栏目策划、数据解读等都是运营工作的内容。

2. 运营团队的工作流程

如果从内而外去探讨运营的本质，那么文案、作图、投放广告、用户运营、社群运营、策划活动这些只是运营工作的冰山一角。

运营的核心任务其实只有一项，就是让更多消费者看见或使用自己的产品。

运营团队实际的操作流程如下：①前期准备工作；②实际内容制作；③推广执行；④事后分析。

和大部分互联网公司一样，运营团队会花更多的时间在制定沟通策略、拟定周期任务、寻找相关资源、找素材等前提工作上。其余的时间可能会花在研究营销活动案例、跟踪新闻、收集资料，或挖掘其他可以帮助提升产品知名度的内容上。

3. 其他类型的运营

有些运营偏重活动企划，重视虚实整合，经常通过举办活动与用户接触；有些运营偏重电子商务，看重图文精美；也有些运营是纯文字创意工作；还有些运营特别强调图文编辑能力，因为短视频越来越流行，所以具备此类技能的运营人员很受欢迎。

第四节　运营理论中的三个方法论

好的运营模型、指标、策略对实践有重要作用，火爆的产品、活动绝不是随机推广就能打造的。

这里介绍运营理论中的三个方法论。

一、过程法

1. 过程法的概念

字典上对过程是这么解释的：事情进行或事物发展所经过的程序。程序之间是相互关联的，有着明显的时间先后关系。

在运营理论中，过程就是“将输入转化为输出的一组彼此相关的资源和活动”。过程法就是组织系统地识别并管理所采用的过程以及过程之间的相互作用。

2. 几个常用的过程法运营模型

（1）海盗模型（AAARR 模型）

这是用户使用一个产品的逻辑顺序，也可以看作一个产品的发展阶段，它可以指导我们在运营产品时先做什么后做什么。

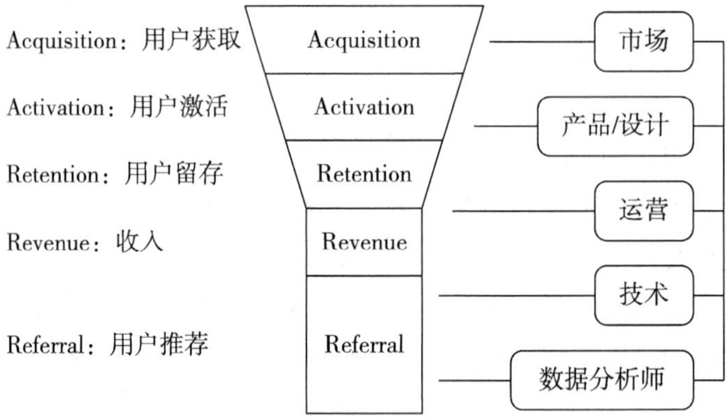

（2）生命周期模型

这是典型的生命周期四个阶段，同样有很典型的过程性。每个过程的用户、产品都有不同的特点，我们可以做针对性的策略运营。

（3）漏斗模型——经济学的边际递减效应

漏斗模型的具体应用如下图所示。

在运营的每个过程中，用户不仅会出现数量上的衰减，其注意力也会逐渐下降。

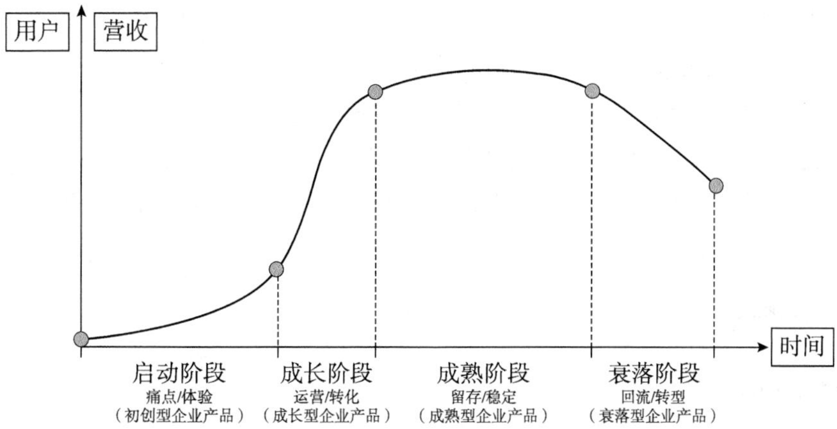

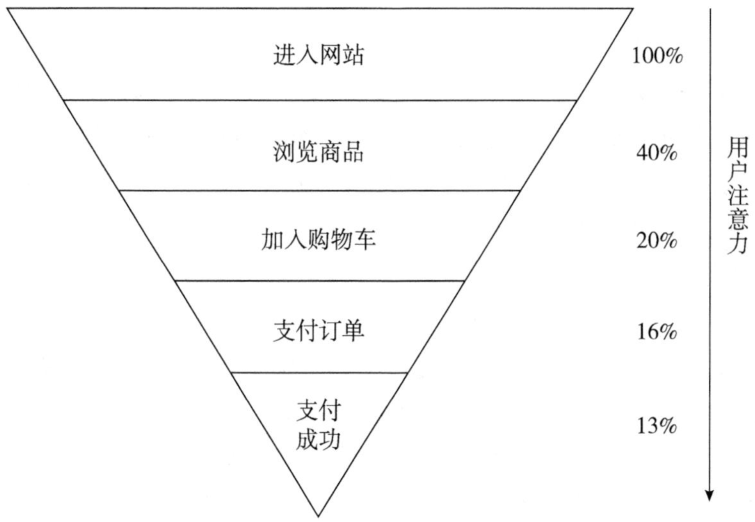

二、要素法

1. 要素法的概念

要素法就是将一个概念用几个关键词描述出来的方法。在运营工作中只要做好某个要素模型的所有方面便可达到“理论上的目标”。

2. 文案写作四要素法运营模型

文案写作的四要素法适用性强，每一篇文案都应该按照这四个要素构思、撰写、检查。这四个要素分别是：

①受众：受众是谁会决定文案的语调、措辞、文法。

②目的：文案中的每个部分都应该引导受众通向某个目的，任何与目的无关的内容都应该被删除。

③行为：行为是受众需要采取的实际行动。

④印象：文案会使受众对产品或企业形成某种印象。

写完文案后，可以用这样一句话检查文案的主题是否表达清楚：受众读完文案，能够了解某个目的，可能会采取企业期待的行为，并对产品或企业留下企业期望的印象。

三、分类法

1. 分类法的概念

分类法就是通过比较事物之间的相似性，把具有某些共同点或相似特征的事物归属于一个不确定集合的逻辑方法。

2. 常用的分类法运营模型

（1）二分法（矩阵法）

二分法（矩阵法）的应用在各个领域都很普遍，比如波士顿矩阵、SWOT 分析。

二分法就是将两个变量组合成四个象限，每个象限都代表一种场景，以此展开分析。比如，在分析京东商家后台时，将所有用户按照入驻时间和系统了解程度分成四个用户类型，再以此去做产品设计。

（2）金字塔分析法

金字塔分析法就是按照事件的重要性和前后逻辑对事件进行分类总结的方法。

运用金字塔分析法做的分类模型可以叫作金字塔模型，它包含着递进的逻辑。

（3）同期群分析法

同期群是指在同一时间段具有共同行为特征的用户群，如“在 2018 年 6 月第一次购买”“在 2018 年 10 月第二周对产品的使用频率开始降低”，可以根据同期群持续地观察用户的指标变化。

案例：黄药师——用最好的产品打造强烈精神特征的品牌①

在竞争异常激烈但尚未出现领导品牌的市场，作为后来者，该以怎样的战术参与这场争霸赛？在职场摸爬滚打 18 年的顾迅（黄药师创始人）找到了自己的生存逻辑。他用“养儿子”和“养猪”来描述不同的创业价值观。在他看来，儿子是需要毕生心血来慢慢培养的，而猪只要在一定时间内快速养大、出栏即可。

2013 年年初，38 岁的顾迅正式告别职场生涯，成为一家淘宝店铺的掌柜，创建了

---

① 案例来源：http//www. looec. cn/detail－－6174187. html.

淘宝店铺“黄药师的手工皂”，开启了一个男人和一块肥皂的新篇章。在这一刻他扮演着“卖皂人＋制皂人”的全新角色，他的目标是用“养儿子”的创业价值观抢占手工皂的制高点。

纵观当时的整个手工皂市场，对于一个信誉还只有三颗钻的新店来说，这样的目标在他人看来似乎有些遥远。但基于在商业领域多年的实践积累，以及对“小而美”的独特理解，顾迅认为用个人招牌式的“美”，在相对小的市场领域，通过贩卖生活态度的经营理念，完全有可能击中某个特定群体而被青睐，在百花齐放的竞争市场，做到独树一帜。

需要提到的是，选择手工皂创业，绝非顾迅冲动的决定。在选择创业项目前，一块从法国带回来的手工皂给了他很大的启发，因为工作原因，顾迅经常出国，为了携带方便，手工皂就替代了洗发水、沐浴露。咨询身边一些收入不错的朋友后，他发现用手工皂的人并不多，即便有个别人用过，大多也和他一样都是从国外带回来，回家后还是习惯用沐浴露。再从淘宝的搜索来看，淘宝上已经有上千家店铺在售卖手工皂。他分析，随着人们对健康的关注度不断提高，农业和日化等行业的发展空间都很大。但是从事农业不仅需要强大的资金，在供应链方面也要求足够的资本，最后他将目标锁定为身体清洁和护理产品，这是整个日化行业中极其细分的一个品类。

综合这些，顾迅认为当前较低的市场渗透率是发展手工皂的机会。尽管行业内已经出现多家在淘宝上销量上千的手工皂品牌，但尚未出现真正的领导品牌，而他自身的定位又是高端的小众市场，因此他认为自己在手工皂行业还是有一定机会的。为了更好地实现创业成功的目标，他把创业计划分为两个阶段，第一阶段是卖皂，第二阶段是制皂。他说尽管制皂的过程并不难，但要制出好皂还需要一段时间。目前世界上已经有很好的皂了，他决定先将精力放在自己擅长的营销上面。叙利亚和泰国在制皂方面都有悠久的历史，工艺精湛，因此他选择代理叙利亚和泰国的手工皂产品。

2013 年 8 月 1 日，店铺正式上线营业，到 2013 年 11 月已经有三颗钻，他预计圣诞节前后可以达到四颗钻。对这样的发展速度，顾迅还算满意。同时，他计划在年底上市两款自有产品，不仅将“黄药师”打造成店铺品牌，还打造成自有产品的品牌。上线自有品牌是实现商业持续化的一条重要路径，因为代理在一定程度上存在前端供应链不稳定的问题。

经过几个月的发展，他摸索出进入第二阶段的路子——收编与合作，通过观察，他发现在淘宝有近 500 家店铺卖的是真正的纯手工皂，但由于成本和营销等方面的压力，大多数店铺的店家经营状况并不理想。同时，在台湾和香港，很多质量很好的手工皂出自一些工作坊或者街头艺人，但因为受到市场局限而鲜为人知，整合这些优质资源成了发展第二阶段的突破口。

黄药师的手工皂上线 3 个多月后，好评率保持在 100%，店铺流量持续上升。目前，店铺每天的单量在 20 单左右，选择用“养儿子”方式的顾迅，坚持不打广告，不花钱买流量，靠个人微博、微信以及 QQ 群等方式进行社会化营销，“养儿子”就应该慢慢培养，等待一步步的成长。

对该案例的分析：

（1）文中的顾迅在淘宝开店之前，根据淘宝搜索结果进行分析，发现有上千家店铺都在卖手工皂，但尚未出现真正的领导品牌，然后对他自身的定位为高端小众市场，因此他的成功与他前期科学的调研有着密切的联系。

（2）在业务规划方面，他将目标锁定为身体清洁和护理产品，这是整个日化行业中极其细分的一个品类。他把创业计划分为两个阶段，很好地考虑到自身的实际情况，也充分利用了他前期的工作经验，大大提升了创业成功的概率。

总结：在产品、营销方式等方面都有可能被借鉴或者复制的商业社会里，由创始人自己的个性以及魅力塑造起来的个人招牌式的“美”才是核心竞争力。但是这种核心竞争力是建立在创业者充分的线上和线下调研、清晰的业务规划的基础上的。

【综合练习】

一、单项选择题

1. 处在用户体验设计金字塔顶端的是（　　）。

A. 有用性　　B. 友好性　　C. 品牌　　D. 视觉

2. 在电子商务运营策划中，（　　）是电子商务的根本。

A. 展现　　B. 营销　　C. 反馈　　D. 定位

3. 运营的核心来源于（　　）。

A. 技术　　B. 团队　　C. 资金　　D. 领导

4. 以下（　　）不是品牌对消费者的作用。

A. 识别导购　　B. 降低风险　　C. 增强信任感　　D. 个性展示

5. （　　）是建设网站的关键。

A. 策划　　B. 产品维护　　C. 网站建设　　D. 团队管理

6. 用户友好性的直接目的是（　　）。

A. 促进用户对开发者的信任　　B. 缓解企业与用户的矛盾

C. 缩短和消除网站开发者与用户的距离　　D. 更好地宣传企业文化

7. 结合以人为本的理念，考虑每位成员自身的感受，保障企业和员工的基本利益，这是（　　）。

A. 警示原则　　B. 维护原则　　C. 分工原则　　D. 激励原则

8. 内容建设是一长期积累的过程。（　　）应当是编辑人员最终的追求目标。

A. 网站用户数量的增加　　B. 网站内容质量的提升

C. 网站访问量增多　　D. 网站内容丰富多样

9. 在品牌营销中，（　　）是影响消费者决策的核心因素。

A. 口碑营销　　B. 分享

C. 搜索引擎营销　　D. 品牌营销

10. 企业和产品成为名牌，获得社会的认可，有利于企业聚集社会资源，使企业进一步扩大，形成规模。这属于（　　）。

A. 磁场效应　　B. 聚合效应

C. 带动效应　　D. “核裂变”效应

二、多项选择题

1. 网站运营包括（　　）。

A. 网站需求分析和整理　　B. 频道内容建设和网站策划

C. 产品维护和部门沟通　　D. 客户服务

2. （　　）、展现体系、营销策划、市场推广、客服与售后、数据分析、聚焦策略，完整地建立了电子商务运营模型，能够解决多数电子商务企业，或者传统企业在做电子商务转型时遇到的问题。

A. 产品展现　　B. 产品定位　　C. 产品定价　　D. 产品结构

3. 品牌营销的核心因素是（　　）。

A. Search（搜索）　B. Marketing（营销）　C. Expand（拓展）　D. Share（分享）

4. 电子商务运营团队建设的原则为（　　）。

A. 维护原则　　B. 警示原则　　C. 分工原则　　D. 激励原则

5. 运营的 3 个方法论为（　　）。

A. 过程法　　B. 激励法　　C. 要素法　　D. 分类法

6. 分类法主要包括（　　）。

A. 二分法　　B. 金字塔分析法　　C. 同期群分析法　　D. 漏斗分析法

7. 金字塔分析法不少人应该都用过，它可以按照（　　）对事件进行分类总结。

A. 空间顺序　　B. 事件的重要性　　C. 时间顺序　　D. 前后逻辑

8. 概念层框架以（　　）为核心，围绕供应链优化、客户忠诚、网络营销这几方面给用户最佳体验。

A. 网站　　B. 供应商　　C. 产品　　D. 客户

9. 网站的内容管理是网站管理的核心，是保证电子商务网站有序和有效运作的基本手段。人员包括（　　）等。

A. 产品管理者　　B. 网站内容管理员　　C. 网站编辑　　D. 网页维护员

三、名词解释

1. BD

2. UED

3. 存储增值

4. 聚合效应

四、简答题

1. 简要概括电子商务运营管理的关键难题。

2. 概述客户服务的重要性。

3. 品牌营销四要素的内容是什么?

4. 品牌商要解决的问题有哪些?

五、论述题

1. 结合实际说一说整合营销需求分析的难点。

2. 假如你要运营一家线上女装店，说一说需要哪些人才，并加以说明如何运营。

第三章 产品运营

【学习目标】通过本章的学习，了解产品运营的含义及产品运营要解决的问题，熟悉产品运营的岗位职能，了解产品运营的框架，掌握产品运营中供应链管理的内涵与方法，掌握不同用户对象的运营策略。

【关键词】产品运营岗位职能；产品运营框架；供应链管理；产品的用户策略

第一节 产品运营概述

一、什么叫产品运营

一切连接用户和产品，并产生产品价值和商业价值的手段，都叫产品运营。

二、产品运营要解决的问题

产品生产出来，如果无法与用户接触，就无法体现产品价值和实现商业价值。

产品运营能够连接用户和产品。互联网产品价值组成可用公式表达如下：

$$互联网产品 = 产品价值 + 商业价值$$

用户需求不断变化，产品需要通过持续的迭代、完善，才能满足用户需求，没有运营则无法时刻洞察用户需求变化。

互联网产品本身不作为盈利点，互联网的“流量思维”就是通过运营将用户的流量转换成商业价值。

产品运营就是让产品持续产生产品价值和商业价值。

三、岗位职能

1. 针对“连接用户和产品”

产品运营者要进行流量建设，流量的重要性不言而喻，包括用户注册、下载、体验、付费各个环节。缺少了哪一个环节都会导致成交量的下降。

流量建设（拉新），就是将“盘子”做大，提升平台整体影响力，流量和成交量都会自然而然地提升；同时要学会“借力”，让老会员带动新会员，并把规则制定好；另外，要抢占外部流量，做好长期的运营规划，包括淘宝、小程序、网站等。

（1）渠道运营

渠道运营主要通过网站、应用商城（SEO、SEM 和 ASO）和社会化媒体（微信、知乎、豆瓣、贴吧、微博、36 氪、今日头条）。

①SEO（Search Engine Optimization），即搜索引擎优化，指通过研究搜索引擎（如百度、360 等）对搜索结果的抓取和排序规则，制定相关搜索关键词匹配策略，对产品的关键词进行优化，从而使产品在搜索界面提高排名、获得更多流量的过程。

②SEM（Search Engine Marketing），即搜索引擎营销，指利用营销手段将排名进行转化的过程，它针对的是搜索排名的结果，比如竞价排名、点击付费、关键词广告等。

③ASO（App Store Optimization），即应用商城优化，指通过对产品的关键词进行优化使产品在应用商城提高排名的过程。

（2）内容运营

针对目标用户，对产品内容进行高质量、精准地整合、服务和推广，需要关注的有四点：

①目标用户是谁？

②用户喜欢看什么？

③如何让内容触及用户？推送手段（渠道）是什么？频次如何？

④如何引导用户与内容产生互动并自发进行二次传播？如何进行话题引导和氛围制造？传播机制设计如何？

（3）活动运营

相关活动的策划，比如“双十一”“双十二”等，要关注的是：

①这次活动运营的目标是什么？

②谁参加这次活动？目标用户是谁？

③活动的具体内容和形式是什么？

④如何让活动信息触及用户？推送手段（渠道）是什么？频次如何？

⑤如何让用户更好地参与活动并产生互动？

（4）品牌运营

运营者可通过市场活动、商务合作（BD）、PR 等方式进行产品的品牌宣传。

2. 针对产品价值

要让用户产生产品价值，产品运营者要做的就是对现有用户进行维系，即留存和促活（推广）。

留存，即提高每一个环节用户的留存率。在用户注册、体验、消费、售后等环节，每一个环节都会有用户流失，企业要做的就是完善基础工作，做到重点用户重点对待；

同时，在每一个环节，都会有用户沉淀，企业可开展相应的运营活动将沉淀用户召回。

推广，即学会借力，让用户自发性地带动身边的人进入这个平台，所谓最好的推销就是朋友之间的推荐。

3. 针对商业价值

要使用户产生商业价值，运营者要利用自身的运营技能，对现有的用户进行商业转化，即商业变现，使用户价值转换为商业价值。

互联网产品估值的逻辑是，用户是公司的核心资产。要想让这些用户成为公司盈利的来源，就必须要让用户依赖产品。

实现商业价值的前提是不损害用户价值，即平衡好用户价值和商业价值的关系。

产品运营要做的就是把各种各样的运营手段（渠道运营、内容运营、活动运营、用户运营、自媒体运营）进行不同组合，从而更好地连接用户和产品，具体表现为产品的某个特定数据得到增长。

在“互联网 +”时代，传统的渠道销售已经丧失了生命力，一切都要靠产品来说话。很多企业依靠一款产品的运营成功引爆了市场，但“爆品”的打造绝对不是简简单单就能成功的，打造“爆品”的过程其实就是产品价值链或品牌信誉建立的过程。

产品运营始终应该坚持两个准则：

（1）永远不要奢望对一无是处的产品进行运营，更不要幻想通过运营而让这样的产品起死回生甚至走向成功。

（2）永远不要以为产品的设计会完美到无须运营，即便是能够实现产品自运营，也依然需要持续的运营引导。产品运营工作流程如下图所示。

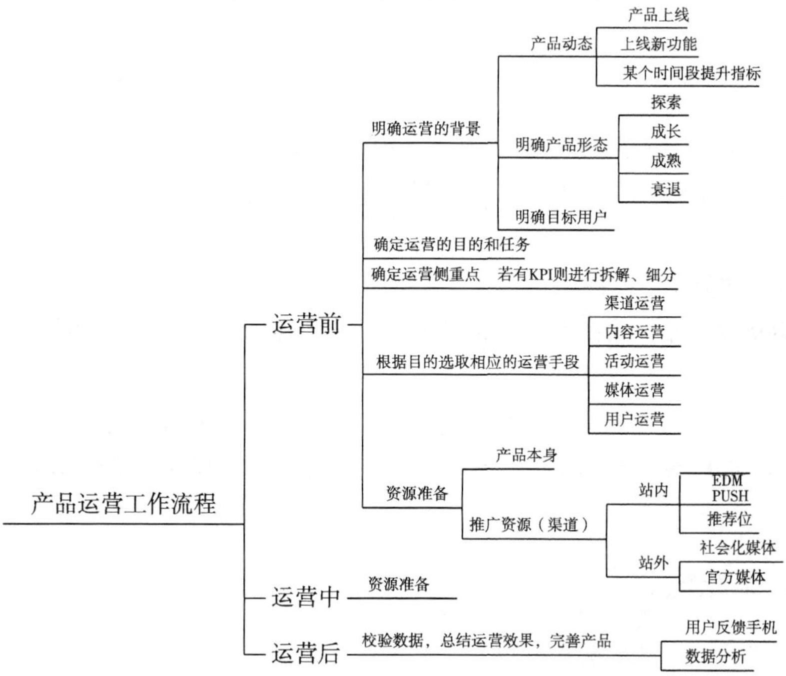

四、产品运营的核心

1. 流量建设

关键词：PV、UV、转化率、SEO

流量建设就是把更多流量引入产品中，并使它尽可能地沉淀下来。要积累足够多的有价值的用户，流量越大，可转化的基础用户量就越大。当转化率达到瓶颈之后，持续而大量的流量是保证一个网站、一个产品能够长久运营下去的关键因素之一。

2. 用户维系

关键词：活跃、留存、拉新。

用户维系顾名思义，就是维护好产品和用户之间的关系，而拉新是指让更多新用户认识产品，进而使用产品（良好的第一印象是用户使用产品的关键因素）。

3. 产品优化

在企业中，产品经理不一定创造需求，很大一部分需求可能是由运营人员创造的。运营人员是企业中距离用户最近的人，没有人比运营人员更了解用户。运营人员是用户代言人和数据代言人，往往随着运营工作的深入，企业会越来越重视运营人员，运营人员的话语权也越来越多，参与产品优化的工作也越来越多。

第二节　产品特性、整合与定位

一、产品特性

产品特性是指产品的外观特性，是随着产品的改变而改变的，包括在图纸或者其他的工程技术资料中所体现的产品零部件的特点与性能，如尺寸、材质、外观、性能等。

产品特性的分类如下：

（1）有形的产品特性：本产品除了应具有的同类产品最基本的功能外，所具有的其他特性。

（2）无形产品的特性：更多地体现在给人形成的感觉和氛围上。比如一场电影更多地在于给人带来感官上的享受，因此电影产品的特性体现在它能够给人带来喜怒哀乐等情绪。

二、产品整合

维护主要产品，舍弃较差产品，集中人力、物力、财力开发新的产品。电商企业在很长一段时间内拼的就是产品的整合优势。产品整合的三种方式包括现货采购、生产订单和库存产品。

现货采购：在成本上无优势，风格难以统一，但产品资源丰富。

生产订单：风险较大，门槛较高，但产品实现性相对较强。

库存产品：局限性大、持续性低，但性价比高、抗风险能力强。

三、产品定位

当前市场中的很多人将产品定位与市场定位混为一谈，其实两者还是有一定区别的。具体来说，市场定位是指企业对目标消费者或目标市场的选择；而产品定位是指企业用什么产品来满足目标消费者或目标市场的需求。从理论上讲，应该先进行市场定位，然后进行产品定位。产品定位是企业将目标市场与企业产品相结合的过程，即将市场定位企业化、产品化的工作。

产品定位必须遵循两项基本原则，即适应性原则和竞争性原则。

（1）适应性原则包括两个方面，一是产品定位要适应消费者的需求，投其所好，给其所需，以树立产品形象，促进购买行为发生；二是产品定位要适应企业自身的人、财、物等资源配置的条件，使产品保质保量、及时顺利地进入市场。

（2）竞争性原则，也可以称为差异性原则。产品定位不能靠企业一厢情愿，必须结合市场上同行业竞争对手的情况，如竞争对手的数量、各自的实力及其产品的不同市场位置等，避免定位雷同，以减少竞争中的风险，促进产品销售。例如，B 企业的产品是为较高收入的消费者服务的，A 企业产品则定位于为较低收入者服务；B 企业的产品某一属性突出，A 企业的产品则定位于其他某一属性，形成产品差异化。“人无我有，人有我优，人优我廉，人廉我转”正是这种竞争性原则运用的具体体现。

可见，产品定位取决于四个方面：产品、企业、消费者和竞争者，即产品的特性、企业的创新意识、消费者的需求、竞争对手产品的市场位置，四者协调得当，就能进行正确的产品定位。

第三节　产品运营的延展

产品泛指电子商务运营过程中被销售的商品，一般指的是实物商品（包括虚拟商品或者服务）。

产品运营是一项从内容建设、用户维护、活动策划三个层面管理产品内容和用户的职业。

产品运营主要包括以下几个阶段：

（1）产品研发期——产品上线前，要搞清楚产品的定位以及目标用户。

（2）产品种子期——产品内测时，产品运营主要负责收集用户行为数据和相关的问题反馈，并和产品策划一起分析讨论，进行产品优化。

（3）产品成长期——产品要推广，活动策划是必不可少的一部分。

（4）产品成熟期——对产品意义重大的就是小版本的迭代更新，产品运营要发挥好产品策划和用户之间的桥梁作用。

（5）产品衰退期——用户的流失加剧，用户活跃度也明显下滑，营收贡献急剧下降。在此期间，企业应减少技术支持，加速新产品的推出。

第四节　产品运营框架

一、产品运营

基于产品本身的运营，包含内容运营、活动运营、品牌运营、基础运营（运营规划、运营体系）、社区运营、数据运营等。

1. 内容运营

内容运营是指针对目标用户，结合产品的相关内容，提供高质量、精准的内容整合、服务和推广，需要关注以下两点：

（1）内容运营是一项非常讲究文案能力的工作，它对任职人员的思路灵活度、创意度、逻辑都有要求。

与过去相比，内容运营的载体有了爆发式的增长，渠道也增加了很多。移动互联网的兴起，考验着内容运营人员对于新媒体、新终端的学习能力，同时考验着内容运营人员能否针对不同渠道、终端的特点，因地制宜地进行内容设计。

（2）内容运营的手段主要有采集素材、创作内容、编辑内容、审核内容、推荐内容、形成专题、推送给用户。

总的来说，内容运营包括以下五个环节：①创作内容（采集或者原创，各种内容类型都包含）；②编辑审核；③推荐和专题制作；④找到需要这些内容的用户，并且想办法呈现给他们；⑤根据数据和用户反馈，进行调整与优化。

需要运营的产品多是内容型的产品，无论网站还是App（手机应用程序）。内容运营必须建立标准，明确什么样的内容是好的、被提倡的，什么样的内容是不好的、不受欢迎的。

保证内容质量有两种方法，第一种是审核，这也是内容运营的重要环节，就是将不适合的内容过滤掉；第二种是推荐，即通过人工筛选将优质的内容呈现在重要的位置，使其增加曝光率，目的是传播产品的内容价值观。与编辑工作不同的是，产品运营追求的并非只有流量，还有产品内容价值观的普及，通过内容价值观筛选用户。

内容型产品分为两种，一种是 UGC（用户产生内容）型，如微博、论坛、SNS（社交网络服务）、短视频 App 等；另一种是媒体型，如传统门户网站等。不管哪一种类型的内容型产品，都需要运营人员对产品内容进行掌控，即“审核 + 推荐”。对于 UGC 型的产品，运营人员要做的就是引导用户自发产出合适的内容，同时维护符合产品价值观的内容氛围。对于媒体型的产品，运营人员只要尽力使内容满足大部分用户的口味就好了。

如果没有内容运营，劣质的内容会驱逐优质的内容，目标用户难以在产品中找到归属感和存在感。

2. 活动运营

活动运营是指通过开展独立活动、联合活动，拉动某一个或多个指标在短期内提升。活动运营的工作具体包含以下几方面：

（1）活动文案的撰写。

（2）活动流程的设计。

（3）活动规则的制定。通过制定活动规则，了解用户的喜好，分析如何设计规则能让用户清楚、明白。

（4）活动成本的预估。开展一个活动必然需要付出成本，成本太高则运营的压力太大，成本太低则不能满足用户需求。

（5）活动收益的预估。活动要拉动什么指标，能够为网站和产品带来多少收益，用户活跃度、留存量，这些都是活动运营要预估的。

（6）活动效果的分析。活动效果如果不好，如何改进？能不能通过调整文案增强活动效果？如果某一类活动效果不好，那么下一次就不要进行同样的活动设计；如果某一类活动效果很好，要懂得如何总结经验，形成活动机制，让它持续地贡献效益。

（7）改进活动的措施。这一点通常会在活动报告中体现，在活动上线之前，就要准备可能会在活动中启用的一些措施，促进活动效果的提升。

在前期策划活动的时候，一般要根据用户需求、热点和目标进行策划，比如“双十一”“双十二”等。

产品活动通常有三种，第一种是内容导向的，这一类活动引导用户产出符合要求的内容，借此传播产品的内容价值观；第二种是社群导向的，这一类活动通过推动用户互动来推进社群关系的扩展，活跃社群气氛；第三种是产品本位导向的，这一类活动通过大众化的参与普及产品，加强产品品牌建设。

不论哪一种活动，都需要方案策划、页面设计、组织实施，都需要专业的运营人员来操作。所谓“专业”，是指运营人员非常了解产品和用户，能结合产品特点和用户特点策划组织活动，能控制好活动的氛围和节奏，最终达到活动效果。

3. 品牌运营

品牌运营是指企业利用品牌这一最重要的无形资产，在营造强势品牌的基础上，更好地发挥强势品牌的扩张功能，优化产品的生产经营，使品牌资产有形化，实现企业长期成长，促进企业价值增值。

品牌运营是一个复杂的系统工程。随着市场竞争的日趋激烈，企业间的竞争越发明显地表现为品牌的竞争，企业能否培育出自有的知名品牌，将直接决定一个企业在市场上的竞争力。

二、人的运营

人的运营包括用户运营和公共关系运营。

1. 用户运营

用户运营是指以网站或者产品用户的活跃、留存、付费为目的，依据用户的需求，制订运营方案甚至是建立运营机制。现如今，用户运营已经扩展到针对不同类型的用户进行针对性的运营策略的阶段。

所有网站和产品都需要引入新用户、留存老用户、保持用户活跃、促进用户付费、挽回流失或者沉默的用户。

不同的网站和产品，其用户运营的方式和方法有很大的差异，这主要取决于网站和产品有多依赖用户，内部如何定义用户。将用户定义为 User（使用者）和 Member（成员），会产生完全不同的运营策略和运营手段，甚至会产生不同的运营工具和运营指标。

因此，综上来看，用户运营的核心主要有以下几点：开源（拉动新用户）、节流（防止客户流失与挽回流失客户）、维持（已有用户的留存）、刺激（促进用户活跃甚至使其向付费用户转化）。

2. 公共关系运营

通常来说，公共关系工作不属于运营体系，但很多创业公司没有独立的公共关系架构，都把公共关系工作归入运营体系，包括传统媒体、新媒体、政府关系等。

三、产品运营的核心

案例：产品经理的三板斧：思维、视角、设计[①]

产品思维到底是什么？产品经理应该具备怎样的思维模式和视角？

关于什么是产品思维，可以用三个关键词来定义，分别是思维、视角、设计，概括为“产品经理的三板斧”。

一、思维

产品经理，是一种典型的需要进行高密度思维切换的人群。

① 案例来源：http：//www. woshipm. com/prnd/1956897. html.

我们还是举一个例子以更好地说明这个问题，在2019微信公开课上，张小龙提到了他对于微信的理解，阐述了微信的口号为什么叫“微信是一个生活方式”。

- “直觉”，对应的是代表快思考的系统1，基于感性的情感，张小龙觉得用“一个”，更能赋予微信特别的意义。
- “问题”，对应的是代表慢思考的系统2，基于理性的逻辑，张小龙也知道，在客观语法上，这个表述有问题。

每个人的成长背景和形成的认知不一样，这种差异让作为个体的我们，形成了独立认知，这种个体的唯一性就导致了群体的差异性。

要形成自己的“思维解析中间件”。

中间件就是介于两个系统或者模块之间的中间处理系统，被用来做一些协调和转换工作。

对不同思维系统之间的差异，人们可以构建自己的思维解析中间件，来解决因为认知差异而产生的理解不一致的问题和矛盾。对产品经理而言，每天都需要与各种不同背景的人协作，而这些工作真正的难点在于，产品经理需要并行与多思维系统进行交互：与工程师打交道，是与技术思维互动；与设计师打交道，是与设计思维互动；与业务人员打交道，则是与业务思维互动。

如果说产品经理代表了产品思维，那么我们以产品经理最为密切的合作伙伴工程师为例，对比一下产品思维和技术思维的差异。

技术思维和产品思维是不同背景和思维方式的产物，具备天然的差异性。二者的思维系统不一样，如果没有进行很好的转换和中间处理，就会有一种经常出现的现象，那就是“我说了这么多，为什么你还是不懂”。产品经理说了很多关于产品的想法和思路，工程师听了半天没听懂；而工程师向产品经理反馈一个Bug（漏洞），用了一些技术语言，非技术背景的产品经理也是一头雾水。这种未经过思维转换的沟通，效率会非常低下。如果沟通双方中的一方能够形成思维解析中间件，局面就会好很多。

而每个人具备的“解析器”强弱，取决于个人的知识、经验、格局。一些具有较高知识、经验水平的人具备极强的穿透力和强大的思维解析中间件，所以他们的沟通效率会更高。很多沟通和问题的核心矛盾是，用自己的系统1去调用别人的系统2。

有了思维解析中间件，该如何让它运转呢？我们还是以产品思维和技术思维为例来说明一下它的运转方式。

对于上述技术概念，在技术思维主导下的工程师的眼里是非常简单的，简单到可以用直觉来反应（系统1）。而对于非技术背景的产品经理，这些专业的技术概念是超出认知范围的，也就是连系统2都无法识别解析的。如果此时一位具备思维解析器的工程师来跟一位非技术背景的产品经理沟通，用形象化、常识化、通俗化的方式来对技术概念进行转换，那么他与产品经理的沟通效率会大大提高。这就是思维的差异，产品经理如果能洞察这种差异，并有意识地去建立思维解析器，那无论与什么背景的人协作，都能游刃有余。

二、视角

如果说思维方式决定了我们的认知方式，那么视角则决定了我们的决策方式。

人的认知路线一般是先看到或想到，然后这种来自外部的输入会转化为内在的思考因子。同样一个思考因子会有不同的角度，即本我的角度还是外部角色的角度。

产品经理都会有这种感觉，似乎每个人都能对产品评价几句，“人人都是产品经理”其实这是一种假象，原因是每个人的视角不一样。

为什么说“人人都是产品经理”？因为在非专业的用户视角下，大家看到的都是产品的表现层，即产品长什么样，用起来体验怎么样。这种表现层的体验，是非常容易形成差异性的，而这种差异性是带有主观性的，这也就不难理解为什么你认为的很难看的衣服居然人买。每个人都能把自己感受到的差异性说出来，比如页面不好看、用起来不符合自己的习惯等。

以朋友圈三天可见功能为例子，用户对它的理解和发明者对它的理解是不一样的。设置朋友圈三天可见，从用户视角，是典型的“不想让别人看我”；而从产品视角，则是“希望减轻用户的社交压力”。虽然是同一个结果，但这两种视角是有差异的。用户考虑的是点，产品经理考虑的是面，是群体。随着微信用户数和单个微信用户好友数的增加，用户发朋友圈所带来的社交压力也会增加。为了让群体社交压力变小，使得整个社交生态能持续健康发展，从产品视角来看，设置三天可见的目的是降低用户的社交压力。换一个视角，如果是单个用户，微信好友多了，社交关系复杂化，那么用户对于发朋友圈已经形成了一定的心理负担。朋友圈作为一个记录，用户既希望别人看，又不想过多地暴露自己，所以三天可见成了用户实现“不想让别人看到太多”的有效途径。

这种视角差异，是产品经理做产品决策经常会用到的一种能力，大到产品定位和用户洞察，小到一个功能的改版。

视角决定了结果，即产品是为个体而设计，还是为群体而设计。视角为产品决策提供了底层逻辑。

三、设计

设计是产品经理“三板斧”中的基本功，好的设计是能引导用户使用并且传递产品情感的。设计可分成两个层次，一个是功能设计，另一个是产品设计。功能设计就是完成系统任务，让产品功能完成流程闭环并且不出问题。功能设计的结果是一套可用系统。产品设计是引导用户使用产品，让产品具备和用户沟通的能力，即具备一定的情感表达能力。

功能设计和产品设计最基本的差异就是，功能设计只考虑系统功能完整性，而产品设计会更加注意用户引导性和互动交流感。

四、总结

（1）思维：接受认知差异，形成自己的思维解析，理解并包容多样性。

（2）视角：形成产品视角，在用户视角和产品视角间权衡单点和群体心理，做出合理的产品决策。

（3）设计：关注功能设计，强化产品设计，建立产品与用户的交流和互动感，真正让产品引导用户使用。

第五节　产品供应链管理

一、定义

所谓供应链，简单来讲就是通过对信息流、物流、资金流的控制，从采购原材料开始，到制成中间产品以及最终产品，最后由销售网络把产品送到消费者手中。其本质就是由供应商、制造商、仓库、配送中心和渠道商等构成的物流网络。同一企业可能构成这个网络的不同节点，但更多的情况下是由不同的企业构成这个网络中的不同节点。比如，在某个供应链中，同一企业可能既构成制造商、仓库节点，又构成配送中心节点等。在分工越细、专业要求越高的供应链中，不同节点基本上由不同的企业组成。在供应链各成员单位间流动的原材料、在制品库存和产成品等，就构成了供应链上的货物流。

供应链管理，就是在满足一定客户服务需求的条件下，为了使整个供应链系统成本最低而把供应商、制造商、仓库、配送中心和渠道商等有效地组织到一起进行产品制造、转运、分销及销售的管理方法。

从上述定义中可以得出供应链管理包含的丰富内涵：

首先，供应链管理把产品在满足客户需求的过程中对成本有影响的各个成员单位都考虑在内，包括原材料供应商、制造商、仓库、配送中心和渠道商。

其次，供应链管理的目的在于追求整个供应链的整体效率和整个系统费用的有效性，力图使系统总成本降至最低。因此，供应链管理的重点不在于简单地使某个供应链成员的运输成本最低或减少库存，而在于通过采用系统方法来协调供应链成员，使整个供应链系统处于最流畅的运作中。

最后，供应链管理是围绕供应商、制造商、仓库、配送中心和渠道商有机整体展开的，因此它包括企业许多层次上的活动，包括战略层次、战术层次和作业层次等。

二、供应链管理的实施

在供应链管理中，存货管理是在供应链成员中进行协调，以使存货投资与成本最小；而传统的物流管理则是把存货向前推或向后延，具体情况要根据供应链成员中谁最有主动权而定。事实上，传统的物流管理把存货推向供应商并降低渠道中的存货投资，仅仅是转移了存货。解决这个问题的方法是通过提供有关生产计划的信息，比如共享有关预期需求、订单、生产计划等，减少不确定性，并使安全存货降低。

从成本方面来看，供应链管理是通过注重产品最终成本来优化供应链的。这里提到的最终成本是指实际发生的到达客户时的总成本，包括采购时的价格及送货成本、存货成本等。而传统的物流管理在成本的控制方面依然仅限于公司内部达到最小。

风险与计划是供应链管理区别于传统物流管理的另外两个重要的方面。在供应链管理中，供应链成员共同分担风险，通过共同沟通制订计划，而传统的物流管理仅仅将这些环节停留在公司内部。在组织关系方面，供应链管理中各成员是基于对最终成本的控制而达成合作，而传统的物流管理则是基于公司内降低成本。

实施供应链管理是因为供应链管理比传统的物流管理更具活力，更能对供应链成员带来实质性好处。不过，要成功地实施供应链管理，各供应链成员之间必须实现信息共享；而实现信息共享，对于追求不同目标的企业来说，实在不是一件容易的事情，尤其是当一家企业与其众多的竞争对手均有合作的情况下，要实现信息共享更加困难。成功的供应链整合，首先需要各节点企业在如下方面达成一致：共同认识到最终客户的服务需求水平、共同确定在供应链中存货的位置及每个存货点的存货量、共同制定把供应链作为一个实体来管理的策略和程序等。第一个方面相对比较容易做到，但在决策时往往容易疏忽这一目标。最终客户的服务需求是在渠道中确定存货的关键，成功的制造商能辨认客户及其需求，进而在制造商自己的范围及整个渠道中协调存货流。第二个方面是物流管理的基本作业原则，即满足客户需求的内容应包括需要什么、哪里需要和需要多少。第三个方面需要供应链上各节点企业的真诚合作才能实现，只有各节点企业均站在整个供应链的高度来看待问题，才容易为彼此做出理解与让步，共同制定出某些策略与程序，进而建立起综合性的物流组织。

三、供应链管理的关键问题

具体地说，在实施供应链管理中需要注意的关键问题主要如下：

1. 配送网络重构

配送网络重构是指在采用一个或几个制造工厂生产的产品来服务一组或几组在地理位置上分散的渠道商时，原有的需求模式发生改变或外在条件发生变化后引起的需要对配送网络进行的调整。这可能由现有的几个仓库租赁合同的终止或渠道商的数量发生增减变化等引起。

2. 库存控制

库存控制包括一个终端渠道对某一特定产品应该持有的库存的数量；终端渠道的订货量是否应该大于、小于或等于需求的预测值；终端渠道应该采用多大的库存周转率；终端渠道的目标在于决定在哪个节点上再订购一批产品，以及为了最小化库存订购和保管成本应订多少产品等。

3. 产品设计

众所周知，有效的产品设计在供应链管理中起着关键作用。那么什么时候值得对产品进行设计来减少物流成本或缩短供应链的周期，产品设计是否可以弥补顾客需求的不确定性，为了利用新产品设计，对供应链应该做什么样的修改等，这些问题都非常重要。

4. 配送战略

在供应链管理中，配送战略也非常关键。采用直接转运战略、经典配送战略还是直接运输战略，需要多少个转运点，哪种战略更适合供应链中大多数的节点企业，这些问题非常重要。

所谓直接转运战略，是指在这个战略中终端渠道由中央仓库供应货物，中央仓库充当供应过程的调节者和来自外部供应商的订货的转运站，而其本身并不保留库存。而经典配送战略则是在中央仓库中保留库存。直接运输战略则相对较为简单，它是指把货物直接从供应商运往终端渠道的一种配送战略。

5. 供应链集成与战略伙伴

由于供应链本身的动态性以及不同节点企业间存在着相互冲突的目标，因此对供应链进行集成是相当困难的，但这并不意味着供应链集成不可能实现，供应链集成能够对节点企业的销售业绩和市场份额产生显著的影响作用。供应链集成要解决两个问题：关系和连接。关系是供应链上公司与公司、部门与部门、人与人之间的关系，要让他们愿意协作，用全局优化代替局部优化；连接是流程建设与信息系统，包括对接公司与公司、部门与部门的流程与系统，要让公司与公司、部门与部门、员工与员工之间协作，提高供应链的效率。关系是愿不愿意做的问题，连接是能不能有效地做的问题。

6. 顾客价值

顾客价值是衡量一个企业对于其顾客贡献大小的指标。这一指标是根据企业提供的全部货物、服务以及无形影响来衡量的。最近几年，这个指标已经取代了质量和顾客满意度等指标。在不同行业中，是什么因素决定顾客价值？顾客价值是如何衡量的？在供应链中，信息技术如何用来增加顾客价值？供应链管理如何作用于顾客价值？

首先，供应链系统随时间而变化是一个重要的考虑因素。即使能够准确地预测需求（例如供需双方签署长期合作合同），计划过程也需要考虑在一段时间内由季节波动、发展趋势、广告和促销、竞争者的定价策略等因素引起的需求和成本参数的变化。

这些随时间而变化的需求和成本参数，使确定最有效的供应链管理战略变得更加困难。而事实上，最有效的供应链管理战略就是使供应链系统运行成本降到最低且满足顾客需求的战略。

其次，在一些新兴行业，供应链系统中的新问题层出不穷，在其产品的生命周期内无法做出清楚的解释。比如，在高新技术产业中，产品的生命周期正变得越来越短。这种情形在消费电子领域，比如个人电脑、打印机等产品上表现得更为突出。遗憾的是，这些产品是新产品，不存在能使制造商对顾客需求做出准确预测的历史数据。另外，在这些行业中，日新月异的技术和眼花缭乱的产品推陈出新，使得准确地预测某一特定产品的需求变得越来越困难，进而最终导致众多制造商的价格竞争，而价格竞争不仅降低了产品在其生命周期内的价值，更是缩短了产品的生命周期。

最后，在某些高度同质化的产品市场，供应链管理可能是决定企业成败的唯一因素。比如，在笔记本电脑和喷墨打印机产品市场，很多制造商都走 OEM（Original Equipment Manufacture，原始设备制造商）路线或采用相同的上游原材料供应商和相同的技术，在这种情况下，企业的竞争就是品牌营销的竞争，就是成本和服务水平的竞争，而成本和服务水平则是供应链管理中的两个关键要素。

总之，供应链管理中的问题涉及许多方面的活动，从战略层次到战术层次一直到作业层次。战略层次的问题是对企业有着长远影响的问题，包括关于制造工厂和仓库的数量、布局及产能大小以及物料在物流网络中流动等方面。战术层次的问题一般包括采购和生产决策、库存策略和运输策略等方面的问题。而作业层次的问题则涉及企业的日常活动，如计划、估计备货期、安排运输路线、装运等。

第六节　供应链管理的发展趋势

供应链管理是迄今为止企业物流发展的最高级形式。虽然供应链管理非常复杂且动态多变，但众多企业已经在供应链管理的实践中获得了丰富的经验并取得显著成效。当前供应链管理的发展正呈现出一些明显的趋势。

首先是加强对时间与速度的把控。越来越多的企业认识到时间与速度是影响市场竞争力的关键因素之一。比如，在 IT 行业，国内外大多数 PC（个人计算机）制造商都使用 Intel（英特尔）的 CPU（中央处理器），因此，如何确保在第一时间内安装 Intel 最新推出的 CPU 就成为各 PC 制造商获得竞争力的自然之选。总之，在供应链环境下，时间与速度已被看作提高企业竞争优势的主要来源，一个环节的拖沓往往会影响整个供应链的运转。供应链中的各个企业通过各种手段实现它们之间物流、信息流的紧密连接，以达到对最终客户要求的快速响应、减少存货成本、提高供应链整体竞争水平的目的。

其次是重视质量与资产生产率。供应链管理涉及许多环节，需要环环紧扣，并确保每一个环节的质量。任何一个环节，比如运输服务质量的好坏，都将直接影响到供应商备货的数量、分销商仓储的数量，进而最终影响到用户对产品质量、时效性以及价格等的评价。时下，越来越多的企业相信物流质量创新正在演变为一种提高供应链绩效的强大力量。另外，制造商越来越关心资产生产率。改进资产生产率不仅仅是注重减少企业内部的存货，更重要的是减少供应链渠道中的存货。供应链管理发展的趋势要求企业开展合作与数据共享以减少在整个供应链渠道中的存货。

最后是组织精简。供应链成员的类型及数量是引发供应链管理复杂性的直接原因。在当前的供应链发展趋势下，越来越多的企业开始考虑减少物流供应商的数量，并且这种趋势非常明显。比如，跨国公司更愿意将它们的全球物流供应链外包给少数几家，理想情况下最好是一家物流供应商。因为这样不仅有利于管理，而且有利于在全球范围内提供统一标准的服务，更好地显示出全球供应链管理的整套优势。

第七节　供应链管理最重要的几个环节

1. 采购

采购管理是指在计划下达、采购单生成、采购单执行、到货接收、检验入库、采购发票的收集到采购结算的采购活动的全过程中，对各个环节进行严密的跟踪和监督，实现对企业采购活动执行过程的科学管理。

采购的货源渠道一般包括以下几种：①普通批发市场；②品牌代理商；③代销式供应商；④各种展会、交易会；⑤外贸产品或 OEM 产品；⑥库存积压或清仓处理产品；⑦其他特别的进货渠道。

2. 物流

物流是物品从供应地向接受地的实体流动过程，是根据实际需要，将运输、储存、采购、装卸搬运、包装、流通加工、配送、信息处理等功能有机结合起来实现用户要求的过程。

物流模式主要包括以下几种：

（1）自营物流，指企业自身经营物流。

（2）物流联盟，指制造业、销售企业、物流企业基于正式的相互协议而建立的一种物流合作关系，参加联盟的企业汇集、交换或统一物流资源以谋取共同利益，合作企业仍保持各自的独立性。

（3）第三方物流，指独立于买卖之外的专业物流公司。

（4）第四方物流，是一个供应链的集成商，通过调集、管理和组织自己以及具有互补性的服务供应商的资源、能力和技术，为客户提供一个综合的供应链解决方案。

3. 仓库管理

仓库管理也叫仓储管理，英文写作 Warehouse Management，缩写为 WM，指的是对仓储货物的收发、结存等活动的有效控制。其目的是保证企业仓储货物的完好无损，确保生产经营活动的正常运行，并在此基础上对各类货物的活动状况进行分类记录，以明确的图表的方式表达仓储货物在数量、品质方面的状况，以及目前所在的地理位置、部门、订单归属和仓储分散程度等情况。

仓库的主要业务包括打印订单、配货业务、打包包装、质检发货、库存管理等，但就整体来说，主要包括仓库规划、入库管理、出库管理、盘点、退换货。

电子商务仓库的特点主要包括：

（1）以库存为中心：通过任意存放、任意移动、任意拣取，实现空间利用最大化。

（2）以条码为主线：全库对象条码化，全过程采用电子设备识别方式，实现库存的高准确率。

（3）以效率、准确率为目标：分区设置专门的拣货区、促销区，把存储区与拣货区分开管理，通过批次补货实现快速出库。

（4）以数据为依据：库存的所有活动在系统中均有详细记录，通过数据实现精确的绩效考核，有效地促进个人工作效率的提高。

仓库的 KPI（关键绩效指标）考核：

（1）出错率：比如，按金额计算，100 万元的商品不能超过 2.5 元的差错。

（2）成本控制：比如，B2C 服装订单的作业成本业内平均值在 4 元左右，第三方物流管理公司的报价在 3.5 元左右，我们的作业成本控制在 2.5 元以内。

（3）发货准确率：比如，99.995% 的发货准确率表示发 10 万件货物，只允许有 5 件操作失误。

（4）库存准确率：比如，99.995% 的库存准确率表示仓库中 10 万件货物只允许有 5 件放错位置或者找不到。

（5）拣货效率：在 B2C 仓库中最具有挑战的出货环节，比如在 1 万平方米的仓库中由系统指导拣一件货的时间为 12 秒。

案例：以今日头条为例，进行用户生命周期的分层运营[①]

用户运营中，对用户的分层是实现产品精细化运营的必要条件。本文以今日头条为例，结合相关数据指标采用用户生命周期分层法，进行不同层级用户运营策略的制定，从不同方面考虑运营策略的制定，并针对策略优先级进行思考分析，保证策略的可执行性。

① 案例来源：http：//www.woshipm.com/operate/2556029.html，略有改动。

一、产品分析

（一）产品现状

结合今日头条相关数据，可以发现：

（1）月独立设备数量从2018年7月至今增幅均在0%～2%，产品进入成熟期。

（2）月活跃量超过2.5亿人，用户日活跃时长76分钟，流量数据庞大。

（3）男性所占比例为63%，大于女性所占比例。

（4）产品使用人群相对年轻化。

（5）产品使用地域以一二线城市为主。

（二）产品核心价值

产品定位：通过智能算法，个性化推荐用户感兴趣的信息，以用户为中心，提供连接人与信息的服务。

产品核心价值：结合智能推荐算法，提供用户感兴趣的信息。

（三）用户需求

作为一款资讯类的内容App，今日头条面向用户需求，并结合KANO模型进行用户需求的分析：

（1）基本型需求：查看时事、新闻，分享、下载、收藏、点赞短视频、小视频，进行账号管理等。

（2）期望型需求：细分的行业资讯、问答，与其他用户互动。

（3）魅力型需求：个性化智能推荐，如微头条的口号是“人人都是原创作者”。

二、业务逻辑图

今日头条用户主要分为内容消费者和内容生产者（头条号创作者）。两种类型的用户的主要行为如下：

（1）内容消费者的主要行为包括：①资讯方面，看新闻，看视频等；②社交方面，关注其他用户，参与话题评论，互动聊天，提问问题等；③电子商务方面，通过电商引流链接，进行商品购买。

（2）内容生产者的主要行为有：①内容生产，生产优质内容，吸引用户点击消费；②广告引流，通过给其他品牌或者商品进行广告推文，获取广告收入；③电子商务，通过头条的店铺功能出售商品，利用粉丝流量进行流量变现。

产品业务逻辑如下图所示。

今日头条的用户大致分为生产型用户和消费型用户，两种用户又可以拆分为更加精细的层级。本文针对用户基础庞大的消费型用户进行分层制定和运营策略制定。

三、用户生命周期的分析

今日头条作为一款流量类的App，其产品具备以下特征：

（1）业务需求多样化，不同类型的用户存在多种需求，产品需要满足多数人的使用需求。

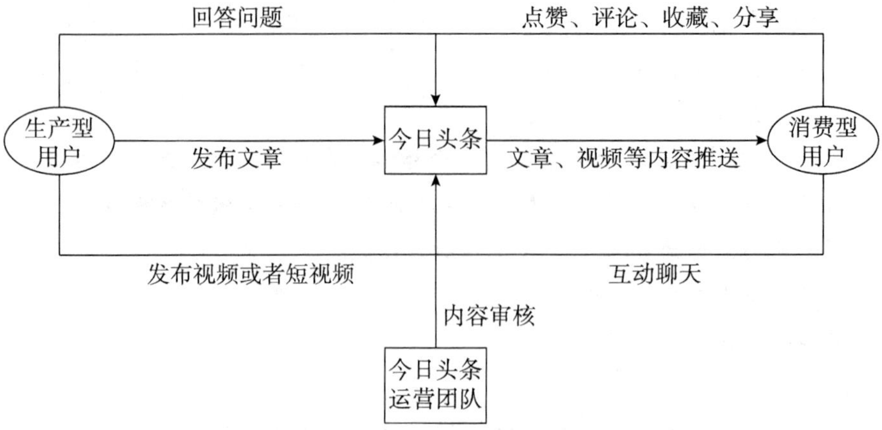

（2）用户之间的关联性强，用户可以关注其他用户，点赞、评论、分享他人的内容，同时，主页还有一个“关注”频道，加强了用户之间的关联性。

本次分析将通过相对简化的产品用户生命周期进行用户分层，针对消费型用户进行用户生命周期的分层运营。消费型用户的价值体现在高频次、长时间访问产品带来的高流量，用户直接付费的场景少，因此今日头条的用户价值处于下图中的第四象限。

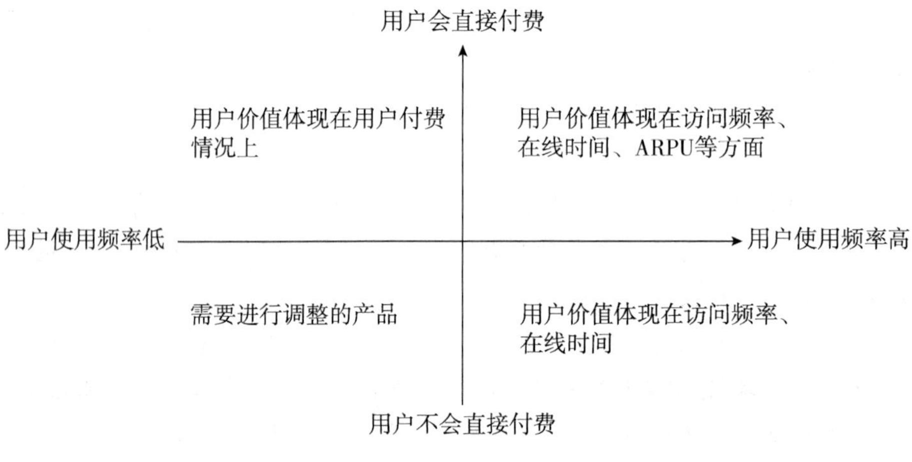

这里将今日头条对于用户价值需要关注的活跃留存指标拆解为基本数据指标和关键行为标签。

（一）基本数据指标

从基本数据指标上看，需要关注用户对于产品基本的访问时长和频率，具体指标有用户访问频率、用户平均在线时间、用户最近一次上线时间。

（二）关键行为标签

今日头条的核心价值：结合智能推荐算法，向用户推荐他们感兴趣的信息。关键行为指标将从功能、内容、社交上进行分析。

针对新用户进入产品时，产品缺少用户基本信息的情况，为了让用户更快体验到产品核心价值，今日头条会设置相应的栏目，让用户先选择自己喜好的信息类型，比如，“历史”“军事”“美妆”等。

针对老用户，则是通过其点赞、收藏、分享或者评论的次数来反馈信息推送的准确性。

（三）用户生命周期的构成

1. 各个阶段用户的描述

导入期用户：用户下载今日头条，只是用来看近期热点新闻，甚至搜索一些东西，没有体验到今日头条的个性化推荐等核心价值。

成长期用户：通过用户选择信息类型、完善相关用户信息等，产品可以相对精准地推送信息给用户，这样用户对产品推送的信息接受度较高。

成熟期用户：用户习惯性关注产品内容信息，并且热衷于在新闻等内容下进行收藏、评论、点赞等互动，经常关注喜欢的创作者的信息。

休眠期用户：用户曾经是产品成熟用户，但是由于各种原因连续多天不登录产品。这一类用户需要通过召回机制进行召回。

流失期用户：用户不再使用产品。

2. 用户具体的生命周期的解构

通过以上分析以及用户描述，本书将用户生命周期拆解如下：

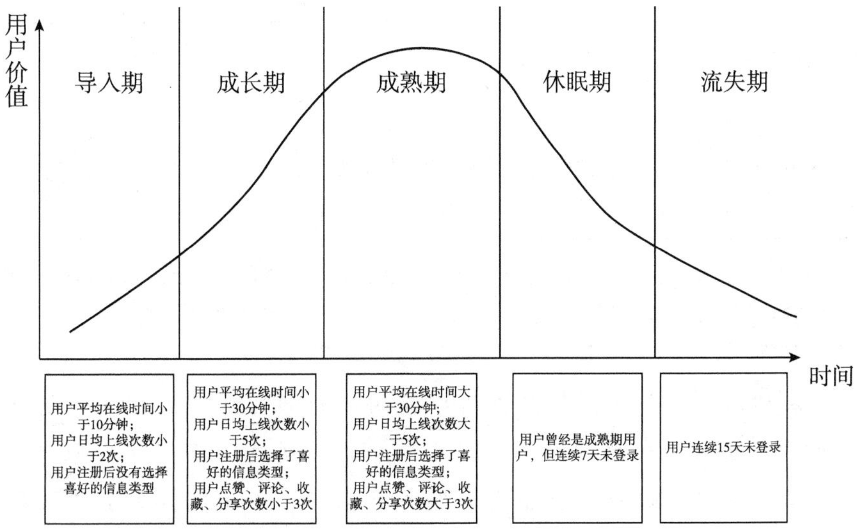

注：由于不具备具体的数据可以筛选，模型中的具体数字为虚拟值。

四、消费型用户运营策略的制定

结合用户生命周期，针对消费型用户进行运营策略的制定。

从运营端角度看，我们希望用户行为能够保证运营数据指标的稳定，保证产品各项指标的正常达成。我们还希望用户能够完成某些重要行为，进而转化为更高价值的用户，因此，对于运营策略的制定，可以从以下两个方面考虑：第一，希望用户保持稳定、周期性操作的行为；第二，引导用户完成，可以提升其阶层的重点行为。

（一）整体策略方向的确定

整体上考虑的是让用户完成一些行为，以保证用户相关活跃度、留存指标的稳定性，同时让用户能够触发特定行为完成用户阶层的转化。

整体策略的确定方向有：①让用户完成一次性关键行为；②希望用户保持某种最低的贡献；③让用户长期保持某一行为；④让用户完成身份、价值层级的进阶；⑤让用户对于产品产生更高的情感认同。

以上几个方面包括两个策略的方向：用户稳定、周期性的行为和用户进阶的行为。具体如下表所示。

希望发生的行为	行为举例	目的
让用户完成一次性的关键行为	首次下单，关注某些内容等	引导用户感受产品核心价值，感受“啊哈时刻”
希望用户保持某种最低的贡献	每月最少发布××篇文章、每月最少评论次数××	一方面可以保证用户的留存、活跃数据稳定，另一方面保证稳定的内容输出
让用户长期保持某一行为	每月最少上线××次、上线时间达到××分钟	保证产品不同层次用户的留存、活跃数据稳定，不出现大的跌幅
让用户完成身份、价值层级的进阶	用户从内容消费者转化内容消费和生产者，活跃用户进阶为核心用户	保证产品整体用户价值的稳定上升
让用户对于产品产生更高的情感认同	邀请用户参与产品线下活动，为重要用户发放实物纪念品	增强用户对于产品的信任，维护产品用户之间的情感关系

对于导入期用户，今日头条需要引导其向成长期用户发展，成长期用户发展为成熟期用户，而对于成熟期用户，则可以一方面通过会员机制、头衔认证、定期推送其感兴趣的内容保证用户留存，同时可以引导其使用微头条发展为内容生产者。

整体策略方向确定如下表所示。

用户层级	希望用户稳定、周期性操作的行为	引导用户完成，可以提升其阶层的重点行为
导入期用户	保持中低频次访问产品	引导用户完成信息喜好类型或者创作者的选择
成长期用户	保持中高频次访问产品	引导用户进行关注、收藏、评论等互动操作
成熟期用户	保持高频率、长时间访问产品，以及稳定次数的互动评论	对于部分在评论等内容互动多的用户，引导用户进行微头条创作
休眠期用户	—	进行用户唤醒，拉回用户
流失期用户		

（二）具体运营策略的制定

整体策略方向确定后，针对每个层级用户制定具体的运营策略。

1. 导入期用户

为用户设计相应的在线有奖活动，保证用户能够稳定留在产品中；引导用户完成信息喜好类型、频道或者创作者的选择（进阶行为）。

2. 成长期用户

定期推送用户关注的人的新动态（文章、视频等），同时结合大数据为用户显示更多的相关喜好的内容。设计分享、评论有奖活动，引导用户进行收藏、点赞、评论、分享等操作，进行更多的互动，让用户通过互动增加沉没成本（进阶行为）。

3. 成熟期用户

定期推送用户喜好的内容；通过会员机制、积分机制，给予用户身份认证，增加用户对产品的情感；策划活动，通过奖励等方式吸引用户进行微头条创作，让用户向内容生产者进阶（进阶行为）。

4. 休眠期用户和流失期用户

设计召回机制，通过推荐用户关注的内容、用户好友动态等进行用户唤醒，吸引用户回到产品。

（三）策略优先级的思考

分层模型以及策略制定后，需要进行策略优先级排序，结合 ICE（创意、传播、执行）原则，策略的优先级具体需要考虑到策略的影响力、策略的信心、策略的简易性。策略的影响力，即运营策略的影响面宽度、影响效果大小，满分 10 分，影响力越大分，数越高；策略的信心，即运营人员对于策略有效性的信心程度，满分 10 分，越有信心，分数越高；策略的简易性，即运营人员完成策略的难易度，满分 10 分，越容易，分数越高。具体表格如下：

	策略的影响力	策略的信心	策略的简易性	总分	排名
策略 1					
策略 2					
策略 3					
策略 4					
策略 5					

由于表格评论具备较大的主观性，因此可以通过多人共同打分计算出平均分，最终确证策略的优先级。

五、结语

今日头条结合其产品的用户生命周期进行用户分层，重点针对不同层级用户通过运营的两个角度分析需要用户完成的相关行为，制定具体的策略，并且运用 ICE 原则，进行策略优先级的思考，评估策略的可落地性。用户生命周期分层法适用于大多数产品，对于其他产品同样可以运用相关方法进行运营策略制定，以达到运营的精细化。

【综合练习】

一、单项选择题

1. 在产品整合的三种方式中，风险较大、门槛较高，但产品实现性相对较强的方式是（　　）。

A. 现货采购　　B. 生产订单　　C. 库存产品　　D. 预售

2. 以下（　　）不属于内容运营的手段。

A. 创作　　B. 推荐　　C. 专题　　D. 策划

3. （　　）是衡量一个企业对于其顾客贡献大小的指标，这一指标是根据企业提供的全部货物、服务以及无形影响来衡量的。

A. 顾客价值感知　　B. 顾客忠诚度　　C. 顾客价值　　D. 顾客价值观

4. （　　）的过程其实就是产品价值链或品牌信誉建立的过程。

A. 建立顾客忠诚度　　B. 提高产品质量

C. 打造“爆品”　　D. 建立优秀的团队

5. 企业对应什么样的产品来满足目标消费者或目标消费市场的需求，是指（　　）。

A. 产品定位　　B. 市场定位　　C. 用户定位　　D. 区域定位

6. 用于连接用户和产品并产生产品价值和商业价值的手段，都叫（　　）。

A. 网上运营　　B. 产品运营　　C. 电子商务运营　　D. 用户运营

7. 不管哪一种类型的内容型产品，都需要运营人员对产品内容的掌控，即（　　）。

A. 审核 + 推荐　　B. 收集 + 推荐　　C. 推荐 + 广告　　D. 审核 + 运营

8. 通过煽动用户互动来推动社群关系的扩展的产品活动，是以（　　）的。

A. 内容导向　　B. 企业导向　　C. 社群导向　　D. 平台导向

9. 通过市场活动、商务合作（BD）、PR 等方式进行产品的品牌宣传，属于（　　）运营。

A. 品牌　　B. 用户　　C. 内容　　D. 渠道

10. （　　）是一种典型的需要进行高密度思维切换的人群。

A. 采购经理　　B. 客户经理　　C. 运营经理　　D. 产品经理

二、多项选择题

1. 产品定位必须遵循的两项基本原则（　　）。

A. 适应性原则　　B. 通用性原则　　C. 品牌性原则　　D. 竞争性原则

2. 用于运营的核心主要有（　　）。

A. 开源　　B. 节流　　C. 维持　　D. 刺激

3. 渠道运营主要包括（　　）等运营。

A. 网站和应用商城　　B. 社会化媒体

C. 广告站点　　D. 信息流

4. 电子商务仓库的特点是（　　）。

A. 以库存为中心　　B. 以条码为主线

C. 以效率、准确率为目标　　D. 以数据为依据

5. 运营是让产品持续产生（　　）。

A. 商业价值　　B. 持续输出价值　　C. 生存价值　　D. 产品价值

6. 产品运营的核心是（　　）。

A. 流量建设　　B. 渠道建设　　C. 用户维系　　D. 产品优化

7. 产品定位基本上取决于（　　）相互协调。

A. 产品　　B. 企业　　C. 消费者　　D. 竞争者

8. 设计召回机制，通过推荐用户关注的内容、用户好友动态等进行用户唤醒，吸引用户回到产品是属于（　　）的用户。

A. 休眠期　　B. 流失期　　C. 衰退期　　D. 成长期

9. 内容运营是一个非常讲究文案能力的工作，它对任职人员的（　　）都有要求。

A. 抗压能力　　B. 思路灵活度　　C. 创意度　　D. 逻辑

10. 分层模型以及策略制定后，需要进行策略优先级排序，结合 ICE 原则，策略的优先级具体需要考虑到（　　）。

A. 策略的影响力　　B. 策略的信心　　C. 策略的可实施性　　D. 策略的简易性

三、名词解释

1. 竞争性原则

2. SEM

3. ASO

4. 仓储管理

四、简答题

1. 内容运营需要关注哪些内容?

2. 活动运营的具体工作包含哪些内容?

3. 供应链管理的关键问题是什么?

五、论述题

1. 为什么要做细分市场?

2. 产品运营的核心是什么?产品经理应如何从供应链角度思考运营?

第四章　网站运营

【学习目标】通过本章的学习，了解网站运营的含义、电子商务网站规划、网站域名含义与管理方法、网站推广手段和方法，熟悉搜索引擎及优化方法，熟悉网站日常管理，掌握网站运营的基本方法。

【关键词】网站运营；域名；搜索引擎；引擎优化；网站规划

第一节　网站运营概述

网站运营是指一切为了提升网站服务用户的效率，与网站后期运作、经营有关的行为。网站运营通常包括网站内容更新维护、网站服务器维护、网站流程优化、数据挖掘分析、用户研究管理、网站营销策划等。网站运营常用的指标有 PV、IP 数、注册用户、在线用户、网站跳出率、转化率、付费用户、在线时长、购买频次、ARPU 值。

时至今日，越来越多的人可以听到“网站运营”四个字，但真正了解网站运营并深知其重要性的少之又少。网站运营是网站逐步发展，提高市场占有率并且实现利润回报的重要因素之一。因此，如果想要建设一个投资回报率高的网站，那么在运营管理方面的投入必不可少。网站运营是一个很宽泛的概念，通常包括网站规划、网站日常管理、网站优化与拓展等。

PV（Page View）流量，即页面浏览量或点击量，用于衡量网站用户访问的网页数量。在一定统计周期内，用户每打开或刷新一个页面就记录一次，多次打开或刷新同一页面则浏览量累计。

IP（Internet Protocol）数是指一天内浏览了页面的 IP 总数，以用户的 IP 地址作为统计依据。同一 IP 不管访问了几个页面，独立 IP 数均为 1；不同的 IP 浏览页面，计数会加 1，即统计不同的 IP 浏览用户数量。IP 是基于用户广域网地址来区分不同的访问者的，所以多个用户（多个局域网 IP）在同一个路由器（同一个广域网 IP）内上网，可能被记录为一个独立 IP 访问者。如果用户不断更换 IP，则有可能被多次统计。

注册用户是指在某一网站上登记个人资料且绑定个人信息的用户。

在线用户是指某一时间在网站上处于登录状态的用户。

网站跳出率（Bounce Rate）是用户进入网站就离开的次数与网站总的访问次数的比值，它是衡量一个网站用户体验的重要指标。网站跳出率高，说明网站用户体验做得不好。反之，如果网站跳出率较低，说明网站用户体验做得不错，用户能够在该网站找到自己需要的内容，而且以后他可能会再来光顾网站，有利于增强用户黏性，慢慢地可以积累大量的用户。

网站转化率（Conversion Rate）是指用户进行了相应目标行为的访问次数与总访问次数的比值，用于衡量网站内容对访问者的吸引程度以及网站的宣传效果。相应的行为可以是用户注册、用户登录、用户订阅、用户下载、用户购买等一系列用户行为，因此网站转化率是一个广义的概念。简而言之，就是当访客访问网站的时候，把访客转化成网站常驻用户，也可以理解为访客到用户的转换。

付费用户是指在网站上交付一定金额以获得限定服务的用户。

在线时长是指用户在网站上处于登录状态的时间总长。

购买频次是指消费者或用户在一定时期内购买某种或某类商品的次数。一般来说，用户的购买行为在一定的时限内进行是有规律可循的。购买频率就是度量购买行为的一项指标，它一般取决于使用频率的高低。购买频次是企业选择目标市场、确定经营方式、制定营销策略的重要依据。

ARPU（Average Revenue Per User，每用户平均收入）值，注重的是一个时间段内运营商从每个用户所得到的利润。很明显，高端的用户越多，ARPU 值越高。在某一时间段，从运营商的运营情况来看，ARPU 值高则说明利润高，这段时间效益好。ARPU 值是投资者衡量企业发展状况的重要参考，投资者不仅关注企业现在的盈利能力，更关注企业未来的发展能力。ARPU 值高，则企业目前的利润较高，发展前景好，具有投资可行性。

第二节　电子商务网站规划

电子商务网站是企业向网民提供信息（包括产品和服务）的一种方式，是企业开展电子商务的基础设施和信息平台，是树立企业形象、实现现代化办公的标志，是企业与用户交流及沟通的窗口，是买方和卖方信息交汇与传递的渠道，是企业展示其产品与服务的平台，是企业体现其形象和经营战略的载体。网站的建设主要包括网站定位与策划、网站功能设计、网站域名注册与主机选择等，而网站的规划贯穿网站建设的整个过程，是网站建设中最重要的环节。

一、网站定位与策划

网站定位与策划应注意以下几个原则。

（一）目的性和用户需求原则

电子商务网站的设计是展现企业形象、介绍产品和服务、体现企业发展战略的重要途径，因此必须掌握目标市场的情况，如受众群体对新技术的态度、需求范围、文化程度、是否经常上网等，从而做出切实可行的设计计划。要根据用户的需求、市场的情况、企业自身的情况等进行综合分析，牢记以用户为中心，而不是以美观为中心进行设计。

电子商务网站建设应该经过成熟考虑，具体应注意以下几点。

1. 明确目的

目的应该是明确的，应该清楚网站希望哪些用户来浏览，网站具体要提供哪些内容，提供怎样的服务，达到什么效果等。

2. 从实际出发

电子商务网站的规划应该从实际出发，使其在当前的资源环境下能够实现，而不是脱离自身的人力、物力、网络基础以及整个外部环境等因素盲目制定目标。尤其是外部因素容易被忽略，更需要规划人员的全面考虑。

3. 主次分明，循序渐进

如果电子商务网站建设的目标比较庞大，就应该充分考虑各部分的重要性和实现的难易度，不可一蹴而就，应分清主次，循序渐进。

（二）总体设计方案主题鲜明原则

运营者要形成电子商务网站的构思创意，即总体设计方案，对网站的整体风格和特色做出定位，规划网站的组织结构。

电子商务网站应针对所服务对象（机构或个人）的不同而具有不同的类型，大致可以将其分为以下几种。

（1）基本信息型。该类型网站主要面向用户、业界人士或者普通浏览者，以介绍企业的基本资料、帮助树立企业形象为主，也可以适当提供行业内的新闻或者知识信息。

（2）电子商务型。该类型网站主要面向供应商和用户，以提供某种直属于企业业务范围的服务或交易，或者为业务服务的服务或交易为主；这样的网站正处于电子商务化的一个中间阶段，由于行业特色和企业投入深度、广度的不同，其电子商务化程度可能处于从比较初级的服务支持、产品列表到比较高级的网上支付的某一阶段。

（3）多媒体广告型。该类型网站主要面向用户，以宣传企业的核心品牌形象或者主要产品（服务）为主。这种类型的网站无论从目的上还是实际表现手法上，相对于普通网站而言，更像一个平面广告或者电视广告。

在实际应用中，很多网站往往不能被简单地归为某一种类型，无论是建站目的还是表现形式，都可能涵盖了两种或两种以上类型。不管属于哪种类型的电子商务网站，都要做到主题鲜明突出、要点明确，以简单明确的语言和画面体现网站的主题。调动一切手段充分表现网站的个性和情趣，办出电子商务网站的特点。

电子商务网站主页应具备的基本要素：①页头。页头要准确无误地标识站点和企业标识。②电子邮件地址。它主要用来接收用户垂询。③联系信息。联系信息可以是普通邮件地址或电话。④版权信息。版权信息的作用是声明版权所有者等。

（三）企业专业特性介绍的原则

1. 对外介绍专业信息

对外介绍专业信息，最主要的目的是向外界介绍企业的业务范围、性质和发展情况，从而创造更多的商机。在介绍专业信息时应注意以下几点：①完整无误地表述企业的业务范围（产品、服务）及主次关系。②齐备地介绍企业的地址、性质、反馈信息。③提供企业的年度报表将有助于浏览者了解企业的经营状况、方针和实力。④如果是上市企业，则应该提供企业的股票市值或者专门的财经网站的链接，这将有助于浏览者了解企业的情况。

2. 对内提供信息服务

对内提供信息服务时，应该注意以下几点：①信息的全面性。对所在行业相关知识、信息的涵盖范围应该全面，尽管内容本身不必做得十分全面。②信息的专业性。所提供的信息应该是专业的、科学的并具有说服力。③信息的时效性。所提供的信息必须是没有失效的，这保证了信息的时效性。④信息的独创性。具有原创性、独创性的内容更能引起重视、得到认可，有助于提升浏览者对企业的印象。

（四）网站版式设计原则

网页设计作为一种视觉语言，要讲究编排和布局，虽然主页的设计不等同于平面设计，但它们有许多相近之处，应充分加以借鉴和利用。

版式设计通过文字、图形的空间组合，表达出和谐与美。一个优秀的网页设计者应该能够巧妙地对文字和图片进行编排，从而使网页生动、有特色。多页面站点的页面编排设计要把页面之间的有机联系反映出来，特别要处理好页面之间和页面内秩序与内容的关系。为了达到最佳的视觉表现效果，版式设计应讲究整体布局的合理性，使浏览者有一个流畅的视觉体验。

色彩是艺术表现的要素之一。在网页设计中，根据和谐、均衡和重点突出的原则，根据色彩对人们心理的影响，合理地加以运用，将不同的色彩进行组合、搭配来构成美丽的页面。按照色彩的记忆性原则，一般暖色比冷色的记忆性强；色彩还具有联想与象征的特质，如红色象征血、太阳，蓝色象征大海、天空和水面等。

网页的颜色运用并没有数量的限制，但不能毫无节制地运用，一般情况下，应先根据总体风格的要求定出一两种主色调，有 CIS（企业形象识别系统）的，更应该按照其中的 VI（视觉识别）进行色彩运用。在色彩运用的过程中，还应注意一个问题：由于国家和种族、宗教和信仰的不同，以及生活地理位置、文化修养的差异等，不同的人群对色彩的喜恶程度有着很大的差异。例如，儿童喜欢对比强烈、个性鲜明的纯颜色，生活在草原上的人喜欢红色，生活在荒漠地区的人喜欢绿色。因此，在设计中要考虑主要读者群的背景和构成。

（五）网页形式与内容相统一原则

要将丰富的意义和多样的形式组织成统一的页面结构，形式语言必须符合页面的内容，体现内容的丰富含义。运用对比与调和、对称与平衡、节奏与韵律以及留白等手段，通过空间、文字、图形之间的关系建立整体的均衡状态，产生和谐的美感。例如，对称原则运用到页面设计中，有时会使页面显得呆板，但如果加入一些富有动感的文字、图案，或采用夸张的手法来表现内容，往往会达到比较好的效果。点、线、面作为视觉语言中的基本元素，三者互相穿插、互相衬托、互相补充，达到最佳的页面效果。网页设计中点、线、面的运用并不是孤立的，很多时候都需要将它们结合起来，以取得最佳的视觉效果，更好地表达网站的内容。

（六）实用性功能服务应切合实际需要原则

网站提供的功能服务应该是切合浏览者实际需求且符合企业特点的。例如，网上银行提供免费电子邮件和个人主页空间就既不符合浏览者对网上银行网站的需求，也不是银行的优势，提供这样的功能服务不但会削弱浏览者对网站的整体印象，还浪费了企业的资源投入，有弊无利。

因此，网站提供的功能服务必须保证质量，并且还应注意以下几点。

（1）每个服务必须有清晰的流程，每个步骤需要什么条件、产生什么结果、由谁来操作、如何实现等，都应该是清晰无误的。

（2）实现功能服务的程序必须是正确的、牢固的（防错的）、能够及时响应的、能够应付多个请求的。

（3）需要人工操作的服务应该设有常备人员和相应责权制度。

（4）用户在操作每一个步骤（无论正确与否）后应该被提示当前处于什么状态。

（5）服务成功递交以后的响应时间通常不应超过整个服务周期的 10%。

（6）当网页功能较多的时候，应该清楚地定义功能相互之间的关系，并在网站界面和服务响应上加以体现。

（七）多媒体技术的合理利用原则

网站资源的优势之一是它的多媒体技术。要吸引用户，网页的内容可以用三维动画来展示。但要注意，由于网速的限制，在使用多媒体的形式表现网页的内容时应考虑客户端的传输速度。要时刻记住用户掌握着主动权，是他们在做选择。如果网站下载信息的速度太慢，访问者很可能就没有了耐心而单击“退出”，故在设计时应充分了解用户的兴趣，用一些吸引人、下载速度尽可能快的东西抓住用户。规划人员要时刻谨记让用户方便、快捷地得到其所需的信息是至关重要的。

二、网站域名注册与主机选择

网站是指以域名本身或者“www + 域名”为地址的 Web 站点。

目前最主要的网站建设方式有完全自主建站、主机托管、虚拟主机等。在实际运用中，这些建站方式对技术、资金、人才等方面的要求有很大的区别。

以虚拟主机的建站方式为例，设计者需要将这项工作分解为三步：注册申请域名、主机方案的选择、网页发布与网站测试。

（一）注册申请域名

1. 域名

从技术上讲，域名只是一个互联网中用于解决地址对应问题的一种方法的名称，可以说只是一个技术名词。但是，由于互联网已经在全世界范围内得到运用和发展，域名也自然成为一个社会科学名词。从社会科学的角度看，域名已成为互联网文化的组成部分。从商界看，域名已被誉为企业的“网上商标”。没有一家企业不重视自己产品的标识——商标，而域名的重要性和价值也已经被全世界的企业所认识。

域名级别域名可分为不同级别，包括顶级域名、二级域名等。

顶级域名分为两类：一是国家顶级域名（national top - level domainnames，nTLDs），目前 200 多个国家都按照 ISO3166 国家代码分配了顶级域名，如中国是 cn，美国是 us，日本是 jp 等；二是国际顶级域名（international top - level domainnames，iTDs），如表示工商企业的 . com，表示网络提供商的 . net，表示非营利组织的 . org 等。

二级域名是指顶级域名下的域名，在国际顶级域名下，它是指域名注册人的网上名称，如 ibm、yahoo、microsoft 等；在国家顶级域名下，它是表示注册企业类别的符号，如 com、edu、gov、net 等。

截至 2018 年 12 月，我国的域名总数为 3792. 8 万个，相比 2017 年年底减少 1. 4%，其中 . cn 域名为 2124. 3 万个，占总域名数的 56. 0%；. com 域名数量为 1278. 3 万个，占总域名数量的 33. 7%，可以看出 . cn 和 . cm 后缀仍然是注册首选。

2. 国际域名

所谓国际域名，就是国际通用的域名，如以 . com、. net、. org 等为后缀的域名，其中又区分为英文国际域名和中文国际域名。例如，cnkuai. com、cnkuai. net、cnkuai. org 等都属于英文国际域名；而快网 . com/快网 . 中国则属于中文国际域名。

3. 中文域名

中文域名是符合国际标准的一种域名体系，使用上和英文域名近似，作为域名的一种，可以通过 DNS（Domain Name System，域名系统）解析，支持虚拟主机、电子邮件等服务。中文域名的优点如下：

（1）中国人自己的域名，使用方便，便于记忆。

（2）域名资源丰富，可以获得满意的域名。注册一个中文域名，自动获得国际域名。

（3）注册一个简体中文域名，自动获得繁体中文域名，域名注册手续简便、快捷。

（4）显著的标识作用，体现自身的价值和定位。

（5）全中文服务，保障用户知情权。

（6）适用中国法律，全面保障用户利益。

（7）保障国家域名系统的安全。

中文域名更符合使用中文的人的习惯。使用中文域名可以让人更容易记住企业的网站、品牌以及企业名称等。现在中国正在大力推广中文域名的应用，所以中文域名必将是未来的使用趋势。

4. 域名的注册

域名的注册遵循“先申请先注册”原则，同时，每一个域名的注册都是唯一的、不可重复的。因此，在网络上域名是一种相对有限的资源，它的价值将随着注册企业的增多而逐步为人们所重视。各个机构管理域名的方式和域名命名的规则也有所不同。

域名中字符的组合规则包括以下几个方面。

（1）在域名中，不区分英文字母的大小写和中文字符的简繁体。

（2）未经国家有关部门的正式批准，不得使用含有“CHINA”“CHINESE”“CN”“NATIONAL”等字样的域名；不得使用公众知晓的其他国家或者地区名称、外国地名、国际组织名称；未经各级地方政府批准，不得使用县级以上（含县级）行政区划名称的全称或缩写；不得使用行业名称或者商品的通用名称；不得使用他人已在中国注册过的企业名称或者商标名称；不得使用对国家、社会或者公共利益有害的名称。

（3）英文域名注册规则。

英文域名分为国际英文域名和国内英文域名，因为域名注册机构不同，所以规则也不同，下面我们就分别介绍国际英文域名注册规则和国内英文域名注册规则。

国际英文域名注册规则：域名在“.”之前最长可以注册 63 个英文字母，命名可使用的字符包括字母（A ~ Z，a ~ z，大小写等价）、数字（0 ~ 9）、连接符（ - ），不区分大小写。

国内英文域名注册规则：域名在“.”之前最长可以注册63个英文字母，命名可使用的字符包括字母（A～Z，a～z，大小写等价）、数字（0～9）、连接符（-），不区分大小写。

（4）国内中文域名注册规则。

可以选择中文、字母（A～Z，a～z，大小写等价）、数字（0～9）或符号（-）命名中文域名，但最多容纳20个字符，比如“.cn”“.中国”“.公司”“.网络”等类型的中文域名。

5. 域名选取的原则

域名是企业和互联网的纽带，它像品牌、商标一样具有重要的识别作用，是访问者进入企业网站的“钥匙”，是企业在网络上存在的标志，担负着标识站点和导向企业站点的双重作用。域名对于企业开展电子商务具有重要的作用，被誉为网络时代的“环球商标”，一个好的域名会大大增加企业在互联网上的知名度。因此，企业如何选取域名就显得十分重要。在选取域名的时候，首先要遵循两个基本原则。

（1）域名应该简明易记，便于输入。这是判断域名好坏最重要的因素。一个好的域名应该短而顺口，便于记忆，最好让人看一眼就能记住，而且读起来发音清晰，不会导致拼写错误。此外，域名选取还要避免同音异义词。

（2）域名要有一定的内涵和意义。用有一定意义和内涵的词或词组作域名，不但使可记忆性增强，而且有助于实现企业的营销目标。企业的名称、产品名称、商标名、品牌名等都是不错的选择，这样能够使企业的网络营销目标和非网络营销目标达成一致。

6. 域名选取技巧

（1）用企业名称的汉语拼音作为域名。这是为企业选取域名的一种较好的方式，实际上大部分国内企业都是这样选取域名的。如红塔集团的域名为hongta. com，海尔集团的域名为haier. com，四川长虹集团的域名为changhong. com，华为技术有限公司的域名为huawei. com。这样的域名有助于提高企业在线品牌的知名度，即使企业不作任何宣传，其在线站点的域名也很容易被人想到。

（2）用企业的英文名称作为域名。这也是国内许多企业选取域名的一种方式，这样的域名特别适合于计算机、网络和通信相关行业。例如，长城计算机公司的域名为greatwall. cn，中国电信的域名为chinatelecom. com。

（3）用企业名称的缩写作为域名。有些企业的名称比较长，如果用汉语拼音或者相应的英文名作为域名就显得过于烦琐，不便于记忆，因此，用企业名称的缩写作为域名不失为一种好方法。缩写包括两种方法：一种是汉语拼音缩写，另一种是英文缩写。例如，广东步步高电子工业有限公司的域名为gdbbk. com，泸州老窖集团的域名为lzlj. com。

（4）用汉语拼音的谐音形式给企业注册域名。在现实中，采用这种方法的企业也不在少数。例如，美的集团的域名为 midea. cn，康佳集团的域名为 konka. com，格力集团的域名为 gree. com，新浪网用 sina. com. cn 作为它的域名。

（5）以汉语拼音和英文单词相结合的形式给企业注册域名。如荣事达集团的域名是 rsdgroup. com，其中“荣事达”三个字用汉语拼音的首字母，“集团”用英文名。

（6）在企业名称前后加上与网络相关的前缀和后缀。常用的前缀有 e、i、net 等，后缀有 net、web、line 等。如中国营销传播网的域名为 emkt. com. cn。

（7）不要注册其他公司拥有的独特商标名和知名企业的商标名。如果选取其他公司独特的商标名作为自己的域名很可能会造成侵权，特别是当注册的域名是一家国际或国内知名企业的商标时，因此，当企业挑选域名时，需要留心挑选的域名是不是其他企业的注册商标名。

7. 域名和 IP 地址之间的关系

域名和 IP 地址之间是一一对应的关系，并且多个域名可以对应同一个 IP 地址。就像一个人的姓名和身份证号码之间的关系，显然记忆人的名字要比记忆身份证号码容易得多。IP 地址是网络上标识用户站点的数字地址，为了简单好记，采用域名来代替 IP 地址表示站点地址，域名服务器（DNS）将域名解析成 IP 地址，使之一一对应。

（二）主机方案的选择

1. 专用服务器

专用服务器指的是专门用来提供一种或多种网络服务的计算机。服务器在网络中承担信息传输和处理数据的任务，具备高可伸缩性、高可靠性、高可用性和高管理性。服务器是网站信息内容的载体，也是用户访问时提供技术支持和服务的主要设备。不同性能、不同规格的服务器对网站的综合技术性能有很大的影响。

按照应用规模的大小，服务器可以划分为入门级服务器、部门级服务器、企业级服务器、功能服务器、超级服务器与集群服务器 6 种类型。

个人用户和小型企业一般选择入门级服务器。此类服务器具有服务器的基本功能，价格便宜，通常性价比较高。

部门级服务器定位在中小型企业的应用领域。较好的通用性使其可适用于文件打印共享服务、Web 服务、远程办公以及部门级邮件或数据库应用。它有良好的监控机制，用户可轻松地监控系统温度、风扇速度和系统运行中的电压负载等。

企业级服务器具有出众的性能和较强的可伸缩性，可满足不断发展的企业应用需要。它采用多路 CPU、大容量内存、热插拔技术，但价格偏高。

从广义上讲，功能服务器是能够提供特定功能和服务的计算机系统。但从狭义上讲，功能服务器特指那些能够提供特定服务功能或应用的服务器产品。它是一个完整的产品，不需要再增加其他软件就能够完成其定义的功能或服务，而通常一个应用系统中的服务器都需要一些软硬件的配合才能完成相关的功能和服务。例如，Web 功能服务器产品不需要其他产品的配合就可以完成 Web 服务，但如果通过服务器构成 Web 服务器，还必须配备操作系统和 Web 服务器软件。

超级服务器能对不同平台的服务器系统进行跨平台的集中管理，极大地提升了服务器管理效率。它一般适用于大型网站、电信级应用和服务等。

2. 服务器托管

服务器托管就是把自己的专用服务器委托给别人代管。由于服务器托管服务商的网络线路一般位于互联网的主干线，因此将专用服务器进行托管就能有效地解决服务器宽带不足的问题。

随着个人创业及小型企业的增多，使用服务器提供相关咨询、下载、邮件等服务已经变得非常普遍。近年来，网络创业的个人用户非常多，在网上众多提供娱乐影音下载、论坛 BBS 等服务的主机实际上相当一部分就是个人提供的。很多原来在家中架设服务器提供服务的用户已经感觉到环境的压力，特别是一些已经有收费服务的服务器，更是需要有良好的环境，如全天候的空调环境、稳定的电力供应以及专业的网络管理人员维护服务器的运作等，这些对于个人用户和小型企业来说都是不菲的开销。而选择服务器托管，和其他的用户分担这些费用是非常经济的选择。

一般如网通、电信、铁通、联通、移动等网络服务商均可提供服务器托管业务。选择服务器托管商可参考以下意见。

（1）不要考虑没有互联网服务提供商（ISP）许可证的公司，要选择资质好、规模大、名气大、信誉度高的大型 ISP 公司，这是基本原则。

（2）尽量跨过不必要的中间商，以节省费用。更重要的是，中间商越多，将来的不稳定因素就越多，可能出现中间商互相推诿的情况，因此要尽量委托那些直接从机房租用机柜的托管服务器商。

（3）考察服务商。在考察机房之前，先要去服务商的公司考察其规模、技术、历史等。考察机房应将重点放在它的规模、历史和口碑上。

3. 虚拟主机

虚拟主机技术主要用于解决在一台物理服务器上架设多个服务器的问题。使用特殊的软硬件技术，把一台计算机主机分成多台“虚拟”的主机，每一台虚拟主机都具有独立的域名和 IP 地址（共享的 IP 地址），有完整的互联网服务器（WWW、FTP、E-mail等）功能。在同一台硬件、同一个操作系统上运行着多个用户打开的不同服务器程序，互不干扰；而每个用户拥有自己的一部分系统资源（IP 地址、文件存储空间、内存、CPU 时间等）。虚拟主机之间完全独立，并可由用户自行管理，而在外界看来，每一台虚拟主机和一台独立主机的表现完全一样。虚拟主机的优点有以下几个方面。

（1）无须购置机器。运用虚拟主机技术，每一台虚拟主机和独立的主机完全一样，都具有独立的域名，具有完整的互联网服务器功能。

（2）费用低廉。使用虚拟主机，可以节省购置服务器或其他硬件设备的投资、安排专业系统管理人员等多方面的费用。“虚拟主机”的低廉成本可降低企业的经营风险。

（3）快捷方便。虚拟主机能使不同的部门拥有自己的域名及专属网站。

（4）无须租用专线。通过 FTP 方式，虚拟主机可随时更新主页内容。

（5）有专业的技术支持，无须动用太多资源进行维护。

4. 服务器选型

服务器设备是网站的硬件基础，设备的选型应考虑网站的用途、功能、规模和用户访问量等因素。采购网络服务器时，可遵循下列原则。

（1）性能要稳定。为了保证网站能正常运转，选择的服务器首先要确保稳定。因为一个性能不稳定的服务器，即使配置再高、技术再先进，也不能保证网站正常工作。如果企业在服务器中存放了许多重要的数据，一旦服务器性能不好，就可能出现服务器中的数据丢失或者整个系统瘫痪的危险，给企业造成难以估计的损失。另外，性能稳定的服务器还可以为企业节省一大笔维修和维护的费用，从而降低企业的成本。

（2）以“够用”为准则。对企业而言，最重要的就是根据实际情况以及以后的发展规划，有针对性地选择满足目前信息化建设需要而又不投入太多资源的解决方法。如果片面追求高、新、全的服务器，那么这些服务器不但在价格上要远远高于市场上的普通服务器，增加了企业的费用负担，而且这些先进的功能一般来说可能很少用到或者根本就用不着，从而造成资源的闲置和浪费。

（3）应考虑扩展性。由于企业处于不断发展之中，而且发展的速度越来越快，快速增长的业务不断对服务器的性能提出新的要求。为了减少更新服务器带来的额外开销和对业务的影响，服务器应当具有较高的可扩展性，应可以及时调整配置来适应企业的发展。服务器的可扩展性主要表现为在机架上要为硬盘和电源的增加留有充分余地，另外主机板上的插槽不但种类齐全，而且有一定的数量，以便让企业用户自由地更新配件。

（4）要便于操作管理。购买的服务器产品必须具有非常好的易操作性和可管理性，当出现故障时无须专业人员就能排除。所谓便于操作和管理，主要是指有相应的技术来提高系统的可靠性能，简化管理因素，降低维护费用成本。它通过硬件技术与软件技术两方面来实现。硬件上，一般服务器的主板机箱、控制面板以及电源等零件上都有相应的智能芯片来监测。这些芯片控制着其他硬件的运行状态并做出日志文件，发生故障时，网络管理人员能采取相应的措施进行处理。而软件则是通过与硬件管理芯片的协作将之人性化地提供给管理人员。如通过网络管理软件，用户可以在自己的电脑上监控服务器并在发生故障时及时处理。对于那些没有网络管理人员的企业，尤其要注意选择一台使用非常简单、方便的服务器。

（5）满足特殊要求。各企业对待服务器中的信息资源的态度和要求是不同的，有的企业在服务器中存放了许多重要的信息，这些信息需要向国外或者整个世界发布，这就要求存放信息的服务器能够24小时不间断工作。这时企业就必须选择可用性高的服务器，也就是说，选择的服务器在一段时间内可供用户正常使用的时间越长越好。如果服务器中存放的信息属于单位的绝密资料，这就要求选择的服务器有较高的安全性。衡量服务器是否有较高的安全性，主要是看服务器中是否装载了先进的杀毒软件、产品在硬件设计上是否采取了保护措施等。如检查服务器是否采用了安全冗余技术，因为服务器的安全冗余技术是消除系统错误、保证系统安全和维护系统稳定的有效方法，某些服务器在电源、网卡、SCSI 卡、硬盘、PCI 通道方面都实现设备安全冗余，同时还支持 PCI 网卡的自动切换功能，大大优化了服务器的安全性能。

（6）内部配件的性能要搭配合理。为了使服务器更高效地运转，必须确保对购买的服务器内部配件进行合理搭配，如购买了高性能的服务器，但是服务器内部的某些配件没有采用原装的，而是使用了低价的兼容组件，这样就会出现有的配件处于瓶颈状态，有的配件处于闲置状态，最后可能会导致整个服务器系统的性能下降。高性能的服务器不是取决于一件或几件设备的性能优异，而是取决于整体性能的合理搭配，任何一个产生系统瓶颈的配件都有可能导致系统的整体性能受到严重影响。

（7）售后服务要好。由于服务器的使用和维护具有一定的技术含量，这就要求操作和管理服务器的人员必须掌握一定的专业知识。但小型企业的人力资源和技术资源有限，所以应选择售后服务好的销售商来操作和维护服务器。

（三）网页发布与网站测试

1. 网页发布

将设计制作完成的网站内容上传到互联网上的 Web 服务器中的过程被称为网页发布，由于提供网站空间服务的方式不同，网页发布有多种方式。其中最常用的网页发布方式有 FTP、网页制作工具、直接目录和专用发布程序发布等。

（1）使用 FTP 的方式发布。使用匿名 FTP 发布网页的用户，一般在远程主机上设有专门的目录接受上传文档，上传后，远程服务器管理员将网页文档放置到相应的 Web 网站目录位置。目前，用于 FTP 上传服务的软件很多，如在 Windows 操作系统环境下的 CuteFTP、WinFTP，在 Linux［一套免费使用和自由传播的类 UNIX（尤尼克斯）操作系统］环境下的 Midnight Commander（MC）、NetFTP 等。

（2）用网页制作工具发布。如果远程主机为 Windows NT/2000 系统，使用微软的 IIS 日志或其他 Web 服务器，它们都带有 FrontPage Service Extension。对于 Intenet Explorer 5.0（微软开发的一款浏览器）及以上版本的浏览器用户，可以使用 Microsoft Web 发布向导向 Web 服务器发布网页，也可以向拥有账户的 UNIX（尤尼克斯）系统 Web 服务器以 FTP 方式发布网页。一般的网页制作工具软件都具有网页发布功能，如 FrontPage XP、Dreamweaverk Mx 等。

（3）直接目录方式发布。对于拥有专线接入的自己管理的网站，Web 服务器相当于本地设备，网页发布可以由网站管理员直接在Web服务器上操作，此时只需要将待发布的网页直接复制或移动到服务器相应的目录中，即完成网页发布操作过程。

拥有远程主机服务器专用账户的用户，也可以使用该账号登录远程服务器，将网页直接发布到服务器的指定目录。

（4）专用发布程序发布。对于具有直接管理权限的大型网站，由于网页发布数量较多，为了便于网页的维护和网站的管理，往往使用专门的网页发布程序。这种程序一般由软件开发商根据用户的需求进行专门开发设计。不同的网页发布程序在功能上虽然有所差别，但常用的功能一般有网站栏目管理、网页模板管理、网页编辑排版、超文本文件生成、网页上传发布、网站维护管理等。

2. 网站测试

网站的内容形式多样，网页制作技术不断变化，网站的测试方法应根据制作技术的不同而采用相应的测试方法，以保障测试的可靠性。网站比较常用的测试项目包括网站的功能测试、性能测试、可用性测试、客服端兼容性测试。目前，常见的网站的测试方法有人工测试、程序测试和专业网站测试。

第三节　网站日常管理

网站建设完成后并不是万事大吉，网站的日常管理也是重中之重，这是网站盈利和亏损的关键因素，千万不能掉以轻心。

一、网站设置

（一）网站基本设置

1. 网站基本设置

网站的基本设置通常包括网站的名称、网站的描述、标识设计、频道设置、功能设置、广告设置、图片设置等。基本设置是网站运营的前提之一。

网站设置的内容也根据网站系统提供的功能丰富程度不同而不同。

2. 如何做好网站Logo设计

作为独特的传媒符号，标识（Logo）一直是传播特殊信息的视觉文化语言，浓缩了文化、背景、对象、理念及各种设计原理，实现对象最强的视觉冲击。作为具有传媒特性的Logo，为了在最有效的空间内实现所有的视觉识别功能，一般是通过特示图案及特示文字的组合，对被标识体进行出示、说明、沟通、交流，从而引导受众的兴趣，增强美誉、记忆等目的。表现形式的组合方式一般分为特示图案、特示文字、合成字体。

现代人对简洁、明快、流畅、瞬间印象的诉求使标识的设计越来越追求一种独特的、高度的洗练，一些已在用户群中产生了一定印象的企业、团体为了强化受众的区别性记忆及持续的品牌忠诚，通常会设计更独特、更易被理解的图案来强化用户对既有理念的认同。一些老牌企业就在积极更新标识，如可口可乐的标识就曾几易其稿。而一些追求受众快速认知的企业，就会强化对文字表达直接性的需求，通过采用文字特征明显的合成文字来表现，并通过现代媒体的大量传播来强化、保持易被模糊的记忆。

（二）系统设置

系统设置主要涉及网站提供的各类功能的开关，如在线留言功能、商品评论功能、审核、过滤设置，网站商品图片的小图、大图、细节图的尺寸和水印效果设置等。

在设置过程中如果需要进行调整，比如商品提成比例设置，则主要有以下问题需要解决：①对网店系统功能模块进行开关设置；②对在线留言开关、审核、过滤设置；③对商品评论开关、审核、过滤设置；④站内图片水印管理；⑤站内图片尺寸设置；⑥商品提成设置；⑦商品初始参数设置。

（三）邮件管理设置

邮件服务器是遵循 SMTP（简单邮件传输协议）的发送邮件服务器的名称，用来发送或中转用户发出的电子邮件。如果使用 126 免费邮箱，那么这里就应该设置为“smtp. 126. com”。

网站会刊是发放给注册会员的包含销售情况、促销信息、新产品或新服务上线的电子刊物。网站会刊一般由网站主办者提供，有着内容和信誉的充分保障，网站会刊由专业人士精心编辑制作，具有很强的专业性、时效性、可读性和交互性，无论用户在什么地方，网站会刊都可以带给用户最新、最全的信息。因为网站会刊是由网站用户根据兴趣与需求主动订阅的，所以此类广告更能准确有效地挖掘潜在用户。此外，电子邮件杂志的形式非常适合目前中国的网络状况，它可以让用户不必花费很多的时间和费用即可获取大量的信息，据调查，网站会刊是页面浏览功效的 10 ~ 60 倍。

根据企业及网站内容，设置邮件并进行管理，一般有以下问题需要解决：①完成网站系统邮件设置；②为客户确认信息邮件模板设置；③添加会员邮件，并设置分组；④制作一封网站会刊资料并发送给会员。

（四）支付管理设置

1. B2C 网站支付方式

B2C 网站支付一般支持多种支付方式，如网上银行在线支付、第三方支付平台支付、银行转账、邮政汇款、货到付款等。由于一般的 B2C 电子商务网站受人力、资质和资金等条件限制，直接与多家银行对接的网银支付网关门槛较高，实现对接较困难。B2C 领域商户规模庞大，商品质量及用户售后服务等都是商家及用户非常关注的问题，同时网关型网上支付没有提供信用担保的相关功能，在诚信体系不健全的情况下，用户必须承担付款后厂商的产品及服务质量出现问题的风险，而第三方支付平台恰恰解决了这个问题，并提供了网站支付的安全解决方案。采用第三方支付平台完成在线支付，是网站运营初期最合适的选择。

银行转账是较为传统、直接的方式，但存在诚信问题，如出现客户转账完成但迟迟不能收到货物或出现卖方不发货等问题，这种方式存在一定的交易安全风险。邮政汇款效率最慢，但适合较不发达地区的买家或不熟悉网上银行使用方法的买家使用。

货到付款一般是在诚信体系不健全的情况下而采取的一种方式，货到付款不仅降低了企业的部分成本，满足了用户既有的支付习惯，还充当了企业深入了解核心用户的信息渠道。货到付款满足了企业和用户多方面的信息和服务需求，是企业和客户之间相互加深了解、促进进一步合作的有效渠道。从发展现状来看，货到付款仍是当前国内 B2C 电子商务的主流支付模式。以当当网为例，货到付款目前占到其交易的近八成。

因此，网站支付方式应当考虑不同客户的方便性需求，支持多种支付方式。

2. 国内 B2C 在线支付网站

支付宝：阿里巴巴旗下产品。目前除阿里巴巴外，支持使用支付宝交易服务的商家已经超过 46 万家。

贝宝：全球知名的第三方支付平台，支持多种货币，PayPal 的中文版，为中国用户而设计。

财付通：腾讯公司于 2005 年 9 月正式推出的专业在线支付平台。财付通业务覆盖多个领域，提供卓越的网上支付及清算服务。

快钱：快钱是国内领先的独立第三方支付企业，旨在为各类企业及个人提供安全、便捷和保密的综合电子支付服务。

云网支付：云网支付是北京云网公司与招商银行、中国建设银行、中国工商银行等合作开通的支持全国范围的网上实时支付系统。

首信易支付：北京市政府主导的在线支付平台。

易宝支付：易宝支付作为第三方金融服务提供商，为个人客户提供在线支付、电话支付、虚拟账户理财服务，为企业商户提供银行网关支付、代收代付、委托支付等服务。

易付通：北京恒信通电信服务有限公司的服务品牌，是北京市政府便民服务项目，主要从事公共事业缴费的专业化服务。

（五）配送管理设置

货物配送是B2C电子商务得以实现的最终环节。目前，大多数的B2C网站的配送模式主要有邮局配送、送货上门等方式，其中最多的还是借助于第三方物流服务公司支持的送货上门的方式，即虚拟企业、虚拟商店或生产企业用契约的方式与同一家或几家专业的从事配送的企业结成配送同盟，前者的配送业务由后者负责。如当当网在不同的地区选择不同的物流配送公司合作，已经形成了完整的全国物流配送体系，可为买家、卖家提供全程安全的物流服务，这一点深受用户喜爱。B2C网站自行建立完整的配送体系，需要承担巨大的成本，甚至是亏损，而利用专业配送企业的配送体系，可以有效降低运营成本；同时，网站可以集中力量发展自己的核心业务，强化主业，这有利于企业的柔性化经营和降低物流成本。

二、系统维护与更新

网站系统维护与更新是紧密结合在一起的，常见的维护与更新包括应用软件维护、数据维护、系统运行维护、安全维护等。

（1）应用软件维护。应用软件维护主要有软件的纠错性维护、适应性维护和完善性维护。

（2）数据维护。数据维护是指对系统的文件、网页以及支持企业与客户之间数据信息往来的文件传输系统和电子邮件系统的维护。

（3）系统运行维护。当系统运行一段时间后，有必要对运行环境和平台进行维护，以保证稳定、高效的运行环境。

（4）安全维护。安全维护是电子商务系统正常运行并有效开展电子商务活动的基础和保证。

（一）人员权限设置

电子商务系统实现安全运行除了要有软硬件安全保证外，还要有一定的规章制度来规范电子商务网站管理人员，如规定加强网站内容收集整理、监控网站的安全运营、及时发现网站内容异常情况等。电子商务网站应严格遵守国家有关法律、行政法规，严格执行国家安全保密制度。

1. 网站内容管理

网站所有内容必须遵守国家有关法律、行政法规，严格执行国家安全保密制度，任何单位和个人不得利用国际联网制作、复制、查阅和传播下列信息：①煽动抗拒、破坏宪法和法律、行政法规实施的；②煽动颠覆国家政权，推翻社会主义制度的；③煽动分裂国家、破坏国家统一的；④煽动民族仇恨、民族歧视，破坏民族团结的；⑤捏造或者歪曲事实，散布谣言，扰乱社会秩序的；⑥宣扬封建迷信、淫秽、色情、赌博、暴力、凶杀、恐怖，教唆犯罪的；⑦公然侮辱他人或者捏造事实诽谤他人的；⑧损害国家机关和组织信誉的；⑨其他违反宪法和法律、行政法规的。

2. 信息发布管理规定

网站管理人员对发布的信息和个人进行登记，并对其所提供的信息内容进行审核；建立信息发布日志，做好信息发布审批和原始资料的归档工作；建立计算机信息网络电子公告系统的用户登记和信息网络管理制度。

3. 安全保护责任

网站管理人员必须保护本网络的管理工作，建立健全安全保护制度，落实安全保护技术措施，保障网络的运行安全和信息安全，负责对本网络用户的安全教育和培训。网站管理人员不得从事下列危害计算机信息网络安全的活动：①未经允许，进入计算机信息网络或者使用计算机信息网络资源的；②未经允许，对计算机信息网络功能进行删除、修改或者增加的；③未经允许，对计算机信息网络中存储、处理或者传输的数据和应用程序进行删除、修改或者增加的；④故意制作、传播计算机病毒等破坏性程序的；⑤其他危害计算机信息网络安全的。

（二）数据安全维护

1. 网站目录安全

对站点而言，目录安全性是十分重要的。因为主机中的目录代表了站点，所以目录安全性也就是站点的安全性。维护网站目录安全常用的方法是隐蔽后台目录以防止黑客攻击。

2. 网站数据维护

作为网站管理人员，无论其管理的网站规模大小，在日常的管理中除了维护网站平稳运行、及时排除网站故障、保护网站安全等工作以外，备份网站的关键数据也是其中非常重要的工作。

网络故障分为软件故障和硬件故障。对于硬件故障，可以通过维修或更换硬件设备得到及时解决；对于软件故障，则可以通过重新安装或升级软件、重建网络或应用软件系统等方法及时解决，而且用此方法来解决网络故障大多需要一些基础的、关键的数据支持。但是，网络中诸如此类的关键数据（特别是“应用软件系统”中的关键数据）的损坏或丢失，绝大部分是无法恢复和弥补的。即使可以恢复部分数据，弥补它们所支付的成本（如时间、人力、财力、物力等）都可能远远超出公司的承受能力。

因此，注重数据的备份工作是网站管理人员日常管理工作中必须时刻关注的一项任务，也是必须周期性重复操作的一项工作。数据维护通常包括网站信息管理、网站数据库的备份、数据库恢复、数据冗余清理等。在本项目中通常使用的是数据备份和恢复操作。

顾名思义，数据备份就是将数据以某种方式加以保留，以便在系统遭受破坏或其他特定情况下重新加以利用的一个过程。系统数据备份与恢复是保护系统数据完整，挽回误操作或其他原因破坏而导致损失的最主要手段。数据备份的方法有很多，如全站备份、部分数据备份等。网站数据库备份通常是压缩后使用 FTP 客户端软件下载或上传到相应目录，但上传或下载备份数据时数据传输量很大，费时较长。

在线数据恢复是指通过备份在本地的压缩文件对网站进行恢复，在进行恢复前，系统会提示自动列出该压缩文件在网站上的原始存放目录。数据恢复方法很简单，点击网站的数据恢复系统按钮即可。

（三）管理日志维护

系统日志是记录系统中硬件、软件和系统问题的信息，可以监视系统中发生的事件。用户可以通过它来检查错误发生的原因，或者寻找受到攻击时攻击者留下的痕迹。系统日志包括系统、应用程序日志和安全日志。

（四）屏蔽 IP 功能

根据系统提供的管理日志，我们可以看到网站的登录和访问情况，如发现可疑计算机登录并篡改某些数据的踪迹，我们可以将此 IP 屏蔽。

（五）数据清理

网站系统在运行一段时间后会出现大量垃圾文件，比如用户访问商品记录、来源 IP、管理日志、网站中无关联的图片等都会占用大量的空间，这些垃圾文件需要定期清理。

（六）主机信息查看

登录系统后台即可实时查看服务器的状态信息，包括硬件状态、系统状态、磁盘状态、运算能力、带宽或流量状态等，并可配置监控，实现对磁盘空间、服务进程变化的预警，预警信息将记入日志并可自动发送到用户指定邮箱。

三、网站备案

《互联网信息服务管理办法》中规定了国家对经营性互联网信息服务实行许可制度，对非经营性互联网信息服务实行备案制度。如果按照该管理办法登录工业和信息化部 ICP/IP 地址/域名信息备案管理系统（以下简称工信部备案管理系统）进行自主备案，通常会遇到一些问题，如该如何验证、如何获取电子证书、如何实现电子证书的导入等。

非经营性互联网信息服务备案的流程分为两种，即网站主办者自主备案和网站接入提供商协助备案。如果是自主备案，则需要登录工信部备案管理系统网站，注册用户，完成身份验证，填入备案信息，输入服务提供商信息等。在备案信息填入时应注意身份的区别、虚拟主机的 IP 地址、默认页、域名与 IP 的绑定等。

在网站备案中需要注意阅读管理文件，及时查询备案进度和反馈结果等。如果备案成功则及时下载电子证书，填写代码到网站底部导航栏，完成整个任务过程。

为完成以上工作，首先需要了解到哪里备案、如何备案、如何操作的问题。基本流程可以分为登录备案管理系统进行用户注册、填写相应备案内容、查询备案信息和进度；如果 ICP 备案审核顺利通过，还要下载电子证书，完成电子证书放置。

四、内容管理

（一）商品管理

商品信息是电子商务网站中必不可少的部分。随着外在条件的变化，商品信息也在不断地变化。电子商务网站要派专人专门负责商品信息的维护，包括删除过时的商品信息、编辑现有的商品信息、添加新的商品信息等。充分利用网站管理后台，会使商品管理事半功倍。

1. 商品分类

商品分类就是根据一定的目的，选择适当的分类标志或特征，将所有的商品划分成大类、中类、小类或其他类目的过程。

2. 品牌管理

品牌对于企业和消费者都具有很重要的意义。品牌可以帮助企业存储商誉、树立形象，是企业的一种无形资产。企业可以引导消费者形成品牌偏好，从而有效降低宣传和开发新产品的成本；通过品牌管理，企业可以有效控制品牌与消费者之间的关系，最终形成品牌的竞争优势。品牌可以帮助消费者辨认品牌的制造商、产地等基本信息，从而区别于同类产品；品牌可以帮助消费者迅速地找到所需要的产品，从而减少消费者在搜寻过程中花费的时间和精力；信誉好的品牌可以帮助消费者降低精神风险和金钱风险，为消费者提供稳定、优质的产品和服务等。因此，品牌是网店索引商品另一个重要的属性，可以把同一品牌下的不同类型的商品划分到一起，对消费者和企业都具有重大的意义。

3. 商品信息的设置和发布

网上商品展示时应该从消费者的角度出发，提供各种不同类型的商品信息。商品信息具体包括商品基本文字信息，如商品名称、品牌、产地（生产商）、市场价、会员价和商品详细介绍等；商品的图片展示，分为缩略图和详细图；优惠信息；配送信息；售后服务和商品评价信息。

（二）广告管理

网络广告是企业进行网络推广的一个重要组成部分，网络广告效果直接影响企业的网络营销效果，网络广告投放需要合适的投放平台、广告创意，了解目标受众的心理，从而使得网络广告的效果更好。

以中小型企业为例，中小型企业拥有自己的网站，而且要考虑到广告投放在门户网站等其他平台需要占用一部分资金，而在创业初期，公司资金有限，所以网络广告投放平台主要是自己的网站。企业在自己的网站上发布广告，可以在广告创意、广告形式和广告内容上充分地发挥自己的想象，较少地受到他人的限制。要完成这个任务，具体来说，涉及以下两项内容。

1. 网络广告发布与管理

建立自己的网站或主页并在上面发布广告，这是企业发布网络广告最简单、最常用的方式，也是企业网络营销发展的必然趋势。对于企业网络营销的整体策略来说，企业网站或主页本身就是树立企业形象和信誉、增进产品宣传的一种最直接和有效的“广告”。现在企业有了自己的网站和主页，可以灵活地利用其他的广告发布形式，如站内广告、企业名录、新闻组等与公司主页链接，加强广告宣传的力度，直接促进销售。

2. 友情链接

友情链接在吸引更多的用户访问的同时起到搜索引擎优化（SEO）的作用。友情链接是一项常用的网站推广手段，被其他网站链接的机会越多，越有利于推广自己的网站。尤其是对于大多数中小型企业网站来说，这种免费的推广手段是一种常用的、有一定效果的方法。

（三）订单管理

网站运营逐步步入正轨，企业利用网站向消费者充分地展示其所要销售的商品和服务。消费者通过企业网站可以方便地在线查询商品或服务的信息，选择订购产品，填写联系资料，向企业发送订单。而企业可以通过网站的订单管理系统处理消费者的订单。订单管理是网站后台管理系统重要的功能之一，也是网站销售业务能够正常运营的基础。

订单管理是电子商务网站或网店管理后台的重要部分和功能，是完成网上交易过程的重要环节。消费者可以在前台通过输入订单号等进行订单查询，在订单页面看到自己所购商品的名称、数量、价格等信息；商家在网站管理后台查看订单状态，处理订单，并根据订单提供的商品、货款支付方式、送货方式等信息进行配送，完成网上交易过程。电子商务网站或网店订单管理的内容，主要有订单处理、销售数据分析、访问统计等。

（四）会员管理

完成会员管理项目的首要环节是设定用户注册条款，用户注册条款通常由专业律师编制，主要内容有用户资格的审定、交易说明、商品说明、个人隐私保护的声明、售后服务、免责的说明、纠纷的处理等。

设定注册条款后，还需要进行会员级别设置。企业在原有客户管理中对自己的客户资源进行分类，如普通会员、高级会员等，每个分类级别享有不同的折扣和优惠待遇，如普通会员折扣为九八折、高级会员折扣为九六折、批发商折扣为八五折。因为电子商务系统是企业原有销售过程的拓展，因此会员设置要与企业原有管理体系配套。

基础条件准备好之后，企业可以进行会员注册测试工作。注册 2 个或 3 个默认级别会员，在后台查看会员，为会员充值，调整会员级别。调整后进行会员前台购物测试，测试功能实现情况。

1. 会员注册测试

会员是电子商务网站的重要资源。凡是访问本站并注册为会员的用户都是网站销售的潜在对象。会员注册一般是在首页点击注册按钮同意注册条款，输入相应注册资料。也有部分网站需要验证信息才能通过注册。

2. 会员管理

在网站会员管理中，为适应不同客户细分群体，会按照级别进行分级管理，如普通会员、高级会员等。会员级别可按照需要进行设置和调整。

会员管理包括会员资格获得、会员管理、会员奖励（体现在会员管理或者客户关系管理过程中）与优惠（体现在销售消费过程中）、会员分析与保持（体现在客户关系管理的数据挖掘分析中）。

3. 会员级别管理

会员级别的管理需要结合企业已有客户设置，如设置批发商、VIP 会员、普通会员等。会员级别调整也需要一定的条件，如支付一定的金额或累积一定的购物积分等。不同会员级别也会对应不同的权利，如享受购物折扣和参与促销活动的待遇不同等。

第四节 网站优化与拓展

想要让网站长久地运作下去，并且越做越好，除了日常管理，网站的优化与拓展也至关重要，网站的优化与拓展通常包括网站安全维护、网站推广、网站优化、网站评价四个方面。

一、网站安全维护

网站安全除了受网络设备、主机系统、数据库系统、应用系统等安全状况的影响以外，也受应用系统的设置影响。安全建设是一项复杂的系统工程，网络运行环境需要专业的安全技术进行手动的维护和加固，以保证业务流的畅通无阻。单纯的产品部署无法确保整体安全和系统运行的效率，而安全加固、优化配置等操作都需要非常专业的安全技术，以保障整体安全水平的持续提高。

（一）网站安全维护的意义

网站安全维护的意义包括以下几方面：

（1）网站安全维护可以修复网站漏洞以及其他动态站点存在的安全隐患。

（2）网站安全维护可以修复后台应用系统的安全设置问题。

（3）网站安全维护可以修复网站所在物理服务器的安全性问题。

（二）网站安全维护的内容

网站安全维护包括以下内容：

（1）网站程序优化，加入容错代码。

（2）网站用户权限更改，重新设置 IIS 配置，提高安全性。

（3）针对数据库的运行特点提出解决方案，防止用户利用数据库提升权限。

（4）更改部分程序端口，增加系统隐蔽性。

（5）合理配置内网中的数据库，防止用户浏览数据库内容。

（6）在 Web 服务器中安装必要的防火墙并且从 IIS 底层防止 SQL 注入。利用 IDS 入侵检测系统，自动屏蔽入侵 IP。

（7）查看系统日志，了解系统以前的运行情况。全面检查系统，防止以前有人入侵留下后门。

（8）如果在网络拓扑上需要安全建议，则需要先知道拓扑情况，根据实际情况来制订方案。

（三）网站安全维护流程

网站安全维护应遵循以下流程：

（1）进行网站安全测试，了解网站安全状况。

（2）确认漏洞，签订维护服务合同。

（3）指派专业的网络安全技术人员进行安全维护操作。

（4）根据安全维护完成以后的网络状况进行安全测试验证。

（5）提供维护以后的安全测试对比、效果说明。

（6）客户认可以后维护服务完成。

（四）网站安全的内容

1. 密码安全

保证密码安全，应注意以下问题：虚拟主机和域名控制面板上的 FTP 账号、密码以及网站管理员密码不要使用同一个；不要用纯数字的密码；不要用有关自己信息的密码，更不能使用管理员默认密码；一定要设置一个安全强度高的密码，尽量多使用特殊字符。由于大多数网站系统使用 MD5 算法（信息摘要算法）加密密码，所以确认安全的最好办法是把密码加密后的 MD5 值到破解 MD5 的网站试一试，如果不能被破解，则在一定程度上说明密码是安全的。

2. 网站设置安全

为了网站的安全，最好对网站后台的一些设置做一些调整。提供上传功能的网站，为了安全起见，最好取消上传功能。如果要保留，最好可限制用户上传的文件大小、格式、数量等。如果是可以生成 HTML 页面的系统最后生成 HTML，尽量避免使用 ASP 等动态页面。在设置管理员时不要将数据库操作和网站配制等板块的权限划分给其他管理员。如果发现会员填写的记录中有 <% ~% >、< SCRIPT > 等符号，一定要清除它。

3. 修改脚本

版权信息：修改程序版权信息可以杜绝黑客靠观察网站程序的版权信息来获取当前网站系统的版本，并通过搜索引擎来获取有利于个人入侵的信息。

目录安全：在每一个目录里确保都含有 INDEX. HTML 文件，如果没有就新建一个不含任何内容的 INDEX. HTML 文件，这样可以防范服务 IIS 设置不严而出现的目录浏览问题。

安全改进：将后台的数据库备份、数据库恢复和执行 SQL 语句的相关功能页面删除，最好也将注册条约等管理页面的相关页面删除。这样做虽然对网站管理造成一定的不便，但是更为安全和节省空间。

4. 数据库安全（只针对 Access）

数据库对网站来说是重中之重，数据库中保存了所有的会员信息、管理员信息，而保证数据库安全就要做好防暴库处理和防下载处理。

防暴库处理：因为网站脚本系统一般都会有一个数据库链接文件，而如果没有容错语句“On Error Resume Next”，就可能会产生网站数据库出现物理路径的危险，所以需要检查 Conn. asp 或 mdb. asp 等数据库链接文件中有没有容错语句，如果没有，在出现数据库物理路径的脚本语句之前加入即可。

保证数据库安全比较重要的一点就是防下载处理，这里提供两种方法：①更改系统默认数据库路径、数据库名并在其中加入#、＊、% 等字符；②用 Access 打开数据库，新建一个表，命名为〈% asdfg%〉（<% ~% >之间可以加入任何数值，只要不是正确的 ASP 语句即可），添加记录同样也是用这个，关闭数据库后将文件扩展名改为 asp 或 asa 即可达到防下载的目的。

5. 后台安全

网站的后台管理页面是管理员登录进行网站管理的地方，黑客往往通过简单的工具就可以查到后台的路径。针对这种情况，只需要修改后台的 Admin 文件夹名或后台登录页面如 admin_ login. asp 等文件名，然后在其余文件中查找原来路径并替换成新路径即可。

除了这些方法，还可以通过关闭文件和打印共享、删掉不必要的协议、禁止建立空链接、设置 NTFS 权限、管理操作系统账号、安装必要的杀毒软件、做好 Internet Explorer 浏览器的安全设置等操作来维护网站的安全。

二、网站推广

网站推广已经成为网络营销的基本内容之一，根据企业所在的行业特征和营销资源等具体情况制订有效的网站推广方案，针对网速发展阶段特点提供有针对性的网站推广计划。对网站推广措施的效果要进行跟踪，定期进行网站流量统计分析，改进或者取消效果不佳的推广手段，在效果明显的网站推广策略方面加大投入。

（一）网站推广概述

所谓网站推广，就是给自己的网站做广告，目的是让更多的人认识并访问网站，进而把访问转化为购买行为。

随着互联网应用的普及，网站越来越多，每天都有成千上万的新网站上线，也有成千上万的老网站因无人访问而悄悄“死去”。让网民知道自己的网站并有兴趣访问，这是网站成功运营的第一步。

目前，网站推广的策略已经有很成功的理论指导和具体方法，但是在实际运用过程中还是会出现一些问题，这是什么原因呢？

1. 网站推广不仅仅是对网址的推广

网站推广系统性的表现形式之一：网站推广不应只重视首页的推广，还要注重整体推广效果。在 2000 年之前，早期的网络营销文章中常看到“网址推广”一词，主要用来说明网站建成之后进行推广的重要性，这一词语所强调的是让更多的人记住网站的网址，这种思路在当年应该是正确的，目前虽然不能说完全错误，但显然没有体现出网站推广的全部含义。因为网站推广的目的并不是让用户记住网址，而是获得更多的潜在用户，达到增加企业收益的最终目的。事实上，用户能否记住一个网站的网址并不是网站推广所关注的重点，因为借助搜索引擎，用户即使不知道网址也可以通过关键词检索等方式获得网站的信息，也正是出于这种原因，很多用户并不是首先来到网站的首页，而是超过 80% 的用户直接进入网站的某一内容页面浏览信息。由此可见，在网站推广中，网址宣传固然重要，但每一个网页的内容宣传同样重要，即需要重视网站的整体推广效果。

2. 网站推广效果的影响因素是多方面的

关于网站建设对网络营销效果的影响，学界已经有很多研究。具体到网站推广来说，其效果受到多方面因素的影响，尤其是网站基本要素的影响，如网站结构、功能、内容等，这些网站要素对网站推广的影响表现在两个方面：一方面是用户是否可以方便地获取信息，如果信息层次过深难以被用户发现，或者下载时间过长，都会影响推广的效果；另一方面是网站建设对搜索引擎的影响，因为通过搜索引擎获取信息是用户了解网站的主要渠道之一，如果网站设计不合理（也就是网站搜索引擎优化状况较差），或者有效内容贫乏，都会影响用户通过搜索引擎获取信息的情况，这样就会失去很多潜在用户，自然会影响网站推广的效果。即使在网站基本要素设计合理的情况下，如果网站推广方式不当，同样不能达到理想的推广效果。可见，在制定网站推广策略时，必须考虑各种因素可能产生的影响。

3. 网站推广要考虑外部环境因素

网站之所以需要推广，还有一个重要原因是行业环境因素。同一个行业有太多竞争者来争夺有限的潜在用户，以搜索引擎推广策略为例，每个企业或网站都希望自己的信息出现在搜索结构中靠前的位置，因为如果不能在搜索结果前30位中出现网站的信息，就意味着几乎不能被用户发现，所以对搜索引擎检索结果排名位置的争夺，成为许多企业网络营销的重要任务之一。在常用的搜索引擎推广方法中，一种是基于自然搜索结果排名的搜索引擎优化，另一种是通过购买搜索引擎关键词广告的方式获得在搜索结果中的可见性。竞争的加剧向企业的搜索引擎推广策略提出了新的挑战：如果期望用简单的方式取得显著效果，通常只能依赖支付更高的竞价广告费用来获得排名靠前的优势，当然这并不是对每个企业都适用的，而且，当众多网站纷纷采用以高额投入来争夺好的广告位置时，整体营销费用也将明显上升，网络营销费用低廉的优势也就失去了意义。因此，在激烈竞争的环境中制定网站推广策略，就不能不考虑更多的环境因素的影响，只有超越竞争者，网站推广才能获得明显优势。

4. 网站推广的作用表现在多个方面

在冯英健先生的著作《网络营销基础与实践》（第2版）中，网站推广仍然被认为是网络营销八项基本职能之一，而且认为网站推广是网络营销取得成效的基础，网站推广应取得的效果是多方面的，如网站访问量增加直接带来销售的增长、网络品牌的提升、用户资源的增加等。网站推广的作用表现在多个方面，也是网站推广系统性的表现之一，这一特点说明，在进行网站推广时，如果仅仅将目标定位于网站访问量的增加上，有时可能会造成无效访问量的增加，反而浪费有限的用户资源，甚至影响用户对网站的信任。此外，即使网站已经拥有一定的访问量，但为了保持网站品牌形象，或者为了进一步获得新用户，仍然有必要进行持续的推广。

这些常见的推广方式是网站推广的基本手段，并不意味着网站推广的全部，更不代表进行了这些基本工作就完成了网站推广的任务，而是要综合考虑多种相关因素，根据企业内部资源条件和外部经营环境来制定有针对性的网站推广策略，并且对网站推广各个环节、各个阶段的发展状况进行有效的控制和管理。

网站推广方案的特点：①对网站本身的特点及行业状况进行系统分析；②对网站不同发展阶段特点提供针对性的推广建议；③提供有效利用各种网站推广工具和方法的

具体建议；④通过合理规划，让有限的资金发挥最大的推广效果；⑤网站推广效果分析与网站访问统计分析相结合，提供深度分析报告。

（二）网站推广的基本方法

1. 搜索引擎推广

（1）搜索引擎的定义

搜索引擎是指根据一定的策略，运用特定的计算机程序收集互联网上的信息，在对信息进行组织和处理后，为用户提供检索服务的系统。

从使用者的角度看，搜索引擎提供一个包含搜索框的页面，在搜索框输入词条，通过浏览器提交给搜索引擎后，搜索引擎就会返回跟用户输入内容相关的信息列表。

（2）搜索引擎推广的意义

搜索引擎推广是通过搜索引擎优化、搜索引擎排名以及研究关键词的流行程度和相关性在搜索引擎的结果页面取得较高排名的营销手段。搜索引擎优化对网站的排名至关重要，因为搜索引擎通过网络爬虫程序收集网页资料后，会根据复杂的算法来决定网页针对某一个搜索词的相关度并决定其排名。当客户在搜索引擎中查找相关产品或者服务的时候，通过专业的搜索引擎优化的页面通常可以取得较高的排名。

与其他网站推广方式相比，搜索引擎推广是为网站带来新用户的最有效和最经济的手段。搜索引擎推广的投资回报率也是最高的。通过搜索引擎竞价排名，可以使网站的流量在短期内快速增加，从而使业务得以迅速扩展。通过搜索引擎优化排名，可以源源不断地获得新的用户而不需要付出额外的费用。好的搜索引擎排名不但可以获得大量的用户，还可以在互联网上建立起良好的品牌效应。

搜索引擎推广有以下优点：

①搜索引擎是用户找到网站和产品的最主要方式。

②搜索引擎带来的流量是购买率极高的优质用户，因为他们正是通过搜索引擎在寻找相应的产品或者服务。

③与传统广告和其他的网络推广方式相比，搜索引擎网站推广更便宜、更有效。

（3）搜索引擎营销的基本任务

根据搜索引擎营销信息传递的一般过程，搜索引擎营销的基本任务要想实现需要五个步骤：构造适合搜索引擎检索的信息源（基础准备）；创造网站/网页被搜索引擎收录的机会（存在层）；让企业信息出现在搜索结果中靠前位置（表现层）；以搜索结果中有限的信息获得用户的关注（关注层）；为用户获取信息提供方便，促使用户转化（转化层）。

①构造适合搜索引擎检索的信息源。这个步骤的作用是为实现搜索引擎营销的第一个目标层次进行基础准备。信息源被搜索引擎收录是搜索引擎营销的基础，这也是网站建设成为网络营销基础的原因。由于用户通过检索之后还要来到信息源获取更多

的信息，所以这个信息源的构建不能只是站在搜索引擎友好的角度上，这就是在建立网络营销导向的企业网站中所强调的，网站优化不仅仅是对搜索引擎的优化，还包含对用户、对网站管理维护的优化。

②创造网站/网页被搜索引擎收录的机会。创造网站/网页被搜索引擎收录的机会即搜索引擎营销目标层次的第一层——存在层。网站建设完成并发布到互联网上并不意味着可以达到搜索引擎营销的目的，无论网站设计多么精美，如果不能被搜索引擎收录，用户便无法通过搜索引擎发现这些网站中的信息，也就不能实现网络营销信息传递的目的。因此，让尽可能多的网页被搜索引擎收录是网络营销的基本任务之一，也是搜索引擎营销的基本步骤。

③让企业信息出现在搜索结果中靠前位置。网站/网页仅仅被搜索引擎收录还不够，还需要让企业信息出现在搜索结果中靠前的位置，这就是搜索引擎优化所期望的结果，也是搜索引擎等营销目标层次中的第二层——表现层。因为搜索引擎收录的信息通常很多，当用户输入某个关键词进行检索时会反馈大量的结果，如果企业信息出现的位置靠后，被用户发现的机会就大大减少，搜索引擎营销的效果也就无法保证。

④以搜索结果中有限的信息获得用户的关注。搜索引擎营销目标的第三个层次是关注层，即通过搜索结果中有限的信息获得用户的关注。通过对搜索引擎检索结果的观察可以发现，并非所有的检索结果都含有丰富的信息，而用户通常并不能点击浏览检索结果中的所有信息，而需要对搜索结果进行判断，从中筛选一些相关性最强、最能引起用户关注的信息进行点击，进入相应网页之后获得更为完整的信息。做到这一点，需要对每个搜索引擎收集信息的方式进行有针对性的研究。

⑤为用户获取信息提供方便，促使用户转化。搜索引擎营销的最高目标是将网站访问量的增加转化为企业最终实现收益的提高，实现这一目标就是搜索引擎营销转化层的任务，这也是其他层次网络营销工作效果的全面体现。用户通过点击搜索结果而进入网站/网页，是搜索引擎营销产生效果的基本表现形式，用户的进一步行为决定了搜索引擎营销是否可以最终获得收益。在此阶段，搜索引擎营销将与网站信息发布、客户服务、网站流量统计分析、在线销售等其他网络营销工作密切相关，在为用户获取信息提供方便的同时，与用户建立密切的关系，从而实现用户转化。

2. 电子邮件推广

（1）电子邮件营销的定义

电子邮件是由雷·汤姆林森发明的。电子邮件营销（邮件营销）是利用电子邮件与受众客户进行商业交流的一种直销方式，被广泛地应用于网络营销领域。电子邮件营销是一个宽泛的概念，凡是给潜在用户或者是用户发送电子邮件，都可以看作电子邮件营销。

（2）电子邮件推广注意事项

群发邮件时一定要注意邮件主题和邮件内容，很多邮件服务器为过滤垃圾邮件设置了垃圾字词过滤。如果邮件主题和邮件内容中包含如“大量”“宣传”“赚钱”等字词，服务器将会过滤掉该邮件，致使邮件不能发送。因此，在书写邮件主题和内容时，应尽量避开被认为有垃圾字词嫌疑的文字，以便顺利发送邮件。另外，标题尽量不要太商业化，内容也不宜过多，如果一看就是推销邮件，效果就不会太好，有可能直接被删除，而内容过多就会使阅读者不耐烦，甚至根本不看。

（3）电子邮件推广方法

电子邮件推广方法是基于用户许可的电子邮件营销，与滥发邮件（Spam）不同，电子邮件推广方法比传统的推广方式或未经许可的电子邮件营销具有明显的优势，如可以减少广告对用户的滋扰、提高潜在用户定位的准确度、增强与用户的关系、提高品牌忠诚度等。

3. 利用 BBS 推广网站

（1）如何利用 BBS 推广

BBS 即 Bulletin Board System，翻译为中文就是“电子公告板”。目前来说，BBS 通常被认为是论坛。利用 BBS 论坛对网站进行宣传，虽然花费精力，但是效果非常好。利用 BBS 进行推广，并不是在论坛里直接发布广告，而是选择自己潜在用户所在的 BBS，或者人气比较好的 BBS，有策略地进行网站的宣传和推广。

（2）BBS 宣传注意事项

①不要直接发广告。在 BBS 中，意图明显的广告是会被版主快速删除的，严厉的版主还会封掉发帖人的账号。因此，用 BBS 推广网站千万不要直接发广告，尤其是在发起的帖子中切忌发广告，要尽量不留痕迹，使得版主不会发现且能起到宣传效果。

②发帖质量要高。发帖不在乎数量的多少、发的地方的多少，一般情况下，我们在 3～5 个合适的论坛上发帖子就能达到效果。帖子的质量特别重要。我们发帖子的目的是让更多的人看到，并能去浏览自己的网站，所以要发高质量的帖子。专注一点，可以花费较少的精力获得较好的宣传效果。

4. 博客推广

（1）博客与博客营销

“博客”一词是从英文单词 Blog 翻译而来的。博客就是以网络作为载体，简易、迅速、便捷地发布自己的心得，及时、有效、轻松地与他人进行交流，集丰富多彩的个性化展示于一体的综合性平台。

简单来说，博客营销的概念就是企业利用博客这种网络交互性平台，发布并更新企业的相关概况及信息，同时密切关注并及时回复平台上用户对企业的相关疑问及咨询，并通过较强的博客平台帮助企业零成本获得搜索引擎的较前排位，以达到宣传目的的营销手段。

（2）博客营销如何提高访问量

提高访问量是博客营销必须面临的一个问题，访问人就是受众，访问量增加，几乎同时意味着影响力增加，也就意味着营销效果好。

①访问量提高的关键是高质量的内容。在博客树立自己的形象，如果是企业博客，就宣传企业文化、企业理念；如果是电影博客，就传播电影文化、电影资讯、电影人介绍、影片介绍等。博客是一个交流的平台，第一，要建立一种氛围才能让博客给自己带来最大的效果。第二，不要只写自己的事，还要多写点时事、娱乐方面的评论，这样会很受欢迎，运营人员利用博客推广自己的网站需要技巧，尽量不要生硬地做广告，最好采用软文广告。博客的题目尽量吸引人，内容要尽量和网站的内容相一致。

②站点的定位。定位不清很难吸引固定的用户群，甚至会因此妨碍已经到来的用户。为了营销的最终效果，有时候放弃部分不合适的用户是必要的。如站点的定位是在新闻和媒体，那么即使发布过诗词相关的内容并吸引到了用户，也应该放弃因诗词而来的用户。

③保持适当的更新频率。更新频率不可太频繁，也不应该很久都不更新。更新频率和博客的性质相关，如果是评论，一天一篇或两天一篇是比较合适的频率，很多人都喜欢每天看到新内容。

④搜索引擎优化。在博客服务提供商限制下，还能使用搜索引擎优化吗？答案是“可以”！一是可以在文章中使用较热的关键字，这有点像在文章中嵌入不相干词语的意思。二是可以增加站点内在的链接。如果是独立的博客服务器，那么能做的就更多了，静态化页面、优化博客内部的结构，都是有效的方法。

⑤广加链接。Blogroll 是网志提要的集合，大多数博主在其个人网志上都提供 Blogroll。它允许读者链接到其他趣味和写作风格相投的博主的网址上，或者以其他方式可以广泛地交换链接，交换链接越多，你的博客就越容易被访问到。而且，链接在一定程度上代表着在互联网中的重要性，链接越多，你的站点就越重要。

5. 分类信息

（1）分类信息的含义

分类信息又称分类广告或主动式广告，根据人们的主观需要，按信息内容的行业和信息类型、信息范围归类的信息表现形式就是分类广告。网络分类信息是一种全新的网络信息服务形式，呈现真实的消费和商务信息资源，满足商户在互联网上发布各类产品和服务的需求。

（2）分类信息的出现

传统形式的广告信息，如通过电视、报刊等呈现的广告，基本都属于被动广告，也就是不管用户喜不喜欢，都会以固定的形式强加给用户，这往往会使部分用户产生厌烦情绪，广告效果也欠佳。另外，随着广告数量的增加，传统广告在查询上出现很大的问题，保存也比较困难，推广成本也高。随着网络技术的发展，主要是 Web2.0 的出现，网络上的分类信息应运而生。分类信息不仅信息量大，而且信息随时在线，不易丢失。更重要的是，利用分类搜索可以保证用户在任何时间、任何地点都能非常方便快捷地查询想要的信息。这也是美国在线的分类广告能够在短短5年内击败传统媒体分类广告，创下年销售额2亿美元的惊人业绩的原因。

6. **商圈推广**

(1) 商圈的定义

商圈是指以店铺坐落点为核心向外延伸一定距离而形成的一定范围，是店铺吸引顾客的地理区域。随着网络的快速发展，网络商圈流行开来，网络商圈是指就同一个话题组成的一个群体或者一个圈子。专业的商圈网站，如“一大把”网站，提供专业的商圈推广服务。

(2) 网络商圈推广的意义

随着网络的快速发展和网民的日益增多，网络商圈已经成为一种逐渐壮大的群体，他们因为共同的爱好或者话题聚在某一个网络空间，共同关注某一类事物。因此，在合适的网络商圈进行网站的推广，营销的目的较明确，推广的费用相对低廉。

(三) 网站推广应注意的问题

网站推广就是一个传播概念、引导记忆、强化品牌推广和服务推广的过程。网络具有世界性，促进了跨国界的文化传播，网站推广是世界性的网络营销与推广，网站策划建设和推广都必须在定位目标受众的基础上了解受众之间的差异和不同生活习惯，从而避免发生与受众的文化冲突等问题。

网站推广过程中还要了解不同国家的文化禁忌、民族习惯、法律规定、沟通风格、语言特色等。不同国家对企业的营销手段和宣传有不同的法律约束，以营销广告为例，在英国，刊登广告的报纸可发行于全国各地；在西班牙，企业只能在当地报纸上刊登广告；在法国、挪威和保加利亚，香烟和烈性酒不得做广告；在澳大利亚和意大利，对儿童的电视广告有限制……由于每个国家的法律都是这些国家文化价值观的最高体现，是需要强制执行的，因此在进行国际营销时一定要事先了解当地关于营销的法律规定，使自己的营销策略和手段符合这些规定，并在营销过程中严格遵守当地关于营销的法律规定。

三、网站优化

通过搜索引擎查找信息是当今网民寻找网上信息和资源的主要手段。搜索引擎营销已经成为网络营销重要的组成部分。如何使自己的网站被主要的搜索引擎收录，然后获得较前的排名，是网站建设者们绞尽脑汁研究的问题。搜索引擎优化是遵循搜索引擎科学的全面理论机制，对网站结构、网页文字语言和站点间的互动策略等进行合理规划、部署，发掘网站的最大潜力，使其在搜索引擎中具有较强的自然排名竞争优势，从而促进网络营销、提升网络品牌的一种技术。

网站优化分为站外网站优化和站内网站优化。站外网站优化也可以说是脱离站点的搜索引擎技术，命名源自外部站点对网站在搜索引擎排名的影响，这些外部的因素是超出网站的控制的。最有用、功能最强大的外部站点因素就是反向链接，即我们所说的外部链接。毫无疑问，外部链接对于一个站点收录进搜索引擎结果页面起到了重要作用。

站内网站优化主要是指丰富网站关键词，这将有利于搜索引擎的“蜘蛛”爬行索引，从而提高网站的质量，但不要堆砌太多的关键词，应该考虑人们在搜索引擎中寻找相关内容时会搜索什么样的关键词。

网站优化是通过了解各类搜索引擎抓取互联网页面、进行索引以及确定其对某一特定关键词的搜索结果排名等技术，对网页进行相关的优化，使其提高搜索引擎排名，从而提高网站访问量，最终提升网站营销能力的技术。

网站优化是依靠对搜索引擎的了解，积累行之有效的方法和资源，从而使网站符合搜索引擎规则。当用户输入特定关键词搜索信息时，使被优化的网站页面出现在“搜索引擎结果页”靠前的位置，从而指引大量的用户浏览该网站，这些通过相同的关键词找到该网站的是一群对该网站内容感兴趣的用户，是该网站的目标客户，他们比较容易转换成该网站的最终客户，这便是网站优化要达到的目的。

网站优化工作主要包括关键词分析和网站诊断：①站外网站优化关键词分析。用户在互联网上获取信息，最多的是使用在搜索引擎里输入关键词进行搜索的方法。因而对网站的关键词进行分析时，选择效能高的关键词，可以提高网站的访问量、提升网站排名。②站内网站优化网站诊断。站内网站优化网站诊断是对网站结构、内容、版面、色彩等方面的诊断，可以发现网站优化的不足之处并加以改进，同时使网站更加严谨、规范，符合标准，从而使网站能很容易地被搜索引擎收录，提高被用户搜索到的概率，带来更多的用户。

【综合练习】

一、单项选择题

1. 根据消费者的需求、市场的情况、企业自身的情况等进行综合分析，牢记以“（　　）”为中心，而不是以“美观”为中心进行设计规划。

A. 企业利益　　B. 广告主　　C. 消费者　　D. 企业

2. 主要面向用户或者企业产品（服务）的消费群体，以宣传企业的核心品牌形象或者主要产品（服务）为主的是（　　）电子商务网站点。

A. 基本信息型　　B. 电子商务型　　C. 政府组织型　　D. 多媒体广告型

3. 以下选项中属于中文国际域名的是（　　）。

A. 快网 . com　　B. cnkuai. com　　C. cnkuai. net　　D. cnkuai. org

4. 网站的优化与拓展通常包括网站安全维护、网站宣传推广、网站评价、（　　）四个方面。

A. 网站建设　B. 网站管理　C. 网站优化　D. 网站服务

5.（　　）是衡量网站用户访问的网页数量；在一定统计周期内用户每打开或刷新一个页面就记录一次，多次打开或刷新同一页面则浏览量累计。

A. PV　B. IP 数　C. BR　D. CR

6. 邮件服务器是遵循（　　）发送邮件服务器的名称，用来发送或中转用户发出的电子邮件。

A. SMTP　B. FTP　C. HTTP　D. STMP

7.（　　）主要有软件的纠错性维护、适应性维护和完善性维护。

A. 安全维护　B. 系统运行维护　C. 数据维护　D. 应用软件维护

8.（　　）是企业发布网络广告最简单、最常用的方式，也是企业网络营销发展的必然趋势。

A. 入驻第三方网站建立自己网络广告

B. 建立自己的网站或主页并在上面发布广告

C. 和其他网站合作

D. 搜索引擎广告

9.（　　）是遵循搜索引擎科学的全面理论机制，对网站结构、网页文字语言和站点间的互动策略等进行合理规划、部署，发掘网站的最大潜力使其在搜索引擎中具有较强的自然排名竞争优势，从而促进网络营销、提升网络品牌的一种技术。

A. 搜索引擎优化　B. 引擎优化　C. 搜索优化　D. 网站优化

10. 不同的人群对色彩的喜恶程度有着很大的差异。例如，儿童喜欢对比强烈、个性鲜明的纯颜色，生活在草原上的人喜欢（　　），生活在闹市中的人喜欢淡雅的颜色，生活在“沙漠”中的人喜欢绿色。

A. 绿色　B. 红色　C. 黑色　D. 灰色

二、多项选择题

1. 电子商务网站是企业向（　　）提供信息（包括产品和服务）的一种方式，是企业开展电子商务的基础设施和信息平台。

A. 用户　B. 社会　C. 网民　D. 组织

2. 电子商务网站的设计是（　　）的重要途径，因此必须掌握目标市场的情况，受众群体的需求范围、受教育的程度、是否经常上网、是否喜欢新技术等，从而做出切实可行的设计计划。

A. 发展品牌文化　B. 展现企业形象

C. 介绍产品和服务　D. 体现企业发展战略

3. 电子商务网站根据服务对象（机构或个人）进行分类，大致可以分为（　　）。

A. 基本信息型　　B. 电子商务型　　C. 政府机构　　D. 多媒体广告型

4. 对内提供信息服务时，应该注意（　　）。

A. 信息的全面性　　B. 信息的专业性　　C. 信息的时效性　　D. 信息的独创性

5. 网站优化不仅仅是搜索引擎优化，还包含对（　　）的优化。

A. 用户　　B. 搜索引擎　　C. 网站管理维护　　D. 企业

6. 关键词优化包含（　　）。

A. 选择有效的关键词　　B. 理解关键词

C. 选取关键词技巧　　D. 应用关键词

7. 根据公司及网站内容，设置邮件并进行管理，一般有（　　）问题需要解决。

A. 完成网站系统邮件设置　　B. 为客户确认信息邮件模板设置

C. 添加会员邮件并设置分组　　D. 制作一封网站会刊资料并发送给会员

8. 电子商务网站包括的（　　）都没有统一的模式。不同形式的网站及内容、实现的功能、经营方式、建站方式、投资规模也各不相同。

A. 应用领域　　B. 具备的功能

C. 采取的表现形式　　D. 信息内容

9. 电子邮件营销是一个广泛的定义，凡是给（　　）或者是（　　）发送电子邮件都可以被看作电子邮件营销。

A. 潜在客户　　B. 客户　　C. 商家　　D. 中介

10. 网站优化工作主要包括（　　）和（　　）。

A. 代码优化　　B. 关键词分析　　C. 页面优化　　D. 网站诊断

三、名词解释

1. 网站运营

2. 网站跳出率

3. PV、UV、IP 数

四、简答题

1. 网站规划中应注意的原则有哪些？

2. 网站为什么要备案？

3. 网站推广的基本方法有哪些？

4. 网站推广方案的特点有哪些？

5. 电子商务网站主页应具备的基本成分包括哪些？

五、论述题

1. 如何进行关键词优化？

2. 网站域名注册应注意什么？

3. 网站评价的作用是什么？

第五章　用户运营

【学习目标】通过本章的学习，了解网络沟通的特点，了解电商客服人员的素质要求、客服岗位职责、客服沟通的基本技巧，熟悉常见用户行为分析模型、漏斗分析模型及其应用，掌握用户运营的基本方法。

【关键词】用户运营；用户行为分析；客服沟通；漏斗分析模型；热力图

第一节　网络沟通的特点与电商客服人员的素质要求

随着智能终端和移动宽带网络的发展，网络沟通成为人们沟通交流的一种新模式。电子商务客服运营离不开网络沟通。电商客服人员工作就是通过网络沟通与消费者进行交流。拥有擅长网络沟通、具备优秀素质的电商客服人员，是商家快速健康发展的基本保障。

一、网络沟通的特点

互联网是一种特殊的社交舞台，网络沟通展现了很多不同于传统线下模式的特点。

1. 低成本

如今的网络沟通不受时间和空间的限制，可无纸化保存沟通记录，也无须沟通双方来回的交通成本，完全可使企业以低成本实现与消费者及本企业或本行业内的沟通。此外，网络包含的信息丰富，可提供快捷、便宜的信息知识。

2. 双向互动

网络沟通是双向互动的，如果一个注册用户需要某一信息，或者需要订购某一特定产品，供应商就有可能采用电子邮件这一方式与用户沟通，提供与用户兴趣相关的详细信息。网络沟通拓展了“心理时空”，有助于企业同消费者建立长期的合作关系。网络沟通双向互动的特点也使企业和消费者在沟通过程中更趋向于信息对称，从而实现供需双方一对一的深层次双向沟通。

3. 随时随地

每一个移动设备的随身携带者都可以不受时空限制，随时随地通过互联网进行沟通交流。

二、电商客服人员的素质要求

（一）专业知识

1. 商品专业知识

（1）商品知识。商品知识包括商品的种类、材质、尺寸、用途、注意事项、使用方法、修理方法等，电商客服人员要清楚商品的卖点，与同类商品相比的竞争优势、劣势在哪里。例如，对于服装类产品，电商客服人员能通过买家给予的身高、体重信息，迅速给出适合的服装尺码。

（2）商品周边知识：每件商品都有一定的消费人群或目标市场。比如护肤品，不同肤质的人在选择护肤品上会有很大的差别，电商客服人员应对肤质有深刻的了解，当顾客询问时，能迅速、准确地给出建议。

2. 网站交易规则

（1）网站平台交易规则：客服人员应熟知自身服务的交易网站规则。比如淘宝客服要熟悉淘宝平台交易规则。客服人员应将自己放在顾客的立场，完整地了解交易规则，以便能灵活自如地把握自己的交易尺度。在顾客需要帮助时，耐心友善地指导顾客操作。通过视频、通话、截图等方式，确保顾客能在指导下完成操作并对自己的服务表示满意。此外，客服人员还要学会查看交易详情，了解如何付款、修改价格、关闭交易、申请退款等。

（2）支付平台的流程和规则：如果是主要针对国内消费市场，客服人员需熟知支付宝和微信的交易原则和时间规则，做到可以指导顾客通过支付宝或微信完成交易、查看支付宝或微信交易的状况、更改现在的交易状况等。特别是在“双十一”或“618”（京东店庆日）等活动时期，短时间内支付人数过多，可能会有支付不成功等状况出现，需要客服人员解释并帮助解决顾客的问题。

3. 付款知识

现在网上交易一般通过支付宝、微信和银行付款方式进行。银行付款一般建议同行转账，可以网上银行付款、柜台汇款，同城可以通过 ATM 机完成汇款。淘宝商城、天猫下单使用的是支付宝，京东收银台目前支持的支付方式有银联支付、白条支付、京东小金库、微信支付等。各大网上交易平台支持的付款方式的优惠力度不同，因此客服人员的付款知识要做到与时俱进。

4. 物流知识

（1）了解不同物流方式的价格，包括如何计价、价格的还价余地等。

（2）了解不同物流方式的速度。要做到在顾客给出精确到市的地址时能快速、准确告知大概的送达时间。

（3）了解不同物流方式的联系方式。在手边准备一份各个物流公司的电话，同时了解如何查询各个物流公司的网点情况，特别是自己服务店铺支持的物流方式的联系方式。在物流配送过程中遇到问题时，要主动、及时联系物流配送方。

（4）了解如何查询物流进度。当顾客询问时，主动帮助查询物流进度，而不是只告诉顾客物流单号，让顾客自己去查。

（5）了解不同物流方式的包裹撤回、地址更改、状态查询、保价、问题件退回、代收货款、索赔的处理等。

（二）服务态度

通过网络，买卖双方的沟通是便捷、低成本的，只需一个移动设备和社交平台即可，不受时间和地域的影响，这一点比实体店铺更有优势，因为对实体店铺来说，顾客要和卖家沟通只能到店铺中才能实现，所以网店是比实体店更适合开展情感营销的。

客服人员的服务包括售前、售中、售后 3 个阶段，基本工作是通过社交平台或者聊天软件与顾客进行沟通，接受顾客的询价，消除顾客购买过程中的疑虑，妥善处理售后问题等。客服人员在与顾客的购物交流中，保持谦逊友好的态度，有助于提高顾客的购物体验，为企业或店铺增加经济收益。

1. 微笑服务

当迎接顾客时，客服人员可以利用“表情包”，传达耐心和热情给顾客。在回答问题的时候可以多用语气词，像“哦”“呢”“亲”等，也可以采用“颜文字”来辅助文字语言，使语言更生动有趣，增强顾客的愉悦感。虽然说采用电商模式销售产品，买卖双方并非面对面交流，但顾客可以从言语之间感受到客服人员的诚意与服务。

2. 保持积极态度，树立顾客即是上帝的理念

当卖出的商品有问题时，无论是顾客的错还是快递公司的问题，客服人员都应该及时解决，而不是采用回避、推脱之类的解决方法，要积极、主动地与顾客沟通。对顾客的不满要积极回应，尽量让顾客觉得自己是受重视的；尽快处理顾客的反馈意见，让顾客感受到尊重与重视。

3. 礼貌待客

礼貌待客，凡事顾客优先，让顾客真正感受到被尊重。顾客询问之前可先主动打招呼并将经常被询问的问题罗列，设置成自动回复模式，这样可以尽可能使顾客最快得到解答。打招呼可以以“亲～欢迎光临……”开头，诚心致意会让人有一种亲切感，并且可以先培养一下感情，这样顾客的心理抵抗力就会减弱或者消失。细节很重要，在接待过程中，记得把“你”都改成“您”。除此之外，用词也一定要注意，在一组对话中有可能会因为一个词语导致客户的流失。有时顾客只是随便到店里看看，客服人员也要诚心感谢，说一声“谢谢光临”。

4. 坚守诚信

网络购物虽然方便快捷，但唯一的缺陷就是看不到、摸不着。顾客面对网上的商品难免会有疑虑和戒心，所以企业一定要坚守诚信，不可偷工减料、谎话连篇。不要抱有侥幸心理，一次失信让企业流失的不只是一个顾客，更是企业的信誉和发展前景。在互联网环境下，优质产品更容易被发现。所以一定要用一颗诚挚的心，像对待朋友一样诚实地回答顾客的疑问，告诉顾客商品的优缺点，向顾客推荐商品。

5. 凡事留有余地

在与顾客的交流中，不要用“肯定、保证、绝对”等字样，这不等于售出的产品是次品，也不表示对买家不负责任，而是不让顾客产生失望感。因为每个人在购买商品的时候都会有一种期望，如果商品满足不了顾客的期望，最后就会变成顾客的失望，所以客服人员在沟通时要给自己留有一点余地。

6. 换位思考

让顾客满意，主要体现在真正为顾客着想。如果客服人员真正站在顾客的角度，就会发现能够理解很多之前不能理解的问题，也能接受很多之前不能接受的要求。处处站在顾客的立场，想顾客所想，把自己变成顾客的助手，这样更容易得到顾客的认同。客服人员应引导顾客说出症结，并给顾客合理的建议，在不伤害自身利益的前提下，尽量满足顾客的需求。

7. 多虚心请教，多听听买家的声音

当顾客“上门”时，客服人员需要先问清楚顾客的意图，需要什么样的商品，是送人还是自用，是送给什么样的人等。在了解清楚顾客的情况后，才能仔细对顾客定位，确定顾客属于哪一种群体，如学生、白领等，对顾客应做到及时准确地回答，以客为尊，满足顾客的需求。

8. 要有足够的耐心与热情

客服人员需要耐心、热情地细心回复顾客的问题，给顾客信任感，不要表现出不耐烦，即使顾客不买也要对其说声“欢迎下次光临”。如果服务好，即便这次不成，顾客下次有可能会回来。在彼此能够接受的范围可以适当让步，如果确实不行也应该婉转地回绝，比如说“真的很抱歉，没能让您满意，我会争取努力改进”或者引导顾客换个角度来看商品，让顾客感觉货有所值，也可以建议顾客先货比三家。总之，要让顾客感觉到客服人员的热情与真诚。

9. 准确地推荐

客服人员应具备专业的商品知识，当有的顾客对商品不了解时，客服人员需要运用商品专业知识，考虑每个顾客的具体情况，因人而异地精准推荐，帮助顾客找到适合他们的商品。

10. 坦诚介绍商品的优点与缺点

在介绍商品时，切莫夸大其词，若介绍得与事实不符，顾客收到货物后，有权退换货，即便确认订单后也有权评价，而差评会让商家失去现有顾客和潜在顾客。

第二节　电子商务客服的岗位职责

电子商务客服的岗位职责主要表现在以下几个方面。

1. 反应及时

电子商务客服应表现出反应快、训练有素的特征。顾客首次到访打招呼的时间不能超过15秒，打字速度要快，至少要达到50字/分钟，且不能有错别字；每次回答顾客的问题时，顾客等待时间不能超过20秒。若回答内容较多，宜分次回答。

2. 热情亲切

电子商务客服在网络交流中要热情、真诚。做到用语规范，礼貌问候，让顾客感觉到热情，话语不能生硬，要做到自然亲切。

3. 了解需求

电子商务客服要做到细心、耐心、有问必答、准确、引导话题。要了解顾客的实际需求，包括明示需求和暗示需求。对顾客的咨询，电子商务客服应给予准确回应，并快速提供顾客满意的答复，顾客的需求不明确时要做到引导顾客产生明确的需求。在解决顾客的需求后，需要进一步了解顾客对回答是否满意，是否满足顾客的期望。通过跟进回访，升级个性化服务。

4. 专业销售

电子商务客服要做到自信、随机应变、令人舒服。以专业的言语、专业的知识、专业的技能，消除顾客疑虑，让顾客感觉客服人员是专家，并感受到周到的服务。

5. 主动推荐和关联销售

电子商务客服要善于向顾客推荐公司主推款，并给予关联推荐，乃至达成更高的客单价。

6. 建立信任

通过经验，电子商务客服要找到能够和顾客产生共鸣的话题，想顾客之所想，给顾客适当的建议，建立销售信任。

7. 体验愉悦

客服人员在服务过程中要做到解决问题、强化优势、给顾客找准记忆点，强化顾客记忆，给顾客良好的体验并留下愉悦的回忆。

第三节　电子商务客服的沟通技巧

优质的客户服务需要客服人员与顾客进行有技巧的沟通，从而促进商品的销售，提高顾客的回头率，帮助商家建立优秀的口碑和品牌。

一、劝说顾客的技巧

一个善于用语言劝说顾客的客服人员，他的营销业绩要比不善于用语言劝说顾客的客服人员的营销业绩高得多。

1. 调节气氛，以退为进

在劝说顾客时，客服人员首先应该想方设法调节谈话的气氛。如果用温和的提问的方式代替命令，并给人以维护自尊和荣誉的机会，气氛就是友好而和谐的，劝说也就容易成功；反之，在劝说时不尊重他人，拿出一副盛气凌人的架势，那么劝说多半是要失败的。

2. 争取同情，以弱克强

渴望同情是人的天性，在客服人员想劝说比较强势的顾客时，不妨采用这种争取同情的技巧，从而以弱克强，达到目的。

3. 心灵互动，消除防范

一般来说，在劝说对方时，对方会产生一种防范心理，尤其是在危急关头。这时要想成功说服对方，就要注意消除对方的防范心理。

4. 角色互换，以情感化

站在他人的立场上分析问题，能给他人一种亲切感，这种投其所好的话术常常能取得显著的效果。

5. 寻求一致，因势利导

习惯于拒绝他人劝说的人，经常处于“不”的心理状态。针对这种情况，客服人员得努力寻找与对方一致的地方，先让对方赞同你远离主题的话题，对你的话题感兴趣，而后再想方设法将你的想法引入话题，最终求得对方的同意。

6. 赞美顾客，赢得支持

劝说顾客可以先从发现和巧妙赞美顾客的优点开始，使顾客得到一种心理上的满足。

二、应对买家讨价还价的技巧

在网络交易中，买卖双方是一对矛盾体，卖家希望以高的价格成交，赚取最多的利润，而买家则希望以最少的费用购买最好的商品。在沟通过程中，买家一般会对商品的价格提出异议，进行讨价还价。事实告诉我们，讨价还价的过程可能直接影响乃至决定交易的成败。作为客服人员，必须掌握一些应对买家讨价还价的策略和技巧。这里就列出 8 种常见的应对买家砍价的技巧。

1. 证明价格是合理的

无论出于什么原因，任何买家都可能会对价格产生异议，认为商品的价格比想象的要高得多。这时，客服人员必须证明商品的定价是合理的。证明的办法就是说明商品在设计、质量、功能等方面的优点。通常，商品的价格与这些优点有紧密的关系，正所谓“一分钱一分货”，客服人员可以应用劝说技巧透彻地分析并讲解商品的各种优点，充分说明价格的合理性。

2. 在小事上要让步

在讨价还价的过程中，客服人员要学会做出一定让步，如何让步是关系到整个沟通成败的关键。就常理而言，虽然每一个人都愿意在讨价还价中得到好处，但并非每个人都贪得无厌，多数人是只要得到一点点好处就会感到满足的。因此客服人员在沟通中，对小事要慷慨，使买家感到已得到优惠或让步。例如，免费向买家提供一些廉价的、微不足道的小零件或包装品，增强买家的满足感。

3. 较小单位报价法

较小单位报价法就是将报价的基本单位缩至最小，以隐藏价格的“昂贵”，使买家产生“价格不贵”的错觉。比如一箱餐巾纸 39 元，共 20 包，则可以采用在封面图上表示“一包仅需不到 2 元”，这样当买家看到时，更容易觉得商品价格实惠。

4. 比较法

为了消除价格障碍，客服人员在沟通中可以多采用比较法，它往往能收到良好的效果。

在运用比较法时，如果能找到一个很好的角度来引导买家，效果会非常好，如把商品的价格与日常支付的费用进行比较等；再如，一位家电的客服人员这样解释商品的价格：这件全自动洗衣机的价格是3000 元，但它的使用期是 10 年，这就是说，你每年只花 300 元，每月只花 25 元左右，每天还不到 1 元。

5. 讨价还价要分阶段进行

和买家讨价还价要分阶段一步一步地进行，不能一下子降得太多。有的买家故意夸大其词甚至使用威胁的口气，并装出要离开的样子吓唬客服人员，如“价格有点贵，我看看再说吧”，这时客服人员千万不要当真，一下子把价格降得太低，可以表现出很棘手的样子，使用交流工具打出一个思索的表情，实在没办法就比原来的报价稍微低一点，切忌降得太猛。

6. 讨价还价不是可有可无

首先，买家会相信客服人员说的都是实话，他确实买了便宜货。同时，要让买家相信客服人员的态度是认真的，不是商品质量不好才让价，而是被逼得没办法才降价，这样一来，会使买家产生买到物美价廉的商品的感觉。

7. 不要一开始就亮底牌

有的客服人员不讲究价格策略，一开始沟通就把最低价抛出来。其实，这种做法的成功率是很低的。要知道，在沟通的初始阶段，买家是不会相信客服人员报的是最低价的。

8. 如何应付讨价还价型买家

可以将这类讨价还价型买家分成两类：

（1）习惯性的买家。这类买家在生活中买东西已经养成了讨价还价的习惯，不管什么情况，他都会讨价还价。针对这种类型，客服人员在讨价还价的过程中要多花点时间，每次只降一点，而且降一点就说一次“又亏了”。这样降五六次，对方也就满足了。

（2）在网上搜到了比自家商品价位更低的同款商品的买家。面对这种类型买家，客服人员一定要更加明智地对待，如果他说的价位正好是恶意压价的卖家出的价，并且比成本价还低，那么可以用数据解释说明这款商品的市场价位是多高，并把本店商品与竞争对手商品的各种优势和劣势进行详细比较。

总之，面对买家的讨价还价，灵活运用以上策略，就能够轻松自如地应付。

三、应对不同类型买家的技巧

网上有各种各样的买家，如何应对这些买家？下面是一些常见做法。

1. 应对老手型买家的技巧

如果客服人员发现买家说话不多，简单问一下产品质量就决定拍下来的，可能就是老手。这类买家网购经验丰富，深知网购的运营模式，一般对产品的要求不会非常苛刻，只要卖家的产品符合大众要求，他都可以接受。

2. 应对新手型买家的技巧

当客服人员发现买家反复地询问产品质量以及邮费，在买与不买之间徘徊，且其网购信用低，那么他可能是位新手买家。对于这类买家，客服人员需要细心地讲解，在了解其需求的情况下，尽最大努力帮助买家解除疑虑，然后介绍产品。此类买家很容易成为回头客。

3. 应对犹豫型买家的技巧

此类买家表现为，聊了很多却迟迟不下单，难做决定。对于这种类型的买家，客服人员必须重点说明产品的性价比和该产品给买家带来的利益，并消除其抵抗心理。

4. 应对急躁型买家的技巧

此类买家表现为很急躁，容易发怒。对于这种类型的买家，客服人员的沟通态度要谨慎，不能随便套近乎，回应速度要快，不要让买家等得不耐烦。

四、做好售后服务，提高销售额

卖家还要定期和买家进行交流、沟通，坚持售后，回访，做好售后服务。在选择回访对象的时候，不仅要选择再次购买的可能性大的买家，还要兼顾其他买家，因为他们永远是潜在客户。

1. 建立客户档案，定期回访

卖家把客户（买家）的姓名、联系方式、地址、购买的商品等信息列一个详细的清单，这样方便在节假日的时候问候客户。定期对买家进行回访，节假日花几分钟的时间真诚地向买家发送一封贺卡、一条问候留言等，这些都有助于维护客户关系。买家也会感到卖家很尊重他，惦记着他，这样他再次购物时可能会想起这家店铺。

2. 电话回访

电话回访的最佳时机就是估算买家大概的收货时间，这时回访有几个方面的好处：一是让买家觉得卖家在关心他，若是买家没有收到货，最好及时为他查询；二是有利于买家及时做出好评。买家会因为卖家热心周到的服务而感动、感激，觉得卖家可以信赖。店铺也就赢得了更多的回头客，生意也越来越好。

3. 定期做促销推广

组织一个主题活动进行促销，可以通过新品上架、每月推荐、节日主题等形式开展，然后发广告给老客户，鼓励他们参与。

4. 转介绍策略

转介绍策略是指让买过产品的客户介绍他们的朋友来购买，卖家可以送一些小礼物给这些客户，转介绍策略特别适合产品有竞争力的店铺，以优质的产品吸引二次购买。

无论是在交易中还是在交易后，网上销售都要以客户为中心，把客户永远作为上帝，这样才能赢得客户的信赖，才能做好网上销售，提升营业额。

第四节　电子商务客户服务中的冲突应对

一、处理退换货和冲突

线上交易处理售后的退换货和冲突问题的难度高于实体店。因为实体店采用面对面交谈的方式，比较直观、清晰，而线上交易中，买卖双方主要通过电话或社交平台，这种沟通方式容易产生误解和冲突。为了有效避免和解决冲突，卖家应注意以下问题。

1. 制定合理的退货和换货制度

退货和换货在交易中经常发生，而退换货服务的好坏直接影响着顾客能否再次购买。

（1）先对退换货进行说明

能否方便地退换货，是影响顾客购买动机的重要因素，甚至超过了顾客对需要的商品的选择。所以应清楚、明白地告诉顾客：在什么样的条件下可以退货；对于货到退款的情况，退货后多久可以将款退还给顾客；往返运费由谁来承担。这些问题不说清楚，往往会让不少顾客犹豫不决。因此，在店铺中要有针对退换货情况的说明。

（2）了解退换货的原因

当顾客提出退货或换货要求的时候，作为卖家，首先要了解顾客为什么要这样做，确定是由谁的原因造成的，也就是责任归属问题。退换货的原因通常有以下几种。

①商品的质量问题。质量是产品的生命，一个质量不好的产品要想在线上大量销售几乎是不可能的，所以遇到顾客由于质量问题要求退货，一般都是无条件退货而且包邮。如果该产品长期多次出现质量问题，建议下架，等处理好质量问题后再销售。

②顾客收到的商品与图片不符。商品的颜色在不同的光照下会有些许差别，而且大多数线上商品都会用 Photoshop（PS）等图像处理软件进行后期处理，商品的图片比实物更好看，更能吸引顾客的眼球。如果是光照问题，可以在商品详情页上说明或是多上传几张在不同光照下的商品图。如果是图片处理失真，让顾客拿到的实物和详情页中的图片相差太大，顾客就会感到非常失望，最终导致退货甚至是差评。因此，卖家在处理商品图片时，一定要注意不能使图片与实物相差太大，不然图片很精美，订单是增加了，退货却也多起来。

③喜好问题。商品本身没问题，顾客只是想更换商品。线上交易与线下交易不同，商品不能直接拿到手，要等一段时间物流的配送才行。但有些顾客在拿到商品后感觉不喜欢，这种情况在淘宝网上一般看店家是否支持 7 天无理由退货，如果支持就可以退货，但一般是由顾客承担运费的。

④商品在运输过程中被磨损。这种情况要看选择的物流公司和选择的物流服务中是否包含赔偿服务。若包含赔偿服务，可向物流公司提出赔偿；若不包含，则要与物流公司沟通确定最终的处理方案。但这种情况近年来越来越少，一方面，是物流行业日渐成熟，运输环节造成的商品磨损概率很小。另一方面，这种情况需要顾客证明是运输造成的磨损，一般是通过验收快递时发现问题拒收快递的形式来证明。但随着生活节奏的加快，大多数顾客都不是亲手验收快递，而是菜鸟驿站或者门卫等验收。

⑤顾客使用不当，致使商品损坏。这种情况一般是不予退换的，但客服人员也要向顾客详细地说明原因，最好能为对方提供相应的弥补建议，切忌在沟通中冷言冷语。

⑥规格问题。这种问题最多出现在服饰类产品上。由于顾客没有实际试过，只靠网页上的商品描述来确定最后的规格还是有一定难度的。一旦遇到这类问题，商家一般也是7天无条件退换货。为了减少规格问题造成的退换货，卖家可以将商品描述设计得更醒目，并设置客服的最后确认。不少店铺通过将商品规格做得更加细致来避免此类情况，把不同体型的模特试穿情况表示出来，包括身高、体重、三围、试穿尺码、试穿体验等。

（3）界定退换货运费归属问题

通常情况下，运费的归属问题是根据责任的划分来确定的，由商品的质量问题、运输磨损等引起的退换货由卖家承担运费，而由于买家的原因，例如买家想换一种产品或买家使用不当造成的商品损坏引起的退换货，则应该由买家承担运费。

2. 怎样避免买家退货

退货已是每个商家必须面对的一个重要问题，那么商家如何预防退货，使得退货损失最小化呢？除了要制定合理的退货制度外，商家还要注意以下几个方面。

（1）加强验货

商家要加强验货服务，可以在进货等各个环节进行，尽可能确保在产品未发给买家前发现产品上的缺陷。

（2）引入供应链信息化管理，建立IT预警系统

商家要引入供应链信息化管理，建立IT预警系统，准确、实时地把握商品管理的每个细节。比如，沃尔玛百货有限公司建立了世界最先进的供应链信息化管理系统，能精确、全面、实时地把握全球任何地方每一个卖场销售业绩的细节，这使沃尔玛的退货率在全球都处于很低的水平。在淘宝网，大多数的专业化的或者说级别为皇冠以上的卖家引进了客户管理系统，只要买家报上姓名或者会员名，商家就可以查看他具体的消费情况，有的放矢地为买家提供服务，减少退货。

（3）有效进行单品管理，减少商品退损率

单品管理是相对于传统的对商品实行的柜组管理、大类管理而言的。实行单品管理，可便于管理人员准确、全面、实时地把握每一件单品网店销售业绩的细节，便于管理人员根据前期销售信息预测后期商品销售变化趋势，及早组织货源，开发并采购对买家有价值的商品。

（4）少进勤添

可以采取“少进勤添”的进货方式，加大对进货质量的管理力度和把握好进货种类。加强对每日销量的预测，不要一次进货太多，合理、高效地安排供应货物，少进勤添，以减少盲目进货导致货物积压的情况。

3. 合理处理矛盾和冲突

在交易过程中，买卖双方发生矛盾和冲突是不可避免的，如果不妥善解决矛盾和冲突，不但会影响这笔生意，而且会直接影响店铺的信誉。加入消费者保障计划的卖家更加需要重视交易纠纷的处理，因为参加消费者保障计划的卖家有一定的资金被淘宝网冻结，如果问题处理不当，淘宝网可能会使用冻结的保证金对买家先行赔付。巧妙地应对冲突，化解矛盾可以从以下几个方面多加考虑。

（1）有些买家在交易遇到问题时言语会比较激烈，面对此类买家，卖家需要保持冷静，尝试站在买家的立场考虑问题，冷静地倾听买家的抱怨。双方的目的是解决问题，卖家在任何情况下都要冷静，即使对方提出无理的要求，也切忌发火，因为发火对解决问题无济于事，只能火上浇油。

（2）积极与买家沟通找出问题所在，了解买家所抱怨的是商品的品质问题还是物流的问题，或者是卖家的服务问题等。

（3）耐心解释情况，如果责任在卖家，要尽量争取对方的谅解。

（4）找到问题所在之后就可以对症下药解决问题了，与买家协商并提供若干切实可行的解决方案，共同解决问题。如果问题实在无法沟通解决，卖家可以适当做些让步。在问题的解决上一定是越快越好，拖的时间越长往往越会加重买家的不满情绪。有经验的卖家会提供多种解决方案，供买家选择，并询问买家对解决问题有什么建议，最终采用买卖双方都可以接受的方案。

（5）问题解决后，需要对买家进行回访，了解问题产品的使用情况，提高买家的满意度，同时争取好评，避免被投诉。

二、理性对待买家的差评

网店经营中，难免会碰到一些急躁的买家，在卖家还没有做出反应之前就进行投诉，给出差评。在销售的过程中，如果不能正确处理买家的投诉，那么将给店铺带来极大的负面影响。

卖家一定要积极地回应买家的投诉，对买家做出适当的解释，消除买家的不满，让他们传播店铺的好名声，而不是负面的消息。

作为卖家，在看到差评时，要心平气和地分析是什么原因造成的。一般差评有如下几种情况。

（1）心急的买家抱怨物流速度慢。对于这类买家，卖家一定要解释清楚，比如“物流公司的发货效率是卖家无法控制的，但我们已经在帮您催了，请您耐心等待”。

（2）对客服人员的服务态度不满意。有些客服人员总是一味地介绍自己的产品，根本不去了解买家的偏好和需求，同时对买家所提出的问题不能给予满意的答复；或在销售的过程中，出现轻视顾客、不信任顾客的现象；或者是客服不及时回复顾客的消息。针对这种情况，客服人员可提前设置好自动回复和机器人回复，事后补上自己的歉意，这样顾客也可以及时收到信息。

（3）买家对产品的质量和性能不满意。出现这种投诉的原因很可能是广告夸大了产品的价值功能，结果当买家见到实际产品时，发现与广告不符，由此产生了不满。如果是卖家的过错，要想办法去弥补，即使是运输过程出了问题，也不要让买家承担全部费用。

如果卖家在第一时间承担了错误，买家就会感觉到卖家是有责任心的，如果卖家又拿出处理问题的方案，大多数买家就都会用商量的口吻来讨论问题。

在遇到差评时，卖家需要考虑这些问题：第一，买家的意见里有没有值得自己改进的地方，如果有，就虚心接受并及时改正；第二，能不能利用这样的机会，向潜在的买家表明自己对待错误的责任和周到的售后服务，从而扩大自己的知名度。

三、如何避免买家的中评或差评

1. 商品质量是根本

作为卖家，首先要保证的是商品无质量问题，确保交易诚实，服务良好。网上购物，买家只能通过图片和商品描述来了解商品，如果卖家的商品是实物拍摄，商品描述是全面客观的，那么因商品质量问题而引起的中差评就会大大减少。

2. 诚恳的服务态度是取得好评的法宝

在买家购买商品之前，卖家必须把可能遇到的问题向买家解释清楚，以免事后产生不必要的麻烦，比如，“质量问题包退换”，但前提是货物要完好，无质量问题，退换货邮费自理。

如果确实是卖家的原因，在力所能及的范围内积极退换货，也是减少中差评的有效途径。

另外，很多问题是快递公司的送货态度和送货时间导致的。为了避免这种情况，卖家可以多与几家快递公司合作，在发货之前可以提前询问买家希望发哪家快递。

3. 买家的风格决定卖家是否能得到好评

卖家的好评离不开买家，因此，在交易前可以查看一下买家的信用度，买家对别人的评价以及别人对买家的评价，再综合各类买家的不同特点来区分对待。

（1）一直要求优惠的、反复讨价还价的买家。遇到这类买家要先看一下他的信誉度，如果有中差评，要看一下中差评里的评价内容。遇到这类买家，卖家可以提供合理的价格优惠，或赠送一些小礼品，买家收到商品时，会对卖家有很好的印象，从而给予好评。

（2）新手买家，随意评价。这类买家往往第一次来网上购物，对网络交易还很陌生，对卖家缺乏信任。对待这类买家，卖家要有足够的耐心去引导他们。因此，在交易前，卖家可以多与买家沟通，通过言语沟通建立信任，事先解释清楚需要买家配合的环节，达成共识才能愉快交易。

第五节　常见用户行为分析模型解析①

一、行为事件分析模型

在用户行为领域，通过对数据分析方法的科学应用，经过理论推导，能够相对完整地揭示用户行为的内在规律，这可帮助企业实现多维交叉分析，帮助企业建立快速反应、适应变化的敏捷商业智能决策。

（一）行为事件分析模型的含义

行为事件分析模型是研究某行为事件的发生对企业组织价值的影响以及影响程度的数据分析模型。企业借此来追踪或记录用户行为或业务过程，如用户注册、浏览产品详情页、成功投资、提现等，企业通过研究与事件发生关联的所有因素来挖掘用户行为事件背后的原因、交互影响等。

（二）特点与价值

行为事件分析模型具有强大的筛选、分组和聚合能力，逻辑清晰且操作简单，已被广泛应用。简单地说，行为事件分析法一般经过事件定义与选择、多维度下钻分析、解释与结论等环节。

1. 事件定义与选择

事件定义包括定义所关注的事件及事件窗口的长度，是行为事件分析模型最为核心和关键的步骤。这里需要了解“Session”的概念，Session 即会话，是指用户在指定的时间段内在网络平台上发生的一系列互动。例如，一次会话可以包含多个网页或屏幕浏览、事件、社交互动和电子商务交易。当用户想了解“访问次数”“平均交互深度”“平均使用时长”“页面平均停留时长”“跳出率”“页面退出率”等指标时，只有引入 Session 才能分析。因此，创建和管理 Session 是事件定义的关键步骤。

2. 多维度下钻分析

最高效的行为事件分析模型要支持任意下钻分析和精细化条件筛选。当行为事件分析模型合理配置追踪事件和属性时，可以激发出行为事件分析的强大潜能，为企业回答关于变化趋势、维度对比等各种细分问题。同时，可以通过添加筛选条件，精细化查看符合某些具体条件的事件数据。

---

① 数据来源：http：//www.woshipm.com/data－annlysis/686576.html。

3. 解释与结论

此环节要对分析结果进行合理的理论解释，判断数据分析结果是否与预期相符，如判断产品的细节优化是否提升了触发用户数。如果相悖，则应该针对不足的部分进行再分析与实证。

（三）行为事件分析模型应用场景

场景：互联网金融行业常见的行为事件分析

某互联网金融客户运营人员发现，2017 年 4 月 10 日来自新浪渠道的页面浏览量异常标高，因此需要快速分析原因。

企业可以先定义事件，通过“筛选条件”限定广告系列来源为“新浪”，再从其他多个维度进行细分下钻，比如“地理位置”“时间”“广告系列媒介”“操作系统”“浏览器”等。当进行细分筛查时，虚假流量便无处遁形了。

在剔除虚假流量后，运营人员可进行其他用户行为分析。通过“投资成功”事件，查看各个时段的投资金额。若想知道每个产品类型的投资金额，此时再按照“产品类型”进行分组查看即可。

当用户投资到期后，后续行为可能是提现或继续投资，运营人员可以实时关注 2017 年 4 月 8 日到 4 月 14 日“提现率”的变化趋势（见下图）。

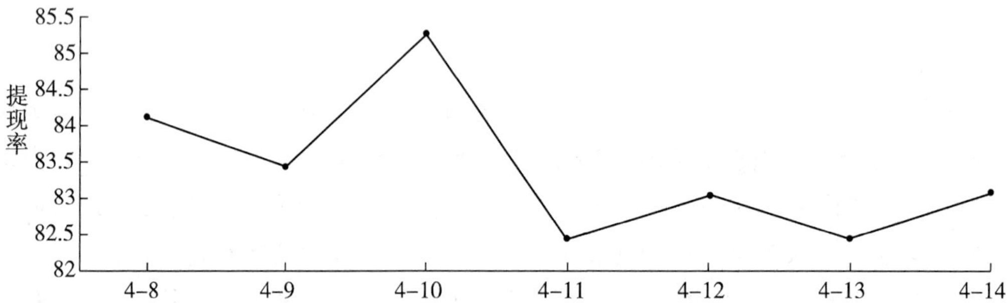

值得强调的是，行为事件分析模型是多种数据分析模型之一，它与其他分析模型存在无法割裂的关系。只有实现各分析模型的科学互动和配合，揭示用户个人、群体行为的内部规律，并据此做出理论推导，才能不断在工作实践中优化商业决策和产品智能。

二、用户留存分析模型

在用户行为领域，用户留存分析模型通过数据分析方法的科学应用，经过理论推导，能够相对完整地揭示用户行为的内在规律。基于此，用户留存分析模型可以帮助企业实现多维交叉分析，建立快速反应、适应变化的敏捷商业智能决策。

据某第三方平台近期调研结果显示，在金融创业领域，2013 年，一家互联网金融创业公司的投资获客成本区间为 300 ~ 500 元，而 2016 年则涨为 1000 ~ 3000 元；在电商领域，新用户的获取成本是维护一个老用户的 3 ~ 10 倍。

如今，居高不下的获客成本让互联网、移动互联网创业者们遭遇新的“天花板”，甚至陷入“纳不起”新客的窘境。而花费极高成本所获取的用户，可能仅打开一次 App 或只完成一次交易，就白白流失。随着市场饱和度的上升，绝大多数企业亟待解决如何增加用户黏性、延长每一个用户的生命周期价值的难题。因此，用户留存分析模型备受青睐。

（一）什么是用户留存分析模型

用户留存分析模型是一种用来分析用户参与情况或活跃程度的数据分析模型。这是用来衡量产品对用户价值高低的重要工具。

用户留存分析模型可以帮助回答以下问题：

（1）一个新用户在未来的一段时间内是否完成了企业期许用户完成的行为，如支付订单等。

（2）某个社交产品改进了新用户的引导流程，如验证这项改进是否改善了用户注册后的参与程度。

（3）判断某项产品改动是否奏效，如新增了一个邀请好友的功能，观察是否有人因新增功能而延长对产品的使用时间。

（二）用户留存分析模型的特点与价值

科学的留存分析模型具有灵活的条件配置——根据具体需求筛选初始行为或后续行为的细分维度，针对用户属性筛选合适的分析对象的特点。那么，留存分析有哪些价值呢？

1. 留存率是判断产品价值最重要的标准，揭示了产品保留用户的能力

留存率反映的实际上是一种转化率，体现了初期的不稳定的用户转化为活跃用户、稳定用户、忠诚用户的过程。随着统计数字的变化，运营人员可看到不同时期用户的变化情况，从而判断产品对用户的吸引力。

2. 宏观上把握用户生命周期长度以及定位产品可改善之处

通过留存分析，运营人员可以查看新功能上线之后对不同群体的留存是否带来不同效果，可以判断产品新功能或某活动是否提高了用户的留存率，结合版本更新、市场推广等诸多因素，删除使用频率低的功能，实现快速迭代验证，制定相应的策略。

（三）留存分析应用场景

场景一：游戏行业如何精准找到玩家“流失点”？

游戏生命周期的时长差异、玩家的游戏黏度，直接体现了游戏的竞争能力和盈利能力。玩家对游戏的直观感受、游戏难度曲线、游戏节奏的张弛、游戏福利等内容都会影响游戏玩家的留存率。正确找到玩家流失原因，是促进玩家活跃、挽留玩家的第一步。

场景二：新用户的留存

运营人员想从总体上看用户留存的情况是否有所改善，可根据新用户启动 App 的时间按日或按月进行分组，得到同期群，观察该群体用户发生投资的 7 日留存率、14 日留存率或 30 日留存率（可自由选择），通过比较不同的同期群，可以获知用户的留存情况。运营人员也可以点击“曲线标识”按钮，查看每天留存率的变化趋势。

7 日或者 30 日后留下来的用户，显然是一批忠诚度非常高的用户，什么样的用户群体有这么高的留存率？以 4 月 10 日这天的新用户为例，一共有 1931 个新用户，在第 7 天有 68 人留下来了，点击“68”这个数字，我们进入了用户列表界面。

这里值得强调的是，在任何分析模型中都支持人群明细的查看，将让用户行为分析事半功倍。

通过查看人群明细，我们能够看到留存下来的用户的一些详细的基础信息，比如借款次数、借款金额、年龄等，通过总借款次数以及借款金额，可进行用户质量评估；通过年龄可以分析金融平台吸引的群体用户的年龄分布。

若想深度挖掘高留存用户有哪些共性特征、具体操作流程，以作为后序产品优化与改进的借鉴，则可使用用户分群功能，命名为“4～10号7日留存用”，然后通过用户路径等其他分析模型进一步深度分析。

三、漏斗分析模型

漏斗分析模型是企业实现精细化运营、进行用户行为分析的重要数据分析模型，其精细化程度影响着营销管理的成败以及用户行为分析的精准度。

（一）什么是漏斗分析模型

漏斗分析模型是一套流程式数据分析模型，它能够科学反映用户行为状态以及从起点到终点各阶段用户转化率情况。漏斗分析模型已经广泛应用于流量监控、产品目标转化等日常数据运营与数据分析的工作。例如，在一款产品服务平台中，直播用户从激活 App 开始到付费，一般的用户购物路径为激活 App、注册账号、进入直播间、互动行为、礼物付费五大阶段，漏斗分析模型能够展现出各个阶段的转化率，通过各环节相关数据的比较，能够直观地发现问题，从而找到优化方向。

（二）漏斗分析模型的价值

对于业务流程相对规范、周期较长、环节较多的流程分析，漏斗分析模型能够直观地发现问题所在。值得强调的是，漏斗分析模型并非只是简单的转化率的呈现，科学的漏斗分析模型能够实现以下价值：

（1）企业可以监控用户在各个层级的转化情况，聚焦用户选购全流程中最有效转化路径，同时找到可优化的短板，提升用户体验。降低流失是运营人员的重要目标，通过不同层级的转化情况，迅速定位流失环节，有针对性地持续分析并找到可优化点，从而提升用户留存率。

（2）多维度切分与呈现用户转化情况，成单瓶颈无处遁形。科学的漏斗分析能够展现转化率趋势的曲线，帮助企业精细地捕捉用户行为变化。提升转化分析的精确度和效率，对选购流程的异常定位和策略调整效果验证有科学指导意义。

（3）不同属性的用户群体漏斗比较，从差异角度窥视优化思路。漏斗对比分析是科学漏斗分析的重要一环。运营人员可以通过观察对比不同属性的用户群体（如新注册用户与老客户、不同渠道来源的客户）各环节转化率、各流程步骤转化率的差异，了解转化率最高的用户群体，分析漏斗合理性，并针对转化率异常环节进行调整。

（三）在漏斗分析模型中，科学归因、属性关联的重要性

1. 归因

在科学的漏斗分析模型中，需要进行科学归因设置。每一次转化节点都应根据事件功劳差异（事件对转化的功劳大小）而科学设置。企业一直致力于定义最佳用户购买路径，并将资源高效集中于此，而在企业真实的漏斗分析中，业务流程转化并非理想中那么简单。

以市场营销为例，市场活动、线上运营、邮件营销都可能触发用户购买行为。A 欲选购一款化妆品，通过市场活动了解 M 产品，又在资讯平台上了解更多信息，但是始终没有下定决心购买。后来 A 收到 M 公司的营销邮件，A 被打折信息及翔实的客户评价所吸引，直接在邮件内跳转至网站购买了该产品。

那么，在漏斗设置时，转化归因应该“归”哪一个渠道呢？在这个案例中，运营人员愿意以实际转化的事件的属性为准。邮件营销的渠道在用户购买决策的全流程中对用户影响的“功劳”最大、权重较大，直接促进了用户转化。在科学的漏斗分析模型中，用户群体筛选和分组时，以实际转化事件——邮件营销来源的用户群体的属性为准，则大大增加了漏斗分析的科学性。

2. 属性关联

在进行漏斗分析时，尤其是在电商行业的数据分析场景中，运营人员在定义“转化”时会要求漏斗转化的前后步骤有相同的属性值，比如同一 ID（包括品类 ID、商品 ID）才能作为转化条件——浏览某件商品，购买同一款商品才能被定义为一次转化。因此，“属性关联”的设置功能是科学漏斗分析不可或缺的内容。

（四）漏斗分析场景

场景一：电商行业不同用户群体的转化情况

某电商企业根据用户的消费能力，将用户划分为普通会员、黄金会员、钻石会员。为加强对用户的转化引导，运营人员 F 欲针对不同用户群体采用不同的运营方式。

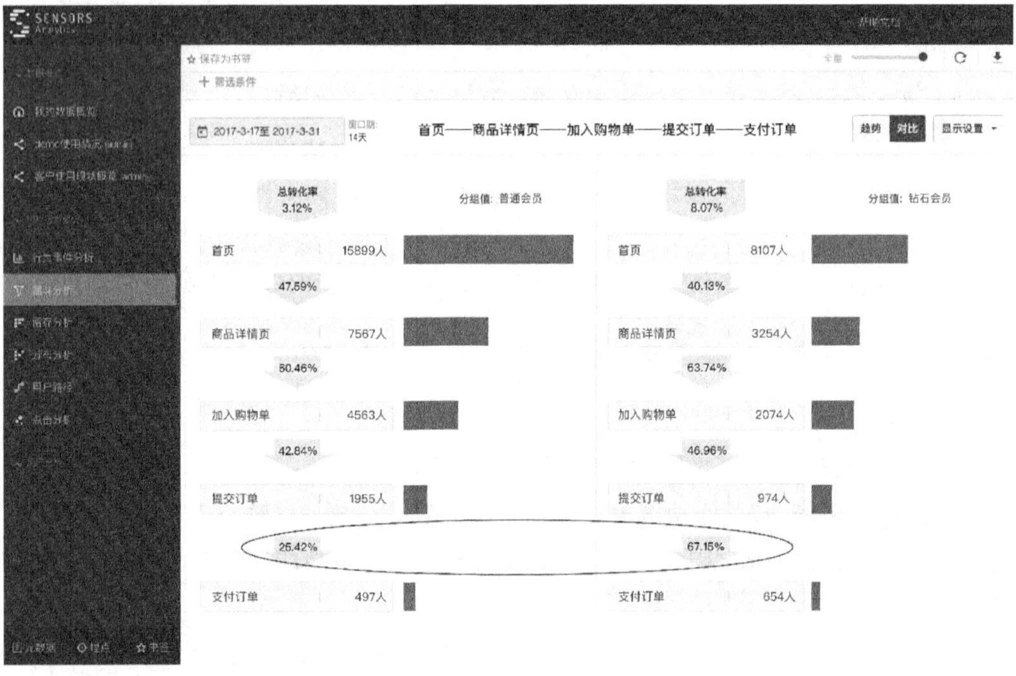

图片来源：神策数据产品。

通过对比，可明显看出，普通会员从“提交订单”到“支付订单”的转化率明显低于钻石会员。为找到“支付订单”阶段转化率变低的原因，F 应深度分析普通会员转化率情况，如对比不同付费渠道（PC 端、手机端等）的转化情况，找到需要进行优化的短板。另外，可以尝试进行支付订单流程的新手引导，帮助新手顺利完成购买。

场景二：零售行业——中商惠民科学评估站内推广位的效果

首页推广位的效果监控是站内运营重要的一环，数据的监测与分析是重要工作，它为站内优化、页面体验的提升做出指导。运营人员通过用户的点击转化率与购买转化率判断页面不同位置的推广效果。下图是中商惠民首页推广位“一元促销”“清洁专场”两个 Banner（横幅广告）转化率情况对比。

图片来源：神策数据产品。

除此之外，漏斗分析模型已经广泛应用于各行业的数据分析工作，用以评估总体转化率、各个环节的转化率，以科学评估促销专题活动效果等。通过将漏斗分析模型与其他数据分析模型结合，进行深度用户行为分析，能够找到用户流失的原因，以提升用户量、活跃度、留存率，并提升数据分析与决策的科学性等。

四、用户行为路径分析模型

用户行为路径分析模型同样是重要的数据分析模型，它为企业实现理想的数据驱动与布局调整提供科学指导，对精准勾勒用户画像也有重要参考价值。用户访问 App/网站，如同参观画展，观众是感受和传达画展参展方和展品的目的受众体，图画的展现布局不同，每一位观众都根据自身喜好形成了特有的参观顺序。为了让观众沿着最优访问路径前进，策展者需要结合观众需求进行布局调整。这种自主式的数据分析方法，能够使业务人员进行科学的数据分析。

（一）什么是用户行为路径

用户行为路径，顾名思义，即用户在 App 或网站中的访问行为路径。为了衡量网站优化的效果或营销推广的效果，以及了解用户行为偏好，时常要对访问路径的转换数据进行分析。

以电商为例，买家从登录网站/App 到支付成功要经过首页浏览、搜索商品、加入购物车、提交订单、支付订单等过程。而用户真实的选购过程是一个反复的过程，例如提交订单后，用户可能会返回首页继续搜索商品，也可能取消订单，每一个路径背后都有不同的动机。与其他分析模型配合进行深入分析后，能快速找出用户动机，从而引领用户走向最优路径或者期望中的路径。

（二）用户行为路径分析模型的价值

用户行为路径的分析结果通常以桑基图形式展现，以目标事件为起点/终点，通过后续/前置路径，可以详细查看某个节点事件的流向，总的来说，科学的用户路径分析能够带来以下价值：

第一，可视化用户流，全面了解用户整体行为路径。通过用户路径分析，可以对一个事件的上下游进行可视化展示。用户可查看当前节点事件的相关信息，包括事件名、分组属性值、后续事件统计、后续事件列表等。运营人员可通过用户整体行为路径找到不同行为间的关系，挖掘规律并找到瓶颈。

第二，定位影响转化的主次因素，产品设计的优化与改进有的放矢。路径分析对产品设计的优化与改进有着很大的帮助，了解用户从登录到购买整体行为的主路径和次路径，根据用户路径中各个环节的转化率，发现用户的行为规律和偏好，也可以用于监测和定位用户路径走向中存在的问题，判断影响转化的主要因素和次要因素，也可以发现某些冷僻的功能点。

（三）用户行为路径分析模型应用场景

谈到用户路径的真实应用场景，许多企业通过第三方数据分析平台来实现，下面结合实际工作中所接触的企业案例的数据分析场景来介绍。

（注：因涉嫌商业机密，以下场景模拟真实应用场景而设，数据均为虚拟。）

中商惠民：启动 App 后，为何只有 30% 商超客户交易成功？

中商惠民是中国最大的社区 B2B 服务平台。在一次评估客户总体转化率过程中，通过漏斗分析模型发现，用户登录惠配通 App 后，提交订单的商超客户仅有 30%，此时利用用户路径分析模型，清晰地展示商超客户的动作走向，是判断客户流失原因的重要方式之一。

中商惠民运营人员选取若干事件对客户购买路径进行深度分析。用户登录 App 后，约有 40% 的客户会点击 Banner，30% 的客户会直接进行商品搜索，约 10% 的用户会浏览商品列表，约 5% 的客户直接退出 App。

运营人员进一步察看 4 类用户提交订单的情况，发现，直接进行“搜索商品”的用户提交订单的比例最高，超过 90% ；与其形成鲜明对比的是，尽管点击 Banner 是更多客户登录 App 后的首选动作（约占总客户的 40%），但是这部分用户群体在浏览商品列表后，仅仅有 30% 的用户提交订单，说明 Banner 内容布局不合理，需将此作为首选优化与改进的方向。

某电商：“未支付订单”超过 30 分钟自动取消，刺激用户支付。

除了零售行业以外，用户行为路径在电商行业分析也应用广泛。某电商网站客户通过用户路径分析，看出有两条主要的路径：一是启动 App—搜索商品—提交订单—支付订单；二是启动 App—未支付订单—搜索相似商品—取消订单。

第一条用户路径相关数值显示，客户提交订单后，大约 75% 的用户会支付，而高达 25% 的用户没有支付订单；第二条用户路径显然是一条有明确目的——为未最终敲定的商品而来的用户，因为在打开 App 后直奔“未支付订单”，但是路径中显示此用户再次“搜索相似商品”，这一行为可以判断客户可能存在比价行为，表明价格在一定程度上影响了这部分用户的支付欲望，这是一批“价格导向”的客户。

对此，该电商运营人员采取针对性措施：①“未支付订单”超过 30 分钟则自动取消；②在支付页面附近放置待领取优惠券。

当该电商新版本 App 上线后，再次通过用户行为路径分析模型，发现客户在提交订单后，由于 30 分钟的时间限制，更多的客户愿意立即支付订单，同时，未支付订单量大大降低，这说明在支付页面放置优惠券的方式会刺激到对价格敏感的客户，因此这是一次很成功的改版。

总之，用户真实的选购过程是一个交缠反复的过程，每一个路径背后都有不同的动机。通过用户行为路径分析模型，能够清晰看到用户行为特点与背后原因。若与其他分析模型配合，效果更佳，通过数据分析能够快速找到用户动机，从而引领用户走向最优路径或者期望中的路径。

五、用户分群

用户分群是企业精细化、数据化运营的第一步。用户分群数据分析方法是进行用户画像的关键数据分析模型，用户分群即用户信息标签化，通过用户的历史行为路径、行为特征、偏好等属性，将具有相同属性的用户划分为一个群体，并进行后续分析。

（一）漏斗分析模型关注阶段差异，用户分群关注群体差异

通过漏斗分析模型，运营人员可以看到用户在不同阶段所表现出的行为是不同的，譬如新用户的关注点在哪里，已购用户在什么情况下会再次付费。然而，由于群体特征不同，不同群体的行为会有很大差别，因此运营人员或者产品人员希望可以根据历史数据对用户进行划分，对具有一定规律特性的用户群体进行归类，进而再次观察该群体的具体行为，这就是用户分群的原理。

（二）普通用户分群与预测用户分群

严格来说，用户分群分为普通用户分群和预测用户分群。普通用户分群是依据用户的属性特征和行为特征对用户群体进行分类；预测用户分群是根据用户以往的行为属性特征，运用机器学习算法来预测他们将来会发生某些事件的概率。接下来分别从两个场景介绍这两种用户分群方式。

1. 普通用户分群——分析用户属性与行为特征

以直播产品行业为例，在该行业中，高黏性与高频消费用户的行为观察是产品经理和运营人员工作的重点。例如，某运营人员可以筛选出过去 30 天内、等级 10 级以上、有“留言”和“点赞”行为，并且付费礼物送出次数超过 10 次的用户，视其为高黏性且高频消费用户，对其进行分群定义后再展开数据分析。通过高黏性与高频消费用户近期的行为观察不同用户群体近期的行为表现，从而可以看出该用户群体的人均观看时长与其他用户存在的一些差别，如高频花费用户与非高频花费用户观看时长人均值对比。

2. 预测用户分群——通过机器学习算法预测事件概率

互联网金融产品常常会用到预测用户分群的功能。互联网金融客户按照风险投资偏好这一属性可分为保守型、稳健型和激进型，按照投资行为可分为已投资型和未投资型。运营人员可以根据这一属性和行为将满足某种条件的用户群体提取出来，譬如激进但未投资型用户，然后分析这一群体的行为特征，从而优化产品，促进用户投资，或者根据其浏览的项目页面推荐用户可能会感兴趣的项目。

（三）用户分群分析模型的行业价值与真实场景

用户分群正广泛应用于各行业领域的数据分析过程。

1. 行业价值

（1）帮助企业打破“数据孤岛”并真实了解用户

用户画像是用户分群的前提，对特定属性的用户群体进行持续而深入的用户行为洞察后，该用户群体的画像变得逐渐清晰，这有利于帮助企业了解某个指标背后的用户群体所具备的特征，包括用户身份、行为特点、偏好、潜在需求和行

为喜好。

（2）定位营销目标群体，帮助企业实现精准、高效营销

清晰勾勒某特定群体在特定研究范围内的行为全貌并定义目标人群，是运营人员信息推送的前提。运营人员根据需求对特定目标人群完成精准信息推送工作，如召回流失用户、刺激用户回购等。当完成特定人群的精准信息推送工作后，可进行再分析以实时全方位查看营销效果，从而帮助企业与用户实现精准、高效的信息互通。

2. 真实场景

场景一：互联网金融行业唤醒“沉睡”用户的精准推送与效果评估

某互联网金融客户为“唤醒”2017 年 1 月注册且浏览过征信页面（通过分析发现，用户浏览征信页面后，后期的留存率较高）但未投资的用户，向该群体推送“将于 1 月 20 日起发行贺岁版理财产品，预期年化收益率高达 9.50%”的信息。为锁定目标人群，产品人员可以通过用户分群筛选营销目标群体。

完成信息推送后，运营人员可进行多维度分析，了解推送后的效果，如该互联网金融客户完成精准推送后，用户可在投资流程转化漏斗中再次查看用户转化情况，评估推送或者产品优化效果。

场景二：企业级服务（ToB）“召回”流失客户的精准推送和效果评估

以投资到期之后再次投资作为留存的标准，将某企业 7 周内用户流失情况统计出来，如下图所示。在完成筛选工作后，企业运营人员可在用户明细页面上直接对该用户群体进行定义，在此基础上完成精细化推送工作。

在该页面上，企业运营人员可以点击留存数值，即查看流失人群的详细信息，并可以直接创建用户分群将其显示名命名为“流失用户”，并推送信息，以刺激其申请产品使用。

在大数据时代，为适应不断变化的外部市场环境，提升客户黏性，企业需不断加速数字化营销转型。其中，提升营销效率、提高营销精准度是企业的首要战略目标。以上两个场景都将“以客户为中心”理念真正贯穿于精准营销的全流程，重构企业核心竞争力。

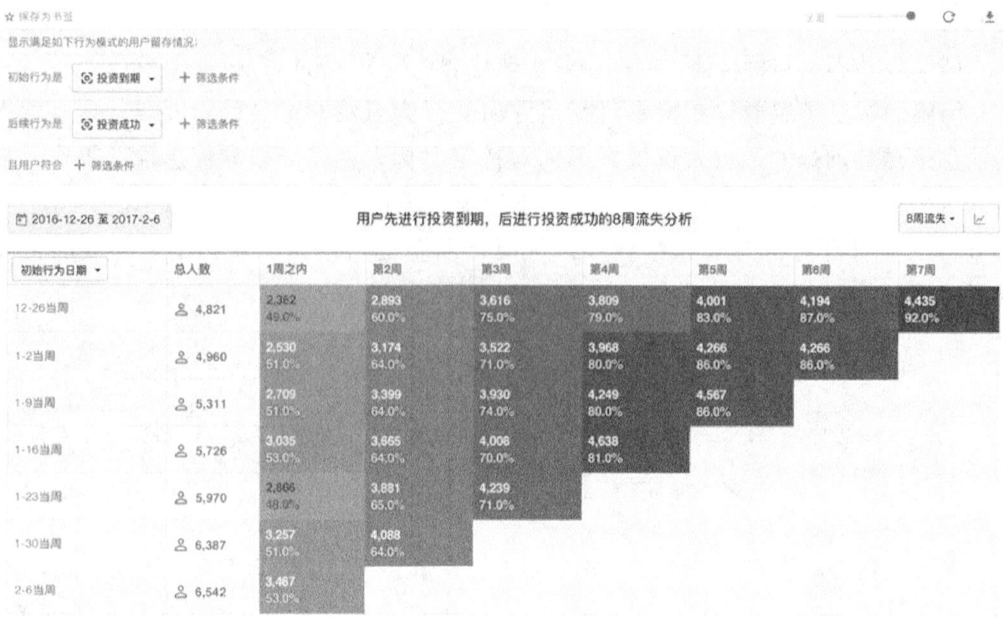

图片来源：神策数据产品。

六、点击分析模型

点击分析模型在各行业内数据分析应用较为广泛，是重要的数据分析模型之一。

（一）点击图与热力图的差异

热力图是以特殊高亮的形式显示访客热衷的页面区域和访客所在的地理区域的图示，如下图所示。同样，点击图也是特殊高亮的颜色形式的显示。不同的是，点击图是点击分析方法的效果呈现，在用户行为分析领域，点击分析被应用于显示页面或页面组（结构相同的页面，如商品详情页、官网博客等）区域中不同元素点击密度的图示，包括元素被点击的次数、占比、发生点击的用户列表、按钮的当前与历史内容等因素。

（二）点击分析模型的分析内容

点击分析模型具有高效、灵活、易用、效果直观的特点。点击分析模型采用可视化的设计思想与架构、简洁直观的操作方式，直观呈现访客热衷的区域，帮助运营人员或管理者评估网页设计的科学性。

在追求精细化网站运营的路上，企业对用户点击行为的可视化分析提出了更高的需求，理想的点击分析模型主要分析以下内容。

1. 精准评估用户与网站交互背后的深层关系

除了展示单个页面或页面组的点击图，前沿的点击分析模型应该能够支持事件

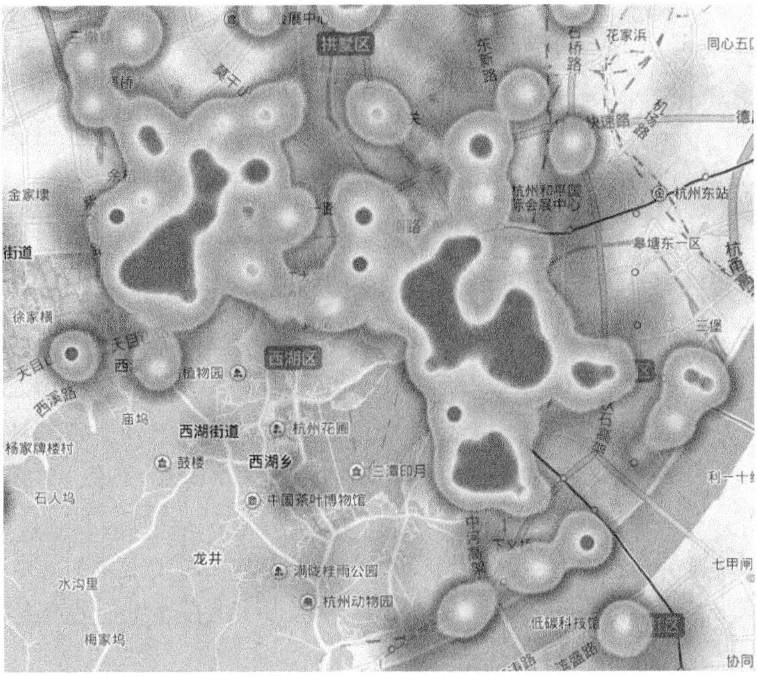

（元素）属性、用户属性的任意维度筛选下钻；运营人员可以按照事件属性和用户属性进行筛选，对特定环境下特定用户群体对特定元素的点击进行精细化分析；支持查看页面元素点击背后的用户列表，满足企业网站的精细化分析需求。

2. 实现网页内跳转点击分析，“抽丝剥茧”般完成网页深层次的点击分析

前沿的点击分析模型应支持网页内点击跳转分析——在浏览页面点击图时，使用者像访问者一样点击页面元素即可跳转至新的分析页面，且新的分析页面自动延续上一页面的筛选条件。同一筛选条件下，运营人员可“抽丝剥茧”般完成网页深层次的点击分析，操作流畅，分析流程简易、高效。

3. 与其他分析模型配合，以全面视角探索数据价值，能够深度感知用户体验，实现科学决策

无法精细化地深入分析，会让网页设计与优化丧失科学性。点击图呈现用户喜爱点击的模块或聚焦的内容，是数据价值最上层的表现。当“点击分析”与其他分析模型配合、交叉使用时，将数据和分析结果以多种形式可视化展现，运营人员即可深度感知用户体验。例如，改版后，如何评估新版本对用户体验的影响；一处修改，是否影响其他元素的点击等；再如 A/B 测试，反复验证优化效果选择最优方案等。

（三）点击分析应用场景

场景一：电商界面的优化与改进——配合实时多维分析，验证方案科学与否

以商品详情页的优化为例，电商产品人员可以根据 URL 规则建立一个页面组，并选择任意一个商品详情页作为背景展示点击情况，“点击分析”对于相同结构的网页，如商品详情页、购物页面、博客文章等，提供统一、便捷的点击分析方式。

用户通常会在页面上频繁地点击商品的图片和已购买的用户的评价，因为用户在购买前希望了解更多的商品信息，进而决定是否下单。因此，为了优化用户体验，可以做到以下几点：①要求商家发布商品时必须上传不少于 3 张照片；②所有类型的商品详情页都有已购买者的评价露出。

在商品详情页页面，用户对“我的心愿单”点击率很高，尤其是老用户点击更频繁。以此为参考，我们可以为页面改版找到一些方向，比如在合适的位置新增“加入心愿单”按钮。

改版后，产品人员再次通过点击分析工具评估效果时发现，“加入心愿单”按钮的点击率达到 30%，而“立即购买”按钮的点击率只下降了 1%。这说明这次改版对“立即购买”按钮点击率的冲击程度不大，并不会影响页面的最终转化。

“加入心愿单”是否对用户转化造成影响？产品人员可通过用户路径“加入心愿单”操作的频率和人数，或者留存率判断用户黏性的强弱变化……

改版后客户的转化率为 3.17%，可与改版前的转化率相比，若变高，则说明此次是一次比较成功的改版。如此判断“加入心愿单”是否是用户真实存在的需求，是否能对增加用户忠诚度产生贡献。

场景二：企业官网改版——筛选细分访客，页面优化有的放矢

企业官网是企业潜在客户的“指路牌”。某企业官网运营人员，根据用户的官网访问时长、用户行为路径、活跃度、注册与否等因素，将用户细分为“单纯浏览者”“信息收集者”“购买需求强烈者”三类。运营人员事先按照自定义规则，对三类访客进行用户分群。接下来，在“点击分析”功能模块中，分别筛选出三类人群，并查看其页面点击情况。下面对“单纯浏览者”和“信息收集者”进行介绍。

1.“单纯浏览者”的点击分析与优化方法

比如通过点击分析了解到近 30 天“单纯浏览者”对官网导航栏的点击情况。通过分析，若发现该用户群体对“产品介绍”“视频”点击率较高，则说明“产品介绍”“视频”是初来乍到的访问者了解企业的“窗口”，而元素内容缺少“亮点”，导致访

问者不愿意花时间停留。因此，可尝试以下两方面的优化：一方面，优化内容，让产品价值、优势、案例等内容尽可能醒目，以快速吸引浏览者注意；另一方面，在导航栏中尝试增加社交因素，如建立论坛、设立产品博客，以此增强访问者对官网的黏性，提高网站的活跃用户数量。

2. “信息收集者”的点击分析与优化方法

运营人员可以通过点击分析了解近30天内“信息收集者”对官网导航栏的点击情况，官网运营人员应该帮助该用户群体确定购买意向。例如，“信息收集者”群体对官网导航条中“文档”“博客”的兴趣很高，而对行业解决方案的点击较少。事实上，行业解决方案是该类群体值得关注的价值点，由于点击率较低，可以尝试将其调整至醒目位置，进行效果对比。

综上，点击分析模型在各行业内数据分析中应用较为广泛，是数据分析重要的分析模型。

七、间隔分析模型

在用户行为分析领域，数据分析方法的科学应用结合理论推导，能够相对完整地揭示用户行为的内在规律。间隔分析模型旨在通过事件发生间隔时间与分布态势，辅助企业实现深度多维交叉分析，进一步提升用户行为分析的精细化程度。

（一）间隔分析的概念

间隔分析模型从事件发生的时间间隔维度来探索用户行为数据价值，它能够科学地反映特定用户群体（如北京市30岁以上的女士）发生指定行为事件（如事件A到B的转化、金融用户的二次投资等）的时间间隔及数据分布情况。不同数据组的偏态分布和重尾分布可反馈用户路径过程中的应用体验，并借此评估产品设置的合理性。例如，间隔分析模型在以下场景中可广泛应用：

（1）在金融行业，为刺激新用户快速完成首投，运营人员会赠送新用户体验金。运营人员通过间隔分析模型可以了解新用户从首次注册到首次投资通常需要多久。

（2）在同城速递行业，快递上门时间长短非常影响用户体验，作为公司考核配送人员绩效的关键指标之一，企业通过间隔分析模型可以了解用户在官网发起快递请求后配送人员多久会接单。

（二）间隔分析模型的特点与价值

企业通过事件发生的时间间隔、转化时间来判断与分析用户的活跃度、用户转化等情况。间隔分析模型的特点与价值主要表现在以下方面：

1. 可视化时间间隔，六类统计值直观描绘各用户群时间间隔分布差异

神策分析的间隔分析模型以箱线图形式展示，最大值、上四分位数、中位数、下四分位数、最小值、平均值六类统计量直观描绘特定用户群体的时间间隔分布差异，数据的偏态分布与重尾分布在一定程度上反馈用户体验，从转化时间的维度暴露用户转化瓶颈，可借此评估产品设计的合理性。

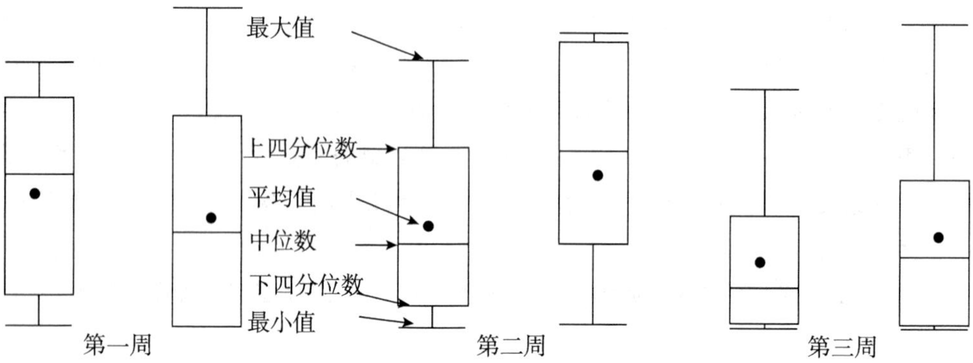

2. 依据分析需求，灵活设置用户属性与事件属性（初始行为和后续行为）

企业可以根据具体分析需求，灵活设置间隔分析的初始行为或后续行为，并根据用户属性筛选合适的分析对象。

例如，在某奢侈品电商企业，为分析高价值用户的复购频率与普通用户的区别，可将初始行为与后续行为均设为“支付订单”，并给初始行为增加“订单金额大于10000 元”的筛选条件，以此来表示高价值用户，从而得出分析结论。

3. 以全新视角探索数据价值，从转化时间窥视优化思路，促进用户快速转化

在间隔分析模型中，将初始行为、后续行为设置为相同事件或不同事件，可满足不同的数据分析需求。

例如，在金融行业，将初始事件和后续事件分别设置为“注册成功”和“投资成功”，可用于分析用户转化花费时长，侧面反映用户的转化意愿，帮助企业有针对性地优化产品体验和运营策略；在在线教育行业，若将初始事件和后续事件均设为“学生上课”，则展示学生两次上课的时间间隔，可以此作为判断学生积极性、教育平台黏性的依据等。

从时间间隔维度呈现用户转化、黏性等情况，提升了用户行为分析的精确度和效率，对用户行为操作流程的异常定位和策略调整效果验证，有科学指导意义。同时，通过判断各用户群体事件发生的时间间隔的偏态分布和重尾分布，以及数据分布的中心位置和散布范围，可为发现问题、流程优化提供线索。

（三）间隔分析模型的应用场景

间隔分析模型将帮助各行业从时间间隔维度来探索用户行为规律，更多应用场景值得摸索。下面列举一二。

1. 互联网金融场景：如何合理设置体验金的发放时间

在金融投资类产品运营过程中，为了让新用户在注册后能够快速投资，运营人员通常会通过一些激励措施来刺激投资，如发放体验金。这会涉及我们前面提到的“如何合理设置体验金的发放时间”的问题，在具体操作时，运营人员可以在间隔分析模型中将初始行为设置为“注册成功”事件，后续行为设置为“投资成功”事件，事件发生的时间间隔可以作为体验金发放时间的参考。

当然，运营人员也可以按天展示不同渠道来源的新用户首次投资成功所花费的时长，通过了解用户群体的差异，可让运营更为精细。另外，不同渠道来源的用户表现也成为渠道投放判断的重要依据。

2. 视频网站场景：用户多久完成一次视频播放

内容是短视频 App 提供给用户的核心价值，可通过“用户完整看过一个短视频”来衡量用户是否感受到视频平台的价值。该场景中选择新用户从“启动 App ”到“完成播放”所花费的时长情况作为分析对象。如果用户普遍需要较长的时间才能完成转化，说明用户需要付出的视频筛选的成本较高，则应将新用户从“启动 App ”到“完成播放”的时间间隔作为优化目标。

（四）间隔分析模型与其他分析模型的配合

间隔分析模型是多种数据分析模型之一，与其他数据分析模型存在无法割裂的关系。从用户转化角度来说，用户转化过程受很多因素影响，间隔分析模型通常反映业务情况，转化时间间隔只是分析用户转化的单一维度，只有与其他分析模型配合，运营人员才能清晰地看到用户行为特点和背后动机。

虽然在多数情况下时间间隔并不能作为优化的指标，但是它与其他分析模型的配合可以帮助我们发现更多可能存在的问题。例如，从“提交订单”到“支付订单”间隔时长中位数是 5 分钟，说明一半的用户支付订单需要花费 5 分钟以上。这时应该思考其中可能存在的问题：是支付功能的漏洞，还是其他问题导致支付失败？定位问题需要结合事件分析、漏斗分析等分析模型定位问题。

总之，只有将各数据分析模型实现科学运用和配合，才能够正确揭示用户个人或群体行为的内部规律，并据此做出理论推导，不断在工作实践中优化商业决策和产品质量。

【综合练习】

一、单项选择题

1. 电商客服人员所应具备的专业知识不包括（　　）。

A. 商品专业知识　　B. 网站交易规则　　C. 采购流程　　D. 物流知识

2. 劝说客户的技巧中，如果想方设法调节谈话的气氛，可以采取（　　）的策略。

A. 调节气氛，以退为进　　B. 争取同情，以弱克强

C. 心灵互动，消除防范　　D. 角色互换，以情感化

3. 在了解客户需求的情况下，尽最大努力帮助客户解决疑虑，然后阐述产品，是属于应对（　　）类型的买家。

A. 新手型买家　　B. 讨价还价型买家

C. 犹豫型买家　　D. 急躁型买家

4. 在淘宝网买东西，买家要求退货，以下（　　）不是通常出现的情况。

A. 产品有缺陷，有质量问题

B. 产品本身质量完好，但是产品过时，顾客后来反悔了

C. 在质量保证期或维修期内被退回，要求更换或者维修

D. 报复卖家

5. （　　）用来研究某行为事件的发生对企业组织价值的影响以及影响程度。

A. 行为事件分析模型　　B. 用户留存分析模型

C. 漏斗分析模型　　D. 点击分析模型

6. （　　）是一套流程式数据分析模型，能够科学反映用户行为状态以及从起点到终点各阶段用户转化率情况。

A. 行为事件分析模型　　B. 用户留存分析模型

C. 漏斗分析模型　　D. 点击分析模型

7. （　　）是进行用户画像的关键数据分析模型，这是企业进行数据分析、精细化运营的第一步。

A. 用户市场信息收集　　B. 用户分群数据分析方法

C. 运营实时数据　　D. 平台数据收集

8. （　　）具有高效、灵活、易用、效果直观的特点。

A. 行为事件分析模型　　B. 用户留存分析模型

C. 漏斗分析模型　　D. 点击分析模型

9. 网络沟通是（　　），营销者和消费者可基于互联网交互。

A. 双向互动的　　B. 单向的　　C. 多维度的　　D. 及时性的

10. 以专业的言语、专业的知识、专业的技能，消除顾客疑虑，让顾客感觉客服人员是专家，并感受到上帝般的舒服。这是属于（　　）电子商务客服的岗位职责。

A. 反应及时　　B. 热情亲切　　C. 了解需求　　D. 专业销售

二、多项选择题

1. 网络沟通的特点包括（　　）。

A. 便利性　　B. 低成本　　C. 双向互动　　D. 随时随地

2. 漏斗分析模型已经广泛应用于（　　）等日常数据运营与数据分析的工作。

A. 流量监控　　B. 实时数据　　C. 总计查询　　D. 产品目标转化

3. 电话回访的最佳时机就是估算买家大概的收货时间，这时回访的好处有（　　）。

A. 让买家觉得在关心他，若是没有收到货最好及时为他查询

B. 形成再次购买

C. 有利于买家及时做出好评

D. 更好地为买家提供售后服务

4. 一般差评有如下几种情况：（　　）。

A. 心急的买家抱怨物流速度慢　　B. 对客服人员的服务态度不满意

C. 买家对产品的质量和性能不满意　　D. 买家恶意评论

5. 为避免买家退货，以下属于应对措施的是（　　）。

A. 拒绝退货制度　　B. 制定合理的退货制度　　C. 加强验货　　D. 少进勤添

6. 留存分析模型的特点与价值有（　　）。

A. 基本没有价值

B. 是作图计算的重要分析模型

C. 留存率是判断产品价值最重要的标准，揭示了产品保留用户的能力

D. 宏观上把握用户生命周期长度以及定位产品可改善之处

7. 漏斗分析模型的特点与价值有（　　）。

A. 企业可以监控用户在各个层级的转化情况，聚焦用户选购全流程中最有效转化路径，同时找到可优化的短板，提升用户体验

B. 是筛选分析的重要模型

C. 多维度切分与呈现用户转化情况，成单瓶颈无处遁形

D. 不同属性的用户群体漏斗比较，从差异角度窥视优化思路

8. 用户路径分析模型的价值有（　　）。

A. 可以深层次地分析用户的特点

B. 可视化用户流，全面了解用户整体行为路径

C. 定位影响转化的主次因素，产品设计的优化与改进有的放矢

D. 精确定位用户所在位置

9. 用户分群数据分析方法是进行用户画像的关键数据分析模型，这是企业进行（　　）

的第一步。

A. 用户管理　　B. 数据分析

C. 用户肖像管理　　D. 精细化运营

三、名词解释

1. 留存分析

2. 点击分析

3. 间隔分析

四、简答题

1. 网络沟通的特点是什么?

2. 电商客服人员的素质要求有哪些?

3. 如何巧妙处理退换货和冲突?

4. 如何与买家沟通?

五、论述题

1. 应对买家讨价还价的技巧有哪些?

2. 应如何对待客户差评?

第六章　电商团队运营

【学习目标】通过对该章的学习，学生应了解团队建设的含义、选择团队成员的基本标准、团队管理的含义和必要性、团队文化的含义和特点，熟悉电商人才的基本素质要求、团队管理的基本方法，掌握电商团队组织架构的搭建方法、团队文化打造的基本方法。

【关键词】团队架构；团队管理；团队文化；KPI；RACI；GROW

第一节　组建团队

一、团队和团队建设的含义

（一）团队

管理学上关于团队的定义有很多种，目前被广泛认同并最具有代表性的是乔恩·R.卡曾巴赫在他的著作《团队的智慧》中对团队的定义。卡曾巴赫认为，团队是由少数技能互补、愿意为了共同的目的和业绩目标而相互承担责任的人们组成的群体。团队的核心是共同奉献，这种奉献需要一个每一个队员都能够为之信服、切实可行而又具有挑战意义的目标，以激发团队成员的动力和奉献精神。团队的精髓是共同承诺，这种承诺就是团队成员共同承担团队建设的责任，做出这份承诺，就代表着团队成员会齐心协力，共同战斗，努力成为一个强有力的团队。

（二）团队建设

团队建设是指企业在管理中有计划、有目的地组织团队，并对其团队成员进行训练的活动。团队的发展主要取决于团队建设，团队建设是团队发展的根本保障。在团队建设中，企业会根据需要，合理利用团队里的每一个成员的知识和技能特点，使团队成员协同工作、取长补短，力求达到最优配置，以解决工作中遇到的各种问题，达到企业发展的共同目标。团队建设的目的就是实现团队绩效及产出最大化，企业会因此进行一系列结构设计优化和组织激励等。

二、选择团队成员的标准

几乎所有的电商企业都面临着组建团队的问题，组建团队首先要找对人，这不仅要花费时间和精力，还需要运用合适的方法去吸引人、选人和用人。团队管理者在选人时可以从下面几个方面入手：

（一）“最适合”是最高标准

对于一个团队而言，最好的人才就是最适合团队发展的人才。要决定找什么样的人，首先要看团队到底需要什么样的人，只有在确定需求之后，才能更精确地、有针对性地选人。电商企业的需求在不同发展阶段是不一样的，不同部门的需求也有差异，从这个角度来说，企业对人才的需求应该是自下而上的。

（二）资源整合，抓住重点

人才通常是“抱团”成长的，从社会需求来看，电子商务人才主要分布在 3 个领域，即信息技术领域、信息服务领域和传统企业领域。

信息技术领域的电子商务人才是指专门从事与电子商务应用有关的系统软件开发的人才，如 IT 企业中专门提供电子商务解决方案的人才。

信息服务领域的电子商务人才是专门从事公共信息网络（如互联网）经营服务的专业技术人才。他们一般服务于新兴网络企业，如门户网站、虚拟商场、虚拟交易所等。

传统企业领域的电子商务人才是指在传统企业中实施信息化改造，管理并负责公司产品和服务，进行线上销售、推广的人才。

电商企业在选人时应该重点从以上 3 个领域选人，而不是大海捞针式地找人，有针对性地选人会事半功倍。

（三）注重互联网领域的“怪才”

没有特别的才能，就不会有特别的发现；没有个性鲜明的人才，就不会产生独具特色的产品。个性鲜明的人往往是具有特殊才能的人，他们常常包含着一般人所不具备的能量，孕育着超常的构思，充满创造性。互联网领域“怪才”频出，电商人才最重要的就是要富有创新精神，敢于创新，善于创新。这里的“怪”是指个性和行为方式独特，与众不同，这些“怪才”在某个独特的方面有着常人难以比拟的优势，能够在特定领域做出无人能及的贡献。

（四）薪酬“组合拳”

高薪酬、高福利是吸引电商企业人才的主要手段之一，但是，在目前这个薪酬普遍提高的大背景下，单纯地提高薪资待遇无法获得更强的竞争力。高报酬不完全等于重金、高薪，很多人才更看重的是企业的升值空间和成长机会。

三、电商人才的素质要求

一般来说，电商人才既是专业人才，也是高端人才，其素质要求可以分为具有明确标准的部分和没有明确标准的部分。

（一）具有明确标准的部分

无论哪个行业，都会对进入这个行业的人有一些基本的标准和要求。这些基本的标准和要求包括职业素养要求、能力要求和知识要求。

1. 职业素养要求

（1）严格遵守国家法律法规，具有较高的网络文化素养和网络行为文明素养，具备跨境电子商务相关的诚信和信用素养、信息安全和保密素养。

（2）具备良好的道德素养、人文素养、科学素养，具备较高的网络沟通素质。

（3）具备良好的人际沟通素质和团队合作精神。

2. 能力要求

（1）具有熟练操作办公软件以及外语听说读写的能力。

（2）具有以互联网思维来处理互联网商务活动的能力。

（3）具有较强的业务操作能力和市场开拓能力。

（4）具有较强的商务数据分析能力。

（5）具有从事国际企业经营的跨文化管理和沟通能力。

（6）具有利用创造性思维开展科学研究的能力，以及基于多学科知识的创新和创业能力。

（7）具有电子商务项目的评价能力。

（8）具有电子商务系统安全管理的能力。

（9）具有产品销售与公共关系处理能力。

（10）具有市场营销项目的策划、实施和管理能力。

3. 知识要求

（1）掌握现代管理、网络经济和信息技术相关的基本理论和专业知识。

（2）掌握电子商务基本理论和方法，了解电商的新型产业和相关动态。

（3）熟悉我国电子商务、对外贸易的方针政策和法规，了解各国法律、惯例和准则。

（4）了解全球主要国家的经济发展情况、风俗和消费习惯。

（5）掌握电子商务企业相关知识，注重技术创新，把握商业创新动态。

作为一名电商人才，必须符合以上这些要求，否则很难开展工作。因此，电商团队在招揽人才时，必须从总体上判断对方是否符合以上要求。

（二）没有明确标准的部分

没有明确标准的部分，常常是指一个人内在的、专业领域之外的部分，比如做事情的热情、意愿，这是一个人内在的东西，也是一切优秀人才所具备的共性。

另外，选人一定要选择价值观趋同的人。只有在价值观趋同的基础上，创业伙伴才可以在碰到内外部阻力时共同解决问题，而不是意见不统一、团队内部分裂。包括创始人在内，团队内每一个角色最好能和别人形成互补。

因此，激情、意愿、人生观、价值观等人类内心的各种特征就成了衡量电商人才是否合格的重要标准，而这个标准往往是无法量化的，无法用明确的数据来表示，因此这是一种看似没有却又高于普通标准的标准。

四、打造自己的人才专属渠道

各个电商企业都在寻找更合适的人才需求解决方案，除了内部培养，目前大多数企业仍然倾向于外部招聘，但是从长期发展来看，这种模式不能解决根本问题，因为电商人才是典型的小众群体，通过大众渠道或传统渠道寻找犹如大海捞针，最有效的办法就是企业打造自己的人才专属渠道，或与专业机构合作，或自行培养，有针对性、有目的地对人才进行筛选。

（一）网络招聘

网络招聘又称为电子招聘，它是指通过互联网完成人员招聘的过程，它主要依靠企业自建网站、第三方招聘网站、简历数据库以及搜索引擎等展开。

网络招聘主要有两种方式：一种是企业发布招聘信息，如在自建网站上发布信息，吸引人才来应聘；另一种是企业注册成为某招聘网站会员，去收集求职者的资料，主动与对方取得联系。

网络招聘的优点：针对性强、筛选功能强、时效性强、覆盖面广和成本低廉。

网络招聘的缺点：真伪难以有效甄别。

网络招聘已经成为电商企业招聘的主要途径，再加上电商企业在互联网方面具有得天独厚的优势，完全可以多运用这种招聘方式。目前，大多数招聘平台、机构也开始向多元化发展。智联招聘、猎聘网等不仅为客户提供传统的招聘服务，还提供猎头、培训、派遣、外包、学历认证、政策咨询等多项服务，从各个角度满足企业和人才的需求。

（二）与专业机构合作

这种方式的最大优势就是方便快捷，企业可享受到专业机构提供的相对完善的服务，可通过权威渠道发布信息，与应聘者建立相互信任的关系。同时，专业机构是专业人才的聚集地，便于企业大批量地吸引高素质人才。

例如，电商之家是国内首家专注于电子商务行业的人力资源服务商，随着电子商务的发展，传统企业将会成为未来参与电子商务的主流，而决定电子商务发展最核心的因素是人才。据 2019 年相关数据显示，中国电子商务人才缺口达 450 万人，并以每年 30% 的增速扩大，类似电商之家这样的服务商如雨后春笋般出现，并积累了宝贵的人力资源经验和优秀的电子商务客户。

（三）社交招聘

随着移动互联网的普及，逐渐出现了一种新的招聘方式——社交招聘。社交招聘就是在社交网络上开展的招聘。在社交招聘中，招聘方和求职者进行多角度的互动，更有利于双方的需求达成一致，而不是简单地匹配“职位”与“简历”。

目前的社交招聘平台以商务社交网站为主，如人和网、天际网、红桃网等，而且这些网站都有 App。与此同时，赶集网、百姓网、58 同城也在抢夺市场份额，其主要定位是中低端岗位。

再如，有些企业开始利用微信公众号招聘。微信公众号最大的好处就是它可以把同类人才汇集在一起，而且企业与人才能产生更直接的互动，这对于电商企业而言是非常有利的。

（四）与现场招聘结合

网络招聘也有自身的弊端，如信息量大，发布的信息很容易被湮没，企业难以与应聘者及时沟通等，这会在一定程度上影响招聘质量，因此网络招聘不能替代面对面的现场招聘。这就需要电商企业在招聘时善于运用现场招聘。例如，不少企业都打出大幅广告，并在招聘海报上贴出自己的微信二维码，有些招聘组织方专门设立二维码专区，集中展示。

（五）校企合作

目前，很多电商企业为了解决人才需求问题和高校合作，招聘实习生，解决人力资源不足的问题，也为其干部储备提供来源。目前很多电商企业和高校采用“订单班”的形式，较早介入人才培养，让学生在校期间就开始接触企业文化，把业务培训提前化，缩短员工培训和磨合的时间，而且能更大范围地筛选人才。高校通过校企合作解决了实践教学和创业教学等问题，双方一拍即合，所以现在很多电商企业通过校企合作的方式解决人才需求问题。

五、电商团队组织架构

（一）电商团队常见的组织架构

1. 组织架构的含义

组织架构是指企业、组织或团队的整体结构形式，具体是指企业、组织或团队在管理要求、管控定位、管理模式以及业务需求等诸多因素的影响下，根据内部资源、业务流程等划分的职能部门。

电商团队要想长久发展并在激烈的竞争中站稳脚跟，必须有一个与团队发展相符合的组织架构。

2. 电商团队组织架构的分类

电商企业常见的组织架构有两种形式，即直线式和矩阵式。从部门来看，标准配置的电商团队一般有 4 个部门，分别是运营部、设计部、客服部和物流部，但是这 4 个部门一般不会同时存在，具体到某家企业、某个组织又不会完全相同，一般与企业性质、业务模式有关。从总体上说，电商团队又可以分为两大类：一类是纯电商团队，如阿里巴巴、京东、苏宁、亚马逊等，另一类是传统企业电商团队。

（1）纯电商团队组织架构

纯电商团队一般设置 5 个部门，分别是销售部、客服部、仓储部、设计部和财务部，如下表所示。

部门	职能和任务
销售部	（1）制订整个团队的销售计划以及具体实施办法； （2）定期策划必要的销售活动； （3）负责商品广告的管理和维护； （4）负责商品的推广合作； （5）分析销售数据，为进货、销售提供决策依据
客服部	（1）使用阿里旺旺、QQ 等聊天软件，引导客户购买，达成交易； （2）详细解答客户疑问，及时解决客户反馈的问题； （3）根据常用物流合作单位配送价格、配送范围和运作流程，负责对外沟通； （4）实时了解商城的各种促销活动，协同销售部改进促销活动和推广方案； （5）实时回访老客户，传达商场最新的促销信息，促成二次订单
仓储部	（1）进行年度、季度管理、规划和监督，对库存商品进行调拨、在线管理（订单系统、各平台系统）； （2）实时关注订单情况，确认订单信息，统筹备货，妥善包装，及时发货； （3）实时登记商品入库、出库信息，统计库存商品并报送售前客服； （4）实时跟踪物流行程，发货前通知客户，发货中向客户反馈商品物流行程

续　表

部门	职能和任务
设计部	（1）负责商品的拍摄工作； （2）负责商品的上架销售工作； （3）负责店铺整体装修设计； （4）负责商品详情页设计； （5）负责广告设计
财务部	（1）负责团队账户收支； （2）掌握团队的各项收费规则； （3）负责职员工资结算

（2）传统企业电商团队组织架构

传统企业在电商化过程中往往会成立独立的电商团队，但在组织架构上往往带有明显的传统色彩，即带有中央集权和部门分权的色彩。不过在电商团队中，这种色彩大大淡化了，只保留了模式，以某传统企业电商团队为例，其组织架构如下图所示。

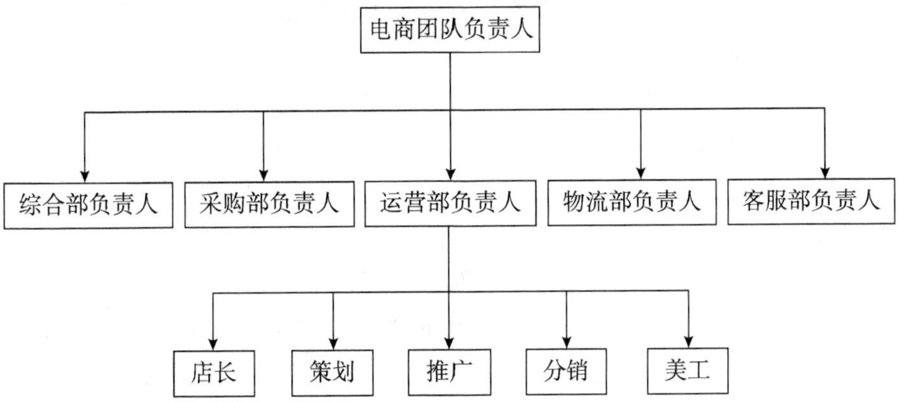

从图中我们可以看出，传统企业电商团队组织架构大致可以分成三层：最高层是电商团队负责人；中间层是与最高层有直接隶属关系的各部门负责人；基层是团队员工，直接向各部门负责人汇报。

①电商团队负责人。电商团队负责人是整个电商团队的最高领导，全面负责团队的日常管理和运作。这类岗位的任职要求往往较高。电商团队负责人既要有一定的领导才能，又要熟悉企业的产品特点，精通各个网络平台的操作手法、市场运行规律、渠道营销特点。

②部门负责人。部门负责人可以理解为团队负责人的助手，主要是在团队负责人的统一管理下，负责部门工作的管理。这要求部门负责人有一定的资历，对企业组织架构和各部门运作流程较熟悉，能够帮助电商团队负责人协调企业的内外部资源，起到承上启下的作用，既能站在企业的高度提出合理建议，又能根据实际需求进行资源整合。

③团队员工。这些人员包括除了电商团队负责人和部门负责人之外的所有人，如

运营、推广、美工、客服等。他们是整个团队中具体执行策略和制度的人，配合仓储、采购、财务等各部门完成具体工作，推动整个团队的供应链电子化管理，实现线上线下的销售。

（二）电商团队组织架构的特点

电商团队的组织架构一般有以下几个特点。

1. 工作流程互联网化

这是很多传统企业转型为互联网企业的第一步，即利用互联网这个强大的工具进行管理。因为如今的互联网工具，尤其是社交工具，不仅能让人与人更深入地交流和互动，也能让整个企业的效率随之提升。例如，很多时候大家都在微信群里开会，很多领导利用微信定位功能检查下属的工作情况等。现在还有很多快速消费品企业，线下有数万名职员，如果能把这部分人群在互联网上组织起来，将会大大提高效率，为企业带来效益。另外，还有某些化妆品电商团队，没有层级，没有代理，而是 200 个微信客服（是在公司上班的员工）用微信上班，将呼叫中心模式转为微商模式，即用微信取代呼叫中心，让原来的企业和客户之间的互动变成了人与人之间的互动。这个时候，客户面对的不再是冷冰冰的公司，而是有温度的人，“弱互动”变成了“强互动”。这种模式最好采用“80% 的老员工 +20% 的电商专业人员”的方式，决定其运行效果的关键在于员工对产品的理解以及对企业内部组织架构的了解程度。

2. 产品销售互联网化

把产品放在互联网上销售，已经是大部分电商企业都在做的事情。然而，有数据表明，有一部分卖家不赚钱，主要的问题就是渠道过于单一。要解决这个问题，就要搞清楚客户在哪里，由此可见，电商团队要根据自身需求选择平台，不仅要有天猫、淘宝、京东平台，还要有跨境电商平台，还要做软文营销、微博微信推广、视频营销等，常见的营销平台具体见下表。

电商平台	淘宝、天猫、京东、亚马逊、酒仙网、蘑菇街、唯品会、速卖通、敦煌、阿里巴巴国际站
百度系	百度竞价、百度百科、百度地图、百度文库、百度图片、百度知道、百度贴吧
官网站群	行业网站、公司官网
论坛系	天涯、虎扑、阿里巴巴、A5 站长论坛
视频系	标题（含关键词）、原创视频、评论（内容）、转载（投票）
新闻系	楚星软文商城、发布同行出现平台
社交系	新浪微博、独立博客、QQ 空间
问答平台	知乎、搜搜问问、雅虎知识堂
行业平台	世界工厂网、一呼百应网、豆瓣网，其他分类信息网站、专业行业网站

3. 商业模式互联网化

（1）营销模式互联网化

用互联网技术来发现需求，降低沟通成本。例如，美乐通过 O2O 不断提升用户体验来增强用户黏性，实现线上线下的有机融合。

（2）产品模式互联网化

用互联网技术来优化流程、提高效率。用互联网研发产品的模式来改进生产环节，尽快将产品投入市场，让用户参与产品试验，并根据用户的反馈进行改进，将用户反馈融入纠错机制，形成内部创新的标准化体系，加快产品的更新周期，实现产品快速迭代。

（3）管理模式互联网化

用互联网思维武装全体人员，用互联网精神来改造企业的经营管理和产业的上下游价值链。"平等、开放、协作、分享"既是互联网精神，也是传统企业互联网化的基础，甚至可以说是衡量一个企业互联网化水平的重要指标。

（4）经营模式互联网化

用互联网模式开辟新业务，整合内外资源，重构整个商业价值链，针对现有业务进行内部"赛马"和自我革命或跨界颠覆。例如，腾讯用微信"攻击"QQ，阿里巴巴让淘宝无线开放平台，和淘宝形成竞争。

六、电商团队运营模式

（一）B2C（Business To Customer）

B2C 是企业对个人的一种运营模式。这是我国较多电商企业采用的一种运营模式，主要是借助互联网开展经营，一般以网络零售业为主，如京东、亚马逊、1 号店等。企业通过互联网平台为消费者提供一个消费媒介（网上商店），消费者通过网络在该平台上购物、消费，并完成支付。B2C 平台有五大服务模块：商品展示模块、购物车模块、会员管理模块、物流管理模块和积分促销模块。

（二）C2C（Customer To Customer）

C2C 是个人对个人的运营模式。例如，一位消费者有一台计算机，他通过网络将计算机出售给另一位消费者，这就是 C2C。这类运营模式最具有代表性的是淘宝网。在我国 C2C 市场，淘宝网的市场份额超过 58%。C2C 平台主要有七大服务模块：商品展示模块、购物车模块、店铺管理模块、个人店铺认证管理模块、个人店铺展示模块、广告管理模块和信息发布模块。

（三）O2O（Online To Offline）

在 B2C、C2C 等电商运营模式发展的同时，一种综合性的模式也出现了，就是

O2O，O2O 的全称是“Online To Offline”，即线上到线下。这类运营模式思路很简单，商家通过免费开店，将企业信息、商品信息等展示给消费者，消费者在线上筛选商品并支付，在线下进行消费验证和消费体验。O2O 模式的特点是商家和消费者之间双向传递，双方通过 O2O 模式满足自身的需要。O2O 既有利于商家更快、更远、更广地进行信息传播，快速聚集强大的消费能力，又能极大满足消费者个性化的需求。

第二节　团队管理

一、团队管理的原理

团队是指由两个以上具备互补知识与技能的人组成的、具有共同目标和具体的、可衡量的绩效目标的群体，团队成员为达到共同的团队目标相互负责、彼此信赖。这个概念中包含了 4 个方面：共同的目标、成员之间的相互信任、团队情感上的归属和目标上的认同意识、强烈的责任心。团队目标是构成和维持团队的基本条件，也是团队的关键特征。优秀的团队包含 5 个要素，简称“5P”，即目标（Purpose）、定位（Place）、职权（Power）、计划（Plan）、人员（People），这 5 个方面协调一致，团结协作，最后达成目标。

团队一般可分为两类：一类是“项目团队”，成员主要是来自公司各部门的专业人员，为完成某一特定项目而组织在一起，他们要解决的项目可能是某一个技术改进小项目，也可能是提升企业综合竞争力的大项目，通常项目完成后团队即宣告解散；另一类是“工作团队”，其中又包括“高效团队”和“自我管理团队”，这些团队通常是长期性的，主要从事日常经营工作。

二、团队管理的必要性

20 世纪 60—70 年代，日本创造了经济腾飞的奇迹，以美国为首的西方国家的学者认为其成功的关键不在于员工个人能力的卓越，而在于无所不在的“团队精神”。我国传统文化很注重“人和”的重要性，团队精神对我国现代企业实现经营管理目标具有很强的重要性。

联想、海尔、宝钢等企业的成功也归功于团队建设所发挥的作用。经济全球化的压力以及竞争激烈的市场环境，要求并促使企业不断对低效的经营管理方式进行重大改进，加快企业对外部市场环境的反应速度，把拥有专业知识、技能，具有强烈的成功愿望、创新意识和合作精神的员工组成高效团队。

（一）团队管理可以产生大于个人绩效之和的群体绩效

团体与个人的关系就如同整体与部分的关系，团队模式使组织结构大大简化，领导和团队、团队和团队以及团队内部成员之间的关系变成相互信任和合作的伙伴式关系。建立在志同道合基础上的团队可以起到功能互补的作用，促进团队进行科学、合理的决策，从而产生比个体绩效简单相加高得多的群体绩效。

（二）团队管理可以提高团队的灵活性和竞争力

团队的共同价值取向和良好的文化氛围，使团队能更好地适应日益激烈的竞争环境，以其敏捷、柔性的优势，提高应变能力和创新能力，提高灵活性和竞争力。企业的生存权是在竞争中得来的，企业的发展权却是通过合作实现的。企业只有先把自己的“眼界”扩大，才能够做强，在竞争的市场环境中尽可能多地寻找、创造合作与双赢的机会。

（三）团队管理可以提高团队的凝聚力

随着改革开放的不断深入，人们的物质文化生活水平也在不断地提高，人们的思想得到了极大的解放，人们已经不再满足于别人对自己的控制和管理，人们不仅把工作当作一种谋生的手段，更希望在工作中找到人生的乐趣，实现自我价值和自我发展。团队强调沟通协调，成员之间相互信任、坦诚沟通，人际关系和谐，这样可以提高员工的归属感和自豪感，增强团队内部的凝聚力，有利于激发员工的工作积极性和创造性。团队内部的凝聚力是竞争力的根本和基础，是对外竞争的前提。

（四）团队管理可以持续提升团队成员的效率和积极性

为员工提供完整的员工培训，对员工进行工作扩大化训练，使员工持续学习完成团队目标所需要的知识与技能，能够使团队成员迅速进步，从而带来团队工作效率的成倍提高。同时，团队在文化氛围上既应强调团队精神，也应鼓励个人的完善与发展，从而激发个人的积极性、主动性和创造性，使员工从机器的附属中摆脱出来，充分体现了人本管理的思想。

三、团队管理的对策

如何取得团队的高绩效，本书认为应重点关注并实施以下几个方面。

（一）组建高素质的团队

组建高素质团队应按照团队目标、团队关系、团队规范、团队领导这4个方面来进行。

第一，团队目标。团队的领导者要运用领导力去促使团队成员的目标趋于一致，让一群人从一盘散沙，逐渐变成具有战斗力的团队。因此，建立团队的首要因素便是确立团队的共同愿景与目标。

第二，团队关系。团队需要和谐的人际关系，需要团队领导者创造环境与机会，让团队成员之间完成从生疏到熟悉，从防备到开放，从排斥到接纳，从怀疑到信任的转变。团队关系越牢固、密切，组织内耗越小，团队效能就越大。

第三，团队规范。没有规矩不成方圆，制定规范较易，遵从规范则较难。团队领导者必须有能力建立合理、有利于组织的规范，并且促使团队成员认同规范，遵从规范。

第四，团队领导。优秀领导是决定团队成功的关键因素之一，所以团队领导必须具备较强的领导力。领导力是指领导在动态环境中，运用各种方法，促使团队目标达成，建立良好的团队关系，以及制定团队规范的能力。

（二）培育团队精神

团队精神是团队成员为了实现团队利益与目标而相互协作、尽心尽力的意愿与作风。团队精神是高效团队的灵魂，能够把团队成员的技能、积极性、创造性指向企业同一目标。

一般意义上讲，团队精神主要包含3个层面的内容：

1. 团队的凝聚力

这是针对团队与其成员之间的关系而言的。在一支优秀的团队中，每个团队成员都能感受到自己是团队中的一分子，并且由衷地把自己的前途与团队的命运联系在一起，为团队的成功感到骄傲，对团队的困境表现出忧虑，愿意为团队的利益与目标尽心尽力。可以从以下几个方面来提高团队凝聚力：

第一，为团队成员规划一个共同的愿景。企业应该依靠文化建设将员工的价值观和企业的核心价值观统一起来，激发员工的积极性。

第二，提高团队的核心力量。一位优秀的领导能成就一支完美的团队，与其说一支团队能够团结在某位领导身边，不如说这支团队是齐聚在领导的某种人格魅力麾下。团队领导应把管理的目光投向自己，不停歇地规范、完善和超越自己，树表率，立威信。

第三，为团队创造可持续发展的环境。团队在追求自身可持续发展的同时，也要兼顾成员的可持续发展，为成员提供一套完善的激励培训机制，帮助成员实现自我成长，培养成员的归属感、使命感，从而让成员实现价值追求。

第四，深化团队内部分工，对标外部强敌。理智的团队领导，必须要使成员清楚：真正的竞争来自外部，成员应该加强危机意识。同时，企业要建立一整套公正合理的考核体系，建立平等、合作的理念，建设一支默契团队。

第五，保持团队的“清洁”。我们常常看到一些“团队垃圾现象”。任何团队都无法保证永远只吸纳德才兼备者，“垃圾”的滋生不可避免，而能否迅速地清除“垃圾”就成了团队成败的重要因素。对待个人主义至上者、拥有消极思想者，可及时警告，加以引导，仍不能促其矫正的，则予以淘汰。

2. 团队的合作意识

良好的合作氛围是高绩效团队的基础，没有合作就无法取得优秀的业绩。“众人拾柴火焰高”的精髓就是“合作”。因此，我们在组建高效团队时，要着力培养团队成员的合作意识。

一是要在团队内部积极营造融洽的合作气氛。团队合作受到团队目标和团队所属环境的影响，只有团队成员都具有与实现目标相关的知识技能及与他人合作的意愿，团队合作才有可能成功。

二是团队领导者要带头鼓励合作。成功的领导者总是力求通过合作使团队成员消除分歧，达成共识，建立一种互信的领导模式。

三是要制定规则，确定合作的规范。一个团队中如果总是有一些人不劳而获，那么这种情形下就没有合作的可能。要想有效地推动合作，领导者必须制定一个成员普遍认同的合作规范，按照一种公平的管理原则做事。

四是建立长久的互动关系。领导者要持续创造一些机会让团队成员融为一体，比如举行培训、竞赛、户外拓展、团队会议等活动。

五是强调长远的利益。领导者要使团队成员拥有共同的愿景，让大家相信团队可以实现目标，这样团队成员就会少计较眼前的一些得失，从而主动开展合作。

3. 团队的士气

团队的士气是团队成员对团队事务态度的体现。拿破仑曾说过：“一支军队的实力四分之三靠的是士气。”它的含义可以延伸到现代企业管理中，团队成员为团队目标而奋斗的精神状态对团队的业绩非常重要。因此，我们在塑造团队精神和具体管理实践中，为发挥士气的正面效应，回避其不良影响，应多留意影响士气的诸多因素。

一是团队成员对团队目标认同与否，如果团队成员认同、拥护团队目标，并认为自己的要求和愿望在团队目标中有所体现，那么团队的士气就会高涨。

二是利益分配是否合理。每位员工进行工作都与物质的或精神的利益有关系，只有在公平、合理、同工同酬和公平考核的情形下，人们的积极性才会提高，士气才会高昂。

三是团队成员对工作所产生的满足感。员工对工作热爱、有兴趣，工作内容也适合个人的能力和特长，团队士气就高，因此，团队的管理者应该根据员工的智力、才能、兴趣等因素来安排工作。

四是优秀的领导者。领导者作风民主，广开言路，乐于接纳意见，办事公道，遇事能与大家商量，善于体谅和关怀下属，这时团队士气往往高昂，而独断专行、压抑成员想法和意见的领导者就会降低团队成员的士气。

五是团队内部的和谐程度。团队内部人际关系和谐，凝聚力就会很强。

六是要进行良好的信息沟通。如果上下级之间、同事之间的沟通受阻，员工或团队成员就会出现不满的情绪。

（三）加强团队的有效沟通

企业管理者的工作成效与能否同下属进行有效沟通具有很大关系。所谓“财富是谈出来的”，不仅表现为企业内部的沟通还表现为企业对外的沟通。沟通成功与否决定了企业能否取得成就。联想创始人柳传志要求其接班人必备的条件之一是具备沟通能力。在现代企业管理中，如何沟通是一门学问。

企业管理者，要尽可能地与员工们进行交流，促进与员工的相互了解，明确责权赏罚；而平级之间及下属与上级之间的沟通则有利于消除彼此之间的误解，或者了解彼此的真实意图，使团队在工作中发挥出更大的效能。

可是，怎样进行有效沟通呢？“1、2、3、4、5”法则，即1个目标、2个重点、3个前提、4种方法、5个步骤，可以指导我们进行有效的沟通。

1. 1个目标

团队建设始终是围绕外部竞争力和内部凝聚力展开的，团队沟通的目标就是提高团队的这“两种能力”，尤其是内部凝聚力。对于团队来说，团队成员之间要明确沟通的目的，目标管理是促进有效沟通的一种办法。通过沟通，团队成员们对于团队目标理解越深，对企业也就越关心。一旦他们开始关心企业，他们就会产生数倍的热情和积极性，形成势不可当的力量，这正是沟通的目的。

2. 2个重点

团队沟通的重点是团队内部和团队外部。团队内部围绕团队共同目标以及阶段目标，通过沟通达到统一思想、统一认识、统一行为的目的，包括上下行沟通、纵横向沟通。团队外部需要建立与客户、供应商、媒体等的沟通渠道与方式，通过沟通建立长期互信关系，改善团队外部生存环境，实现团队发展目标，提高团队竞争力。

3. 3个前提

第一个前提是预先框定，制定合理、清晰的制度、规范。

第二个前提是引导在先，把团队成员思想意识中不适应团队需要的倾向引导到团队的统一思想上。

第三个前提是预先号令，对团队中一些带有倾向性的问题采取“打预防针”的方法提醒一下，这是成员之间比较好的一种沟通方式。

4. 4种方法

第一种方法是谈话，这是常用的方法。

第二种方法是群策群力，通过这种方法，把领导的积极性与员工的积极性结合起来，让团队成员充分认同目标，形成“上下同欲”的态势。

第三种方法是批评与自我批评。成员们由于性格、教育背景、家庭出身等方面的差异，对工作难免有不同看法，但他们往往不愿公开表达出来，这时，批评与自我批评是最好的解决问题的方法。

第四种方法是民主集中制。听多数人的意见，同少数人商量，由高层最终决断。

5. 5个步骤

（1）共同学习。团队学习主要是指团队成员围绕团队的终极目标、阶段目标开始共同学习，这一阶段开个好头是非常重要的。学习要注意不离主题、保证团结、注重实效。

（2）对照检查，找出差距。

（3）批评与自我批评。这个阶段需要注意方法和艺术的结合，要先肯定对方成绩，再指出不足，最后指明方向。

（4）制定整改措施并落实整改。

（5）总结提高。一方面总结团队在整个经营过程中的经验、体会，以便更好地完成使命、达成目标；另一方面统一思想、统一行为，建立标准，树立榜样。

（四）创建学习型团队

创建学习型团队是一项长期的、艰巨的任务，且一定要与团队目标相联系。那么，企业应如何增进个人和团队的学习成效呢？

1. 把打造学习型团队作为提高核心竞争力的重要手段

制订员工培训规划，实施人才开发战略，建立完善的培训体系。在培训方向上，由提高员工岗位技能向提高其综合能力转变；在培训内容上，由单一的业务知识学习向多元化的系统培训转变；在培训对象上，突出重点，加大对中坚力量的培养力度；在培训方法上，从传统的授课式向互动式转变，注意培训内容与业务发展相结合。

2. 树立全新的培训理念

克服重业务、轻教育的思想，着眼于全面提高核心竞争力，为实现持续、健康、快速发展服务。一是建立分级培训架构和管理体制，明确各级培训任务，有重点、分层次地安排培训项目；二是将培训与人员结构调整、用人制度改革、薪酬制度改革统一起来；三是建立分层次培训体制，根据岗位对应的责权安排相应的培训内容。

3. 完善培训的考核评价机制，建立新型人力资源管理体系

把建立完善培训体系与深化用人制度、薪酬制度改革有机结合起来，建立人力资源的质量标准、考核评价机制、结构调整的动态机制，把个人培训效果与岗位资格认证、绩效考评、选拔任用相结合，形成有利于人才发展的人力资源开发机制。

4. 强化培训的激励作用，合理配置晋升、轮岗、培训等激励资源

为了检验培训效果，每次培训结束后，都要对员工学习效果作出客观公正的评价，并将之作为选拔任用、提拔晋升的重要依据。

团队学习是一种趋势、观念，也是培育企业竞争力的方法，团队成员吸收与应用知识的速度则是衡量团队学习成效的指标，我们不只要建立彼得·圣吉所说的“学习型组织”，更要实现团队学习风气的形成与落实。

（五）采取必要的激励措施

绩效管理是一种有效的激励措施。绩效管理强调的三大理念是业绩为先、有效激励和以人为本。随着市场竞争渐趋激烈，企业外部经营环境越来越充满挑战性。富有远见的企业家在向外部寻找机会的同时，也把眼光聚焦于企业内部管理，以期更好地整合企业的人力资源，寻找适宜的绩效管理。

建立有效的绩效管理系统需注意以下几点：

1. 建立完善的评估体系

首先，要根据企业的实际需要设计不同的绩效管理系统。其次，根据团队成员所涉及的领域设定评估种类，使绩效评估更具针对性。最后，要遵循明确化、公开化的原则，考评的内容、项目、标准要明确，考核的形式、方法、过程要公开，这是实现客观公正的基本保证。比如，企业可以在年初制定每层次员工的考核内容、目标、形式，年终对照进行考核，分析员工和部门的强项和不足，企业据此对员工进行相应的培训和帮助。整个考核过程做到公开、双向，考核人员与被考核人员相互沟通，直到双方都认可考核结果。

2. 取得高层管理者的支持

仅凭人力资源部门不足以推动整个企业绩效管理的实施。因此，取得高层管理者的认同和支持特别重要。高层管理者主持并一起实践推动，能够使绩效管理的每一个环节都落到实处，收到效果。“上有所好，下必甚焉”，领导者的倡导，会成为团队员工努力的方向。

3. 出台企业绩效制度

绩效管理的推行必须要有制度保证，有了制度，就可以依据企业的实际情况规定每个成员各自的绩效目标，规定绩效管理的流程、绩效评估的方法、绩效管理的实施。比如，海尔有一套完整的绩效考核体系，即“三工并存，动态转换”，优秀、合格、试用这“三工”分别享受不同的待遇并根据工作业绩和贡献大小进行动态转换，全厂公布，这极大地加强了员工竞争的意识，营造了员工相互学习的氛围，培养起员工“今天工作不努力，明天努力找工作”的职业危机意识，调动了员工工作的积极性。

4. 进行宣传与培训

企业可以通过内刊、宣传栏、局域网等媒介手段对绩效管理的理论、方法、意义和作用等进行宣传，培养员工对绩效管理的认识并树立员工的绩效观。企业通过培训，能让员工明白绩效管理对他们的好处，使员工配合做好绩效管理工作。

5. 设置科学、完整的考核项目

在不同的岗位上，“绩”的具体内容是不同的，应具体对待。考核项目的制定应遵循考核项目具体、可测量、可达到、真实、有时间限制的原则，员工与领导沟通一致。

6. 企业文化建设

企业的愿景、使命、目标、核心价值等企业文化建设，是建立有效激励的绩效管理的前提。使命和宗旨是企业生存的核心和基础。

绩效管理在具体实施过程中应遵循的基本流程：①制订绩效计划，在这个阶段，团队领导与团队成员沟通，达成绩效目标并签字记录；②持续不断地沟通，沟通贯穿于绩效管理的整个过程，沟通要真诚、及时、具体、定期和具有建设性；③收集信息，做文档记录，对团队成员的行为做签字记录；④年终绩效评估；⑤绩效的诊断和提高，这个过程是用来诊断绩效管理系统的有效性的，以改进和提高团队成员绩效。

第三节　团队管理的模型

一、RACI 模型

RACI 是四个英文单词的首字母的组合，任何一个团队都应该具备这个团队管理模型。

R：Responsible，执行这个任务的角色，他对这个任务的执行过程和结果负责。

A：Accountable，对这个任务负最终责任的角色。

C：Consultant，给这个任务提供建议、方法、意见的角色。

I：Inform，需要知晓这个任务的角色。

以某公司为例，销售任务由销售部承担，那么销售部的总监就要对这件事情的执行负责任，但总经理要承担销售任务的最终责任，所以这是 R 和 A 的角色。当然，在组织当中还有一些角色：比如，销售部在做这件事情的时候，需要询问公司技术人员的意见，技术人员在这件事情当中，要扮演的角色就是 C。销售部完成任务以后需要报给专门的财务人员进行数据统计，财务人员的角色就是 I。所以，C 和 I 这两个角色是不可缺失的。

这种方法目前被管理层广泛应用，在提升团队执行力和提升领导者的水准方面，是非常有效的。

二、GROW 模型

GROW 模型就是在对员工进行能力的辅导和提升的时候，要遵循这样一个逻辑：要先跟员工设定目标，然后跟团队成员一起分析目前的状况以及可能遇到的一些问题。

然后，用开放式的问题引导员工自己去思考应该怎么样去解决这个问题，最终让员工找到解决方案。管理者的角色是怎样引导启发员工以及提供有价值的帮助。

这样的沟通方式和辅导方式会让团队成员进行自我思考，树立自我意识，他的执行力也会逐渐提高。

在提升执行力的过程中，团队的执行力的好坏除了跟团队成员相关，还取决于管理者本人，很多时候团队的执行力不够，很多问题还是出在管理者身上。

【综合练习】

一、单项选择题

1. 团队的核心是（　　）。

A. 共同承诺　　B. 共同奋斗　　C. 共同奉献　　D. 取长补短

2. 对于一个团队而言，最好的人才是（　　）。

A. 高学历人才　　B. 具有奉献精神的人才

C. 经验丰富的人才　　D. 适合团队发展的人才

3. 没有明确标准的部分，一个内在的东西，也是一切优秀人才的共性，是指（　　）。

A. 高学历　　B. 经验丰富

C. 沟通能力强　　D. 做事情的意愿和热情

4. 团队内部主要是通过（　　）来落实团队文化。

A. 宣传　　B. 口号　　C. 领导要求　　D. 日常管理活动

5. 绩效管理强调的三大理念，除了业绩为先、有效激励，还有（　　）。

A. 以人为本　　B. 严密的计划　　C. 有效的沟通　　D. 层级管理

6. 组建高素质的团队有四个要素，以下错误的选项是（　　）。

A. 团队目标　　B. 团队关系　　C. 团队规范　　D. 团队凝聚力

7. 不属于工作团队特点的是（　　）。

A. 长期性　　B. 日常经营工作　　C. 自我管理　　D. 完成任务即解散

8. 不属于 B2C 平台服务模块的是（　　）。

A. 商品展示模块　　B. 购物车模块　　C. 会员管理模块　　D. 支付模块

9. 标准配置的电商团队一般有四个部门，以下错误的是（　　）。

A. 运营部　　B. 设计部　　C. 客服部　　D. 支付部

10. 对互联网“怪才”，属于错误认识的是（　　）。

A. 有创新思维　　B. 行为方式独特　　C. 个性独特　　D. 人品不端

二、多项选择题

1. 团队建设的目的是实现（　　）。

A. 绩效最大化　　B. 产出最大化　　C. 团结成员　　D. 克服困难

2. 电子商务人才主要分布的领域有（　　）。

A. 大学　　B. 信息技术领域　　C. 信息服务领域　　D. 传统企业领域

3. 电子商务企业应该提拔的人才的特点有（　　）。

A. 老资格　　B. 有背景　　C. 有意愿　　D. 有能力

4. 电商团队架构的一般特点有（　　）。

A. 权力结构互联网化　　B. 商业模式互联网化

C. 产品销售互联网化　　D. 工作流程互联网化

5. 电商团队三种常见的运营模式是（　　）。

A. B2C　　B. C2C　　C. O2O　　D. C2M

6. 优秀电商团队一般包含 5 种要素，除了目标、定位，还有（　　）。

A. 职权　　B. 计划　　C. 人员　　D. 资产

7. 团队精神主要包括（　　）几个层面的内容。

A. 团队的凝聚力　　B. 团队的薪酬　　C. 团队的士气　　D. 团队的合作意识

8. 团队建设始终是围绕着（　　）来进行的。

A. 内部凝聚力　　B. 团队的薪酬　　C. 团队的士气　　D. 外部竞争力

9. 团队文化管理的基本原则包括（　　）。

A. 目标一致　　B. 利益最大化　　C. 合力制胜　　D. 和衷共济

10. 团队文化是由（　　）共同构成的。

A. 团队价值观　　B. 服从指挥　　C. 团队氛围　　D. 团队效率

三、名词解释

1. 团队

2. 团队建设

3. O2O

4. 团队文化

5. 团队价值观

四、简答题

1. 简述电商企业选人的注意事项。

2. 简述电商企业招聘人才的主要渠道。

3. 简述电商团队组织架构的一般特点。

4. 简述电商团队管理的必要性。

五、论述题

1. 论述电商团队管理的对策。

2. 论述电商团队建设团队文化的主要措施。

第七章　企业电子商务战略

【学习目标】通过本章的学习，了解电子商务对企业管理的影响、企业电子商务战略管理的内涵，以及 B2B 的含义、类型、基础、特点和其主要功能模块；熟悉电子商务企业不同发展阶段的战略规划等。

【关键词】战略管理；生命周期；战略选择；战略评价

第一节　电子商务对企业管理的影响

电子商务的发展，对企业来说既是机遇也是挑战，如果企业仍墨守成规，沿用传统的管理模式，企业将缺乏甚至丧失竞争力。因此，清晰地认识到电子商务对现代企业管理的影响十分必要。

一、电子商务给企业管理带来的机遇与挑战

（一）电子商务给企业管理带来的机遇

1. 扩大了企业交易范围，降低了企业交易成本

由于受到地域的限制，传统企业所面对的市场是有限的，而利用互联网进行商务活动使企业直接面向全球市场，大大扩展了企业的交易范围，突破了空间和时间的限制。同时，电子商务通过互联网进行市场调查和广告宣传，缩短了销售渠道，避开了传统营销渠道中批发、零售等中间环节，使生产商与消费者直接接触，降低了流通和交易成本，大大提高了经营效率。

2. 为企业更好地提升服务质量提供了便利

客户是企业最重要的资源，了解客户的需求是企业经营工作的起点，在客户消费的全过程中与客户交流，不断对产品及服务进行改进，从而提高客户满意度和忠诚度是企业在市场中立足的关键。在传统经营中，企业和客户之间的交流往往是单向的，企业向客户宣传灌输的很多，却难以听到客户的声音。因为企业和客户中间隔着层层

中间商，所以两者之间的沟通要么因为层级过多而导致信息失真，要么因为时间滞后而失去沟通的意义。而电子商务极大地方便了企业与客户之间的沟通。通过互联网，企业与客户之间可以进行实时的双向互动，而且没有任何外界因素的干扰，客户更易于表达自己对产品及服务的评价。这一方面可以使企业更深入地了解客户的内在需求，及时了解市场动态，进行产品结构的调整；另一方面可以提高企业的售后服务水平，提高客户的满意度，加强双方的联系，提高客户的忠诚度。

3. 准确预测需求，降低库存压力

在传统的生产管理中，企业为了保证履行供货合同，往往会在企业内部库房积压大量货物，这样常常造成库存占用过高、资金利用率较低的问题；再加上渠道中的每一级经销商都为了避免缺货现象，在向生产商订货的时候会在客户实际需求的基础上加成一定比例来进货，形成牛鞭效应，这往往会造成生产企业生产过剩，不能适应消费者需求的变化。电子商务的发展能够使消费者的订单直接下达生产企业，使得企业有条件迅速地对消费者需求的变化进行反应，使生产企业库存压力降到最低。

4. 企业可以根据市场需求动态整合内外部资源

电子商务的发展使企业之间的竞争不再取决于其实际占用资源的多少，而是取决于企业可控制运用资源的多寡。企业可以发挥网络的作用，利用好内外部资源，与自己的合作伙伴、供应商互通互联，做到信息资源实时共享。企业各个环节的物质资源可以随时根据市场动态进行调整，从而使企业的运作具有更大的灵活性。

（二）电子商务给企业管理带来的挑战

1. 对企业的柔性生产能力提出了更高的要求

电子商务使企业可以快速捕捉到消费者的需求并迅速做出反应，从而使以销定产真正成为可能，但是这对电子商务企业经营管理能力提出了更高的要求。传统经营环境下，企业每年或每半年参加渠道商的订货会，再根据渠道商的订单进行生产，工厂对订单的预测相对简单，在成本、备料等方面也可以控制。电子商务环境下，消费者的订单往往是脉冲式的，也就是说订单的数量随时变化，每个订单对生产的影响会有一些差异，这使得生产计划变得非常复杂和困难。因为企业事先不知道该生产多少，也不知道一定时期内消费者对某种产品的需求量是多少，这就意味着企业要根据消费者需求的变化，借助现代化技术灵活协调企业资源，快速地备料、安排生产并交付货物，以适应和满足消费者多样化的需求。这对习惯于依赖渠道订单、按部就班进行生产的传统企业提出了挑战。

2. 扁平化 、开放化的组织结构在推行过程中面临传统部门的阻力

目前，企业普遍采用直线职能制的组织结构，这种组织结构产生于传统经济时代。电子商务环境下，市场瞬息万变，企业组织结构僵化已经成为企业与市场之间一道不可逾越的鸿沟。为了适应消费者快速变化的需求，企业组织结构必须由原来的直线职能制向扁平化转变。企业为了节约成本、增强竞争力并降低风险，实现柔性化生产，必须通过网络利用好外部资源，加强与合作伙伴、供应商的联系，实现资源实时共享，最大限度地提高运作效率，这必然要求企业与企业之间你中有我，我中有你，使企业的边界模糊化，组织结构开放化、虚拟化。这意味着企业的一些传统部门面临被取消或被兼并的局面；商务电子化带来的管理幅度变大也会导致一部分管理岗位的消失，大量的中层组织的上传下达作用逐渐削弱，而转向深入科研、管理、生产、营销一体的市场第一线；管理幅度增大，必然要求管理者适当下放权力。这些将给企业内部造成不小的冲击。传统部门和个人的不配合甚至排斥，往往成为传统企业进军电子商务的绊脚石。

3. 对物流服务水平提出了更高的要求

电子商务是由信息流、货币流、物流共同组成的三位一体的商贸活动，电子商务的发展离不开物流派送体系。以物流的速度快慢、货物运输过程中的完好程度及物流信息能否及时传达到消费者等为主要内容的物流服务水平，极大地影响着消费者的购物体验，直接影响着消费者的满意度。未来电子商务的竞争很大程度上会演变为物流服务水平的竞争，而我国传统企业以往的物流主要是借助交通运输公司、经销商等来完成的。电子商务对物流的分配和管理需求需要在全国乃至全球范围内建立起有效的、统一的物流配送中心，来保证商品实体的合理流动，这是未来电子商务发展的方向。

4. 线上、线下不融合，甚至相搏

线上、线下渠道能否有效融合是考验传统企业进军电子商务的又一大难题。传统企业进军电子商务之后如果不能对线上、线下渠道进行合理分工定位，线上渠道就会侵蚀线下渠道利益，招致经销商的不满甚至抛弃，导致渠道关系混乱，甚至威胁到企业的存亡。

5. 电子商务运营人才不足

电子商务是一种新型的商务模式，它在经营理念、经营策略、经营技术、物流等方面，对企业都有一定的区别于传统经营的新要求。而很多传统企业往往是以传统经营的思路去运营电子商务的，缺乏不断学习和创新，缺乏科学、有效的电子商务人才引进、培育和用人机制。

二、电子商务对企业管理具体的影响

企业的生产力及竞争力已不再取决于资本及劳动力的大量投入，而是取决于如何有效整合及分配资源，以及提升人力素质、强化组织间的联系，这些因素都与信息化的发展息息相关，信息化深深影响着企业的经营管理模式及策略。

（一）对企业组织结构的影响

随着电子商务的发展，企业组织单元间的传统边界被打破，生产组织形式被重新整合，出现直接服务顾客的工作组。这种工作组与市场直接接轨，以市场最终效果衡量自己生产流程的组织状况和各个组织单元间协作的好坏。这种组织结构下的管理者、技术人员以及其他组织成员比较容易打破相互之间原有的隔阂，广泛进行交流，共享信息资源，减少内部摩擦，提高工作效率。同时，电子商务的推行，使企业的经营活动打破了时间和空间的限制，将会出现一种新型的组织形式——虚拟企业。这种虚拟企业将会打破企业之间、产业之间、地区之间的界限，把现有资源重新组合、优化，把所有生产环节都纳入现代信息网络，利用网上虚拟现实的技术在世界范围内进行直观的生产、协调。虚拟企业既可以是一个企业的某几种要素的重新组合，也可以是一个企业的某一种或几种要素与其他企业系统中某一种或几种要素的重新组合。虚拟企业能够缩短各要素相互作用和影响的时间差，加快经济主体对市场的反应速度，并有效地利用和发挥企业的经营资源和经营能力，使信息传递效率明显提高，市场竞争力显著增强，不仅促进企业内部贸易的增长，也带来国际贸易总体规模的扩大。这种模式的组织结构特点是扁平化、小型化、虚拟化、学习化和网络化，将更能适应信息时代的瞬息万变。

（二）对企业运作方式的影响

电子商务以数字化网络和设备替代了传统纸介质，贯穿部分或全部商务解决方案的全过程，从而带来了一种新的贸易服务方式。这种方式突破了传统企业中以单向物流为主的运作格局，形成了以物流为依据、信息流为核心、商流为主体的全新商务发展局面。另外，电子商务促使企业改善生产制度。因为电子商务本身强大的沟通能力及迅速传递信息的能力，所以它可以促使企业改变过去复杂、缓慢的生产流程。传统企业交易方式是一种建立在纸面贸易单据流转基础上的贸易方式，平均每做一笔生意需要 30 份纸面单证。在这些大量纸面单证的流通过程中，往往产生大量的时间延误，并且每次重复书写数据都可能产生错漏等。电子商务以数字化电子方式进行商务数据交换和开展商务活动，大大减少了企业交易流程所需的环节。

（三）对企业人力资源管理的影响

电子商务的特色决定了企业发展和成败的关键在于人才的招聘和培养。在电子商务模式下，人们的工作时间更具弹性，工作场合不受限制，员工更加依赖于自身的知识和创造性思维，并逐步摆脱机械设备、原材料和工作条件的束缚，逐渐摆脱对岗位的依赖，从而找到内在的自由和平衡。这就需要企业建立一系列新观念、新制度来进行人力资源的开拓、人力资本的投入和增值，从而适应信息时代“真正个性化管理”的要求。

（四）对企业营销管理的影响

电子商务的发展使以往的批发零售方式被网络代替，人们直接从网络上采购，传统的人员推销失去大部分市场，广告宣传也为适应新的传播媒体而改变。消费者通过大范围的比较，以求所购买的商品价格最低、质量最好、最有个性，这些需求促进企业开发新产品和提供新型服务，使企业可以迅速了解到消费者的偏好和购买习惯，同时可以将消费者的需求及时反映到决策层，从而促进企业针对消费者需求而进行研究与开发活动。这种营销环境和消费者行为的变化必然导致营销理念的变化。随着企业营销理念的变化，企业营销的重心转变为满足客户需求、以客户为中心，由此导致企业营销管理的重心转变为"4C"，即客户、成本、方便、沟通（Customer、Cost、Convenience、Communication）。企业对目标市场的选择和定位，将更加依赖网络。企业营销人员可以利用网络双向、动态的特点，分析市场消费趋势、竞争对手的营销策略等，并将其反馈到企业的管理层，从整体上制定营销对策，企业营销发展趋势是由大量销售转向定制销售。

（五）对企业财务管理的影响

在电子商务时代，由于虚拟企业、网上企业和跨国企业的出现，企业财务管理的能力必须延伸到任何一个节点。财务管理模式必须从过去的局部、分散管理向远程处理和集中式管理转变，实时监控财务状况以规避信息时代的巨大风险。企业的总经理和财务总监可以利用电子商务中的互联网技术随时随地掌握企业全部的信息。在集中式的财务管理方式下，企业总部可以利用网络财务系统对所有分支机构进行数据的远程处理、远程查账、远程审计等远距离财务监控，也可以掌握和监控远程库存、销售点经营等业务情况，有效监督本企业和客户及供应商的资金往来情况。在电子商务环境下，电子合同、电子单据实现在线输入，电子货币自动转化为货币资产，业务信息实时转化，会计信息自动生成，传统的会计工作组织、会计岗位设置和会计业务流程的重组将成为必然。虽然目前信息传输安全保障和认证问题还未得到全面解决，但是纸货币流被无纸电子流所代替而引发的结算革命是不可阻挡的发展趋势。

（六）对企业客户关系管理的影响

电子商务以客户为中心，其网络数据库中存储了大量现有客户和潜在客户的相关数据资料，企业可以根据顾客需求提供特定的产品和服务，具有很强的针对性和时效性，可极大地满足客户需求。同时，企业借助网络数据库可以对目前销售的产品的客户满意度和购买情况进行分析调查，及时发现问题、解决问题，确保客户满意，提高客户的忠诚度。通过互联网和大型数据库，企业可以以低廉成本为顾客提供个性化服务。电子商务在客户与企业之间架设了有效的沟通渠道，构建了交互式的沟通框架，进而建立起客户与供应商之间的智能通道。运用数据库、管理网络等信息系统和信息技术，企业可以及时、迅速、大量地收集客户信息，并及时传递给客户服务中心加以处理。这不仅能将网络营销的固有优势发挥到极致，更可通过网络的交流，与用户建立长久、稳定的客户关系。

三、电子商务为企业管理带来的启示

（一）建立新型企业管理模式

企业管理的电子化将促进企业硬管理和软管理的有效结合，提升企业凝聚力和核心竞争力。在硬件管理方面，由于进一步实现了信息资源共享和管理手段现代化，企业的管理机构更加精简，组织更加高效，计划更加精确，控制更加严密；在软件管理方面，企业将树立信息化、知识化管理的观念，完善激励机制，重视企业文化建设，以激发员工的荣誉感、责任感和成就感，促使员工自我管理、自我控制、自我激励。企业弱化对过程的控制，把绩效评估作为对员工考核的重要手段，同时给员工更大的时间弹性和空间自由，强化个性化管理，充分发挥员工的积极性和创造性。

（二）实现企业管理手段现代化

企业应加快软件和硬件建设，实现企业管理手段现代化。在遵守国家及有关部门制定的相关法律法规、技术标准和安全管理规定的前提下，建立和完善企业管理信息系统，特别是市场营销信息系统，拓展电子商务业务领域。企业可根据自身在观念、组织、资金和技术等方面的具体条件，小规模地率先在标准化程度高、交易量大、批发次数多、客户流量大的商品或服务领域，完成信息化软硬件建设，开展电子商务活动，以此为突破口带动企业电子商务活动的全面开展。

（三）调整市场战略选择

随着电子商务的全面应用，企业必然要对传统的市场战略进行调整，阻止买方控制型市场的建立和形成。企业将选择卖方控制型市场战略，即由卖方建立企业网站，使客户能够在订货前充分了解其所需商品的相关信息，订货后随时查询货物的生产情况和运送状态，并在网上获得相关的技术咨询服务。新的市场战略选择有利于提高企业的知名度、客户的信任度，扩大市场份额和市场优势。

（四）加强人才资源建设

电子商务的发展将给企业经营管理带来深刻影响和巨大变化。因此，企业对人才素质有了更高的要求。企业将从资本决定论向人才决定论转变，把企业的竞争定位为人才的竞争，这促使企业更新一系列观念、制度来进行人才资源的开发。同时，采取切实可行的措施来保证人才对企业资源的合理运用，从而适应信息时代真正个性化管理的要求。人才素质的提高又有助于企业整体素质的提高，从而增强企业市场竞争力。

第二节 企业电子商务战略管理

一、战略管理的概述

战略管理是指企业或组织通过战略制定和实施来完成企业或组织不同阶段的任务以实现长远目标的管理过程。它由战略分析、战略选择、战略实施以及战略评价四个部分组成，它们是彼此关联、不断重复和逐渐改进的一个循环过程。

（一）战略分析

战略分析是战略管理的第一个步骤，是制定战略的基础，主要是分析对企业当前生存和未来发展有一定影响的关键性因素。它包含四个方面的内容：

第一，规划企业的长远发展方向，为企业战略制定和评估提供参考依据。

第二，分析企业的外部条件，评估在宏观层面和微观层面发生的变动，以及这些变动带给企业的是机会还是威胁。

第三，分析企业的内部条件，了解现有的资源优势和开展战略应具备的条件，以及在行业和社会中所处的相对地位。

第四，对企业利益涉及的关联方进行了解，留意这些相关者在战略选择阶段、战略评价阶段和战略实施阶段的反应及其会对企业组织行为产生的影响。

（二）战略选择

战略选择可以分为三个步骤：

第一步：制订战略备选方案。这一步骤需要从多个角度来考虑，例如，如何保证企业顺利实现整体目标、如何协调各部门共同推进战略方案、如何调动中层及以下管理人员的主动性等。方法则可以从自上而下、自下而上和上下结合这三种方法中选择。

第二步：对已有备选战略方案的评估。评估的标准有两点：第一点是考虑这个战略方案有没有扬长避短，是否最大限度地削弱了威胁，并利用了已有机会；第二点考虑的是利益关联方能否认同选择的战略。这里需要说明的是，由于战略的选择在很大程度上会受管理者和利益相关者的期望和价值观影响，因此事实上并不存在最好的选择。另外，进行战略选择时也要考虑伴随战略而来的风险以及最后实现的财务目标。

第三步：决定战略，明确未来将要执行的战略。以下几种方法可以为战略选择提供参考：参照企业的长期目标来选择战略；借助第三方机构，专家拥有丰富的专业知识和经验，在战略决策的时候可以提供比较客观的意见；把备选方案提交到高级管理层进行审议。

（三）战略实施

战略实施是对在实施选定战略时所产生的各种活动的统称。战略实施的管理过程有两个特点：第一个特点是“自上而下”，主要是指企业高级管理层确定战略目标后将目标传达到中下层，由中下层在工作中将目标进行拆分和实施。第二个特点是“动态化”，即在实施开展的进程中不断地重复“讨论—决定—实施—改进”这样一个流程，最终实现目标。一旦选定了战略方案，实施便成了下一步的工作重心。

如果想要之前的所有努力转化为成果，顺利达成既定战略目标，就需要在战略实施的过程中要求每个部门都认真仔细地完成每一个既定步骤，解决可能存在的问题，确保战略顺利执行。

（四）战略评价

战略评价是指对之前提出的和现在进行中的战略进行回顾，参照企业在开展某一战略后的经营成果，判断该战略是否有效和科学。战略评价常见的三种行为是：第一，考察企业开展战略的内部基础；第二，比较实际结果和预期目标；第三，评估为保证行动和目标的一致性采取的相关改正措施。

战略评价包含五个方面的内容：①战略是否与环境相适应；②战略是否有效地利用了资源；③战略是否能承担战略实施过程中可能出现的风险；④战略是否按照计划和规定准确实施；⑤战略的可行性。

二、电子商务企业战略的生命周期

企业生命周期理论的核心是通过将“内耗能”转化为“外向能”，引发企业管理创新从企业内部向外部的扩散。美国管理学家伊查克·爱迪思将企业的生命周期划分为 3 个阶段 10 个时期：成长阶段，包括孕育期、婴儿期、学步期；再生和成熟阶段，包括青春期、盛年期、稳定期；老化阶段，包括贵族期、官僚化早期、官僚期、死亡。根据该理论，管理者评估电子商务企业所处生命周期的具体阶段，进而制定企业相应的经营战略，它们分别是电子商务企业战略的准备期、实施期和调整期。

（一）准备期

在准备期，企业知名度不高，资金不充裕，整个生产经营活动过程中出现的任何差错都可能导致企业的夭折，新产品开发的成败以及未来现金流量的大小都具有较大的不确定性，企业的经营风险非常高。在这一阶段，企业的最大任务是生存，如何获得更大生存空间是企业的当务之急。因此，企业要把握好自身的发展方向，追求产品和服务的差异性，为企业发展打好相应的基础。

曾经有人研究过一些电子商务企业失败的主要原因，发现大多数电子商务企业在战略准备期就因为战略选择失误或战略不明确而埋下隐患。因此，电子商务企业要做大做强，在战略准备期就必须认真思考将来的发展战略，以谋求持续成长。对尚处于襁褓之中的电子商务企业来说，主要考虑的是生存，在这一阶段较为适合电子商务企业发展的战略有依附战略、夹缝生存战略、资源战略、局部市场战略和高技术高起点战略等。接下来重点介绍依附战略和夹缝生存战略。

1. 依附战略

依附战略是电子商务企业在实力有限的情况下，为大型电子商务企业产品进行配套加工、提供零部件或其他服务，最终与之形成密切、稳定的分工协作关系，使其专业优势得以发挥的战略。处于准备期的电子商务企业普遍具有规模小、实力不强的特点，使用依附战略，电子商务企业不仅可以依托大型电子商务企业的无形资产，如商标、品牌等，为其进行产品加工，求得生存，同时可以获得大型企业的技术支持，学到先进的技术和管理手段。比如，美国绝大多数的电子商务企业都参与到行业的系统分工中，众多小型电子商务企业集结在大型电子商务企业周围，如每个大型电子商务企业都有数十家、数百家乃至上千家小型电子商务企业为其提供配套生产与协作服务，大型电子商务企业和小型电子商务企业之间形成了一个共生共荣的企业生态系统。电子商务企业实施依附战略，一是要注意在与大型电子商务企业协作中争取保持自主地位；二是要注意在服务中壮大自己的实力，特别应注重形成自己的研究开发和创新能力，为将来的发展奠定良好的基础。

2. 夹缝生存战略

夹缝生存战略是指电子商务企业可以利用自己规模较小、经营机制灵活的特点，进入那些目标市场狭小、市场容量较小、大型电子商务不便或不宜进入的行业或领域求得生存，谋求发展，这种行业或领域是广泛存在的。电子商务企业只要细心观察市场需求，就不难找到适合自己的“夹缝市场”，求得生存和发展。电子商务企业采用这种战略能充分发挥其灵活性。企业“钻缝隙”后能进退自如，进可以扩大“缝隙”，向小而精、小而专的方向发展；退可以在别的企业进入“缝隙”后迅速撤离，寻找新的空隙。但是这种战略具有较大的不稳定性，可能经常变更产品，从而在管理上带来很多不便，给企业带来较大风险，企业发展也受到限制。因此，采用这种战略的企业在发展到一定规模后应该考虑实施战略转移，形成一定的经营优势，摆脱这种“打一枪换一个地方”的被动局面。

（二）实施期

电子商务企业战略经历了准备期，就进入供应商和客户相对固定、收益来源较为稳定的实施期。实施期是电子商务企业战略发展最为关键的时期，也是电子商务企业出问题最多的时期。处于实施期的电子商务企业，就像青少年，虽然还未完全定型，但是充满朝气，已具备一定的抗风险能力和市场竞争能力，可塑性很强，其今后的发展轨迹很大程度上取决于这个阶段发展战略的制定。如果发展战略选择不正确，要么其生存受到威胁，要么其规模只能维持在原有水平。在此阶段，电子商务企业可供选择的战略主要有成长型战略和竞争型战略。

1. 成长型战略

随着电子商务企业规模的扩大和市场需求的变化，企业决策者必须解决如何进一步成长和发展的问题，如下一步应选择哪些领域和行业，如何在已有的市场内扩大市场份额，等等。选择不同的企业战略，就选择了不同的解决这些问题的方案。成长型战略包括市场渗透战略、市场开发战略和产品开发战略。

（1）市场渗透战略。市场渗透战略就是将现有产品大量地投放到现有市场上，以进一步增加销售量，提高市场占有率。实行市场渗透的目的主要是稳住老顾客，同时吸引新顾客。采用该战略的电子商务企业面临的主要挑战有：如果将产品渗透到他人市场，会使竞争白热化；如果把精力放在对原有市场的渗透上，很可能错失更好的投资机会；顾客兴趣的改变可能导致电子商务企业现有市场的萎缩。因此，电子商务企业应根据产品所处生命周期的不同阶段、市场需求前景、竞争激烈程度等因素来制定自己的战略。另外，市场渗透战略能否成功，不仅取决于电子商务企业的相对竞争地位，而且取决于市场的特征，在稳定和下降的市场中，就很难实现这一战略。

（2）市场开发战略。市场开发战略是指电子商务企业在现有市场基本饱和的情况下开拓新市场的做法，具体有三种实现形式：一是市场开发；二是寻找潜在的用户；三是考虑增加新的销售渠道。特别是资本密集型的电子商务企业，其核心竞争力来源于产品，可以利用企业这种有特色的核心能力，不断通过市场开发来挖掘产品的潜力，从而更快地实现规模扩大。

（3）产品开发战略。产品开发战略是指电子商务企业用改进老产品、研发新产品或利用新技术增加产品品种的方式，扩大原有市场的占有率并增加销售额的做法。事实上，电子商务企业只有进行产品开发，才能真正主动适应市场变化，把握市场脉搏，使电子商务企业获得更大的发展。然而，成功地进行产品开发并非易事，它往往有很高的投资风险，这也是该战略的风险所在。

2. 竞争型战略

电子商务企业还必须正确选择竞争型战略。竞争战略理论来自波特的竞争优势理论。竞争型战略是解决如何在所选择行业或领域与对手开展有效竞争的问题，主要是竞争手段的选择问题。可供电子商务企业选择的竞争型战略有三种：低成本战略、产品差异化战略和市场集中战略。

（1）低成本战略。低成本战略是指电子商务企业在较长时期内保持全行业范围内低成本地位，通过低廉的价格经营来扩大市场占有率，从而取得竞争优势的战略。电子商务企业可以通过高科技手段降低经营成本，优化内部运作流程以及充分利用生产能力等方式来实施其低成本战略。

（2）产品差异化战略。产品差异化战略是指电子商务企业提供的产品和服务在产业中具有与众不同的特色的战略。差异化产品容易赢得用户的信任，使用户对价格的敏感度下降，在特定区域可形成独家经营市场，获利较高，可长期保持优势地位。

（3）市场集中战略。市场集中战略是指通过满足特定消费群体的特殊需要，或集中服务于某一有限的区域市场，来建立电子商务企业的竞争优势以及市场地位的战略。

（三）调整期

处于调整期的电子商务企业，一般都积累了较为丰富的经验，拥有一定的资本、技术和人员等方面的优势，主要任务是进一步发展壮大，向外扩张。此时，多元化战略和购并战略不失为电子商务企业可供选择的两种理想的发展战略。

1. 多元化战略

网络经济的不断发展，引起市场需求和企业经营结构的变化，电子商务企业为了更多地占领市场和开拓新市场，或避免单一经营的风险，往往会选择进入新的领域，实行多元化经营，以实现企业的持续成长。多元化经营是企业可以持续发展过程中一个重要的战略转折点，但同时是危险和机会并存的关键点。电子商务企业应特别关注主营业务，主营业务是企业利润的主要来源，在企业众多业务中，主营业务收益稳定而具有相当优势，是企业的生存基础，也是企业多元化经营的基本前提。如果主营业务经营不好，企业不仅会缺乏足够的建立新优势的资源，甚至会使得原有经营领域受到牵连而直接威胁到企业的生存。只有主营业务的增长机会已经明显消失，多元化战略才有可能成为有意义的战略选择。当然，电子商务企业应先集中力量培养企业的核心竞争力以及主营业务，在其发展到一定程度后，再进行多元化经营，并且应在新产品形成一定的产品优势和市场优势后，再考虑进军其他领域。

2. 购并战略

购并战略是电子商务企业在战略调整期的一般战略选择，它是指一个电子商务企业通过购买另一个电子商务企业全部或部分资产或产权，从而控制、影响被购并企业，以增强企业竞争优势、实现企业经营目标的战略模式。电子商务企业使用购并战略的好处如下：

（1）企业可以在极短的时间内迅速扩大规模，提高竞争力，尤其是在进入新行业时，实施购并战略可以取得资本、营销渠道、声誉等方面的优势，在行业内迅速建立领先者的地位，赢得先机，获取竞争优势。

（2）电子商务企业通过购并可以在同行业或相近行业中获得协同效应。

为保证购并的成功，电子商务企业应注意以下几个方面的问题：

（1）必须对目标电子商务企业所从事的业务、资源情况进行严格审查，只有能增强本企业实力、提高整个系统运作效率、增强本企业的竞争优势的购并才能加以考虑。

（2）购并前充分了解目标电子商务企业的企业文化、管理制度和管理风格，如果很难与自身企业融合，这样的购并很可能会失败。

（3）合理估计自身的实力。在购并过程中，电子商务企业本身的实力对于购并能否成功有着很大的影响，因为电子商务企业在购并过程中通常要向外支付大量资金，这必须以企业雄厚的实力和充裕的现金流量作为支撑。否则，电子商务企业必须大规模举债，从而可能造成企业财务状态恶化甚至破产的问题。

（4）购并后要对目标电子商务企业进行迅速、有效的整合。目标企业被收购后很容易形成混乱的局面，这时许多管理人员和技术人员纷纷离去，客户流失，生产混乱，因此电子商务企业需要对目标企业进行迅速有效的整合，可通过向目标企业派驻高级管理人员，稳定目标企业的经营，然后再对其各个方面进行整合。

第三节　B2B 电子商务

一、B2B 电子商务的含义和类型

B2B 是指企业和企业之间的交易，包括商业机构利用网络和电子手段进行询价或报价、拟订或签订合同、订货或接受订货、付款或收款等商务活动的完整过程。

B2B 电子商务包含两个主要类型：企业采购平台、企业对客户或潜在客户的交易平台。

（一）企业采购平台

针对采购目标，企业通过互联网进行采购管理，从而缩短采购周期，降低采购成本。在该平台中，主要的参与者就是企业的供应商，该平台为供应商提供了登录账号，供应商登录之后，可以浏览企业的采购信息，也可以发布产品供应信息。这样，企业采购人员足不出户，便可以对供应商所提供的产品进行专业评估，从而提高工作效率。同时，平台也可以对供应商进行管理，通过历史交易记录对供应商的信用进行评估。

（二）企业对客户或潜在客户的交易平台

该平台就是企业的产品销售平台，它包含产品列表、客户管理、交易管理、邮件列表，以及客户服务等项目。平台对客户的交易历史进行管理，并可以依据不同的累计金额提供不同的交易折扣。在该平台设计中，应充分考虑到客户采购的便利性，在产品列表、交易模块中都采用最便利的方式。交易平台将为企业的销售活动提供最大的支持。

二、基于互联网的 B2B 电子商务的基础和特点

（一）B2B 电子商务的基础

在互联网上实现 B2B 电子商务必须具备一定的基础，主要包括以下方面：

1. 信息标准化

建立一个被广泛接受的信息交换标准格式，这样能够使 B2B 电子商务网站被更多客户使用，并且可以方便地与企业内部各渠道融合到一起。

2. 用户身份认证

互联网上最典型的身份认证办法是交易双方和中介机构都事先从一个大家都信任的交易以外的 CA（Certificate Authoirty）认证机构获得自己的“数字签名”，而这种“数字签名”可以进行网络上的身份认定。在电子商务交易过程中，商务伙伴之间、企业和金融机构之间都可以通过这种“数字签名”来确认彼此的身份，而其中采用的 PKI（公钥基础设施）技术，保证了信息传递的安全可靠。同时，“数字签名”在法律上也具有不可抵赖性。目前一些银行已经开始逐步充当起这种被信任的第三方角色，发放数字证书，向交易伙伴和金融机构提供数字签名等。

3. 网络交易的集成化处理

B2B 电子商务同时要求企业内部和外部的电子商务集成化。企业内部电子商务集成化是指参与交易企业内部基于 WEB 技术进行的运作，涉及供产销存各个方面；而外部电子商务集成化是指参与交易的企业双方彼此的连接和与为其服务的金融机构之间的联系。只有供产销存一体化的电子商务网络才可以发挥电子商务的真正优势，目前很多组织，包括一些银行已经开始建立一些 B2B 电子商务门户网站，专门用于连接生产商、分销商、零售商和顾客，并为他们提供各种交易、拍卖、网络支付和金融理财等服务。这种门户网站有的是开放给所有企业的，也有的是封闭在固定的合作伙伴之间的。

（二）B2B 电子商务系统应该具有的特点

1. 自助管理设计

无须专业人员，只要会简单的电脑操作，就可以对网站内容进行管理，确保信息的及时更新。

2. 界面友好

使用方便，无须培训，无须专业技术人员。无论是交易市场运营管理者还是商户（注册会员），都可以轻松使用，给管理上带来了极大的便利。

3. 具有分析及掌握市场方面变化的能力

重要商业信息如电子邮件、客户订购意向、反馈信息能及时通知，避免错失商业机会。

4. 标准接口

系统采用标准接口，可与主流财务软件和企业网站软件连接。

5. 可连接其他电子商务网站

良好的 B2B 电子商务系统可与客户关系管理系统（CRM）紧密连接，也可和其他的企业资源管理系统（ERP）、管理信息系统（MIS）等连接，适应能力强。

6. 模块化功能设计

良好的 B2B 电子商务系统采用模块化功能设计，开发快捷，同时降低了成本。

三、B2B 电子商务系统应具备的主要功能模块

（一）企业供应链管理

企业供应链管理模块充分利用电子技术、信息技术和网络技术来替代传统的手段和工具，完成市场分析、商品采购、资金的结算与支付。企业供应链管理包含对供应商的管理、企业内部库存管理、采购管理以及订单跟踪等内容。

（二）交易管理

交易管理是电子交易中心系统的核心，直接关系到交易状态、用户满意度。因此，系统应提供有力的、灵活的订单、合同处理和查询功能。对全部交易产生的订单、合同进行跟踪管理。供货商可以浏览、查询、修改、下载订单，对订单、合同进行统计分析，追踪从订单、合同发生到订单、合同完成的全过程。客户可以在线跟踪订单执行情况，包括订单、合同查询；订单、合同修改；合同、订单模板定制；交易统计；结算；配送；与第三方物流公司对接；货物查询；支付。

（三）客户管理

客户管理模块提供客户资料的分析、客户消费追踪和一对一营销功能。客户管理模块主要包括客户销售管理系统和客户服务与支持系统，其中，客户销售管理系统，包括工作日历和日程表安排、联系人管理、佣金、销售机会、销售预测、建议书制作和管理、定价、地域分配和管理以及费用报告。客户服务与支持系统包括订单跟踪、客户关怀、纠纷处理、服务管理；记录发生过的问题及解决方案的数据库；维修日程安排及调度。客户销售管理系统提高了工作人员的效率，降低了销售的成本。客户服务和支持系统可以协助服务人员快速进行客户服务或解决问题，同时争取向客户销售额外的产品或服务项目。客户管理模块采用目前最先进的具有实时交互功能的 Web 客户服务系统，以实时的服务促进产品销售，实现利润增长。

四、B2B 电子商务相对于传统商务的优势

B2B 电子商务增加了商业机会，缩短了销售周期，降低了经营成本，提高了经营效率，开创了一个重要的新时代，在服务方面，B2B 电子商务提高了服务水平，同时大幅度降低了服务费用；在采购方面，B2B 电子商务降低了 5% ~50% 的采购成本，缩短了采购周期，对于原来已有采购渠道的成熟企业来说，通过网上竞价和透明采购流

程，能够扩大可选供应商范围，可以有效滤除传统采购中的一些不良因素，使供应链不断优化，提高采购质量。

第四节 战略规划

战略规划包含战略定位、战略制定、战略推进三个方面。

1. 战略定位

在这个快速变化的时代，很多创业公司的战略基本上是半年调整一次。

因为在某一个新的时间段内，受到环境的影响，创业公司的目标会发生改变，或者是经过多年的打磨，他们的能力有所提高。当目标和能力发生变化以后，需要对目标与能力进行平衡，确定新的战略，并指导业务部署。

一段时间以后，公司的目标和能力又发生了新的变化，又会面临新的目标与新的能力的平衡，平衡之后又出现新的战略目标。

例如，假设企业的最初定位是为景区提供智慧景区服务，经过一段时间的运营后，企业发现该业务线需要强大的景区资源，而企业缺乏该方面的竞争力，将导致企业改变经营目标，并制定新的发展战略。

战略定位需要不断反思、不断调整，不断进行目标与能力之间的重新平衡，需要用演化的思维，只有这样，企业才能走得长远。

2. 战略制定

战略制定涉及 4 个方面的内容，分别为：

（1）运营切入点与运营战略

运营切入点，就是企业战略需求与用户需求的结合点。比如，百家号的运营切入点是满足作者的需求，如提高作者的收入、提高作者的知名度；同时满足企业战略的需求，如提高文章数量、文章质量。

接下来就要根据运营切入点制定运营战略。波特教授提出了 3 种标准化的竞争战略，这 3 种竞争战略的思想也可用于运营战略的制定。

这 3 种竞争战略分别为：差异化战略，指公司产品、服务、品牌形象与竞争对手有明显区别；低成本战略，指公司的经营成本明显低于竞争对手；集中化战略，指公司集中全部资源优势主攻一个细分领域。

根据竞争战略，百家号制定了运营战略：

①差异化战略：利用百度本身的优势，获得更多内容推广资源；利用百度的历史积累，获得更多潜在作者资源；利用百度的销售优势创造高于市场水平的溢价。

②低成本战略：反其道而行之，以高溢价抢夺优质作者。

③集中化战略：主攻几个垂直领域，提供更好的服务与支持。

（2）业务与产出

业务与产出，主要是指分析业务问题，并根据运营战略推导出竞争方案。

业务与产出有6个关键分析点：明确问题、分析问题、评估现状、评估资源、战略落地、效果评估。

仍以百家号举例：

明确问题：作者圈口碑很差。

分析问题：口碑差—收入低—没有流量；根本原因是"定位在手机百度App的DAU（日活跃用户数）距离头条太远"。

评估现状：手机百度App的量能短期提升吗？不能。

评估资源：流量上不去，可以提升单价吗？不能。这个时候该怎么办呢？重新回到提升流量，目光转向百度最大的流量源。

战略落地：使用大搜索资源，寻求高层支持。

效果评估：流量整体提高了30%～45%。

分析完以后，由运营战略推导，得出了一份业务竞争方案。

差异化战略：利用百度优势，搜索信息流双引擎驱动、短期流量提升30%；将大量百度联盟伙伴转化，短期转化3万作者。保证覆盖率前提下，主攻腰部作者，提升品牌。

低成本战略：反其道而行之，广告收入全部返还作者。

集中化战略：作者垂直类频道分五级，五个细分领域给予更大流量，增加50%冷启动流量供应。主攻垂直细分领域，增加线上活动和作者教育，6个月15场线下沙龙。保证覆盖率的前提下，主攻腰部作者，打造20个大IP。

（3）规划工作五要素：人、财、物、数据、时间

人、财、物、数据、时间是任何一份运营规划工作中都重要的要素。

以百家号运营规划五要素举例：

执行人员：运营经理A、运营经理B。

费用要求：运营经理A需要的费用，如拉新费用、作者单价费用、作者留存率费用；运营经理B需要的费用，如百家号大学运营费、专项补贴费。

资源要求：运营经理A需要的资源，如人员需求、百度内资源、百度系资源；运营经理B需要的资源，如内页位置，研发排期、线下场地等。

数据指标：运营经理A，作者覆盖率、作者活跃度、作者文章质量；运营经理B，页面浏览量、参与作者数量、平均点击增长量、短信到达率。

时间表：运营经理A，如2019年一季度完成的业务指标……运营经理B，如2019年一季度完成的业务指标……

（4）落地执行，达成目标

一份运营规划方案最终落地执行的时候，其产出包括内容、文案、活动、用户运

营、用户增长、渠道运营、品牌运营等。

3. 战略推进

战略必须要有团队来执行，这就涉及团队管理。

比如，要提高团队的工作意愿，就要让团队相信公司的未来，如要经常向团队表达清楚公司的愿景是什么，公司未来的发展规划和目标是什么，只有有目标才会有动力。

要让团队在工作中得到成长，得到发展，要带领团队“打胜仗”，“打胜仗”是团队获得成长的最好方式，也是让团队建立信心的最好方式。

有时还需要给团队制造压力，可使用 KPI 或者 OKR 对工作进行考核。

可以量化的就用 KPI 考核，如销售业绩考核。不可以量化的就用 OKR 考核，其中 O 指目标，KR 指关键成果。

在公司具体运作过程中，目标拆解必须落实到具体任务甚至到个人，才能够让下属有效执行。对创业团队而言，更多的是把目标指定给下属后，让下属自主给出解决方案。

第五节　品牌营销

美国市场营销协会提到，品牌是一种名称、术语、标记、符号或设计，或是它们的组合，用以识别针对某个销售者或某群销售者的产品或服务，使之与竞争对手的产品或服务相区别。

凯文·莱恩·凯勒认为，品牌是立足于现实的认知集合体，存在于人的认知中，是品牌受众关于某一对象如企业、非营利性组织、地区、个人的态度和行为的认知的集合体，也就是说，品牌是人脑海中对某种东西认知的集合体。

理解了什么是品牌以后，如何打造品牌呢？打造品牌的过程是一连串商业行为积累的过程，这个过程是企业围绕用户做一系列与品牌有关的事情，包括运营、营销以及优化产品质量，让用户认识并记住企业，向用户证明自己与其他竞争者的产品或服务有何不同。

品牌营销的内容可以用一个公式概括：

品牌 = 用户 ×（运营 + 营销 + 产品质量）

品牌打造的四步骤方法论可以作为参考。

第一步：品牌命名与品牌传奇故事。

一个好的名字，是一个企业、一种产品拥有的一笔永久性的精神财富。一个企业，其名称、商标一经登记注册，就拥有了对该名称的独家使用权。一个好名字能时时唤起人们美好的联想，使其拥有者得到鞭策和鼓励。因此，起好名字是品牌成功的第一步。

起好品牌名字之后，讲好品牌故事也很重要。只有讲好品牌故事，企业及其产品看起来才会更感性、更有温度。

第二步：品牌定位。

品牌定位的核心是回答好以下 3 个问题：你是谁？有何不同？何以证明？

第三步：网络引爆与品牌营销传播。

6 个经典的品牌营销传播方法：对比战、跨界战、话题战、产品战、借势战、造势战。

营销传播的 8 个步骤分别为：①识别目标受众；②确定目标；③设计传播渠道；④选择传播渠道；⑤确定预算；⑥决定媒体组合；⑦测量结果；⑧管理整合营销传播方案。

第四步：同消费者深度持续沟通。

第六节　全渠道运营

（1）为什么要做全渠道运营

竞争激烈、流量红利消失、流量超级碎片化、用户体验升级需求等使得企业必须做全渠道运营。

全渠道运营的核心是盈利，其收入公式为：

$$收入（营业额）=流量\times转化率\times客单价\times重复购买率$$

在这个公式里，要提高收入就要想办法提高各个渠道的流量，提高各个渠道的转化率和卖出商品的客单价，并做好私域流量的运营，提高重复购买率。

全渠道的整体结构包括前台、中台和后台：

- 前台：主要指各个平台，如京东系、阿里系、微商系、内容系（百度搜索、今日头条、快手等）。
- 中台：内容与分发，商品与资源，物流与售后。
- 后台：私域流量池。

（2）全渠道对标，渠道竞争力分析与提升

理解了全渠道的运营结构以后，就要思考如何运营好一个个独立的渠道。这个时候需要全渠道对标，分析与提升渠道竞争力。企业要解决好以下这几个问题，来提高渠道竞争力。

①用户为什么买这件产品？

②用户为什么要买你的产品？

③用户为什么以后还会买你的产品？

④用户为什么推荐别人来买你的产品?

解决这几个问题的方法就是，在渠道竞争中，从产品维度方面，提高产品的竞争力。

比如，某婴儿手推车公司的运营人员，在某平台上推销婴儿手推车，为了提高竞争力，会针对消费者的产品需求提出“多挡可调节座椅、双向推杆、购物篮、手动刹车、可视天窗”等亮点；针对消费者的赠品需求，会提出“赠送安全腕带、奶瓶架、凉席”等亮点；针对消费者的售后需求，会提出“3 年保质、7 天包换”等亮点。

第七节　数据分析

一、数据指标体系设计

不同的业务模式、不同的产品类型需要的数据不一样，以至于数据指标体系的设计也会不一样。本书主要介绍 4 种不同类型的业务，分别为信息服务类型的业务、工具类型的业务、电商类型的业务、UGC（用户原创内容）和 PGC（专业生产内容）类型的业务。

（1）信息服务类型的业务。这种类型的业务给用户提供足够多的信息，供用户浏览。这样的业务类型需要的数据指标包括访问量、访客数、浏览数、浏览量、页面停留时长、网站停留时长、跳出率、退出率、转化率。

（2）工具类型的业务。这种类型的业务可以帮助用户高效地完成一个具体的任务，它需要的数据包括以下方面：

①用户获取阶段：下载安装量、激活用户量、激活率、新增设备数、用户获取成本。

②用户留存阶段：次日留存率、7 日留存率、30 日留存率。

③用户转化阶段：付费用户比例、首次付费时间、用户平均每月营收、付费用户平均每月营收。

④收入核算阶段：收入金额、付费人数。

（3）电商类型的业务。这种类型的业务，目的是向用户销售商品，它需要的数据包括总销售额、购买客户数、客单价、购买转化率、UV（独立访客数）、活动曝光率、活动下单率等。

（4）UGC 和 PGC 类型的业务。这两种类型的业务涉及的产品包括媒体型产品、社区型产品和社交型产品。

媒体型产品需要的数据包括访客数、阅读量、点赞量、评论量、分享量、平均停留时长。

社区型产品需要的数据包括访客数、平均停留时长、沉默用户数、发文量。

社交型产品需要的数据包括用户数、平均好友数量、会话数量、消息数量、日均使用时长。

二、数据的获取与采集

怎么获取与采集数据？实践中获得数据最直接有效的方法就是，将专业的事交给专业的人，运营人员只需把数据指标体系整理出来告诉技术人员，技术人员就会采集与提取需要的数据。

三、常用的数据分析方法

1. 拆解

将核心指标拆解成细节指标，判断问题或机会出现在哪些环节。

比如，下图是对销售额这个指标进行的拆解。

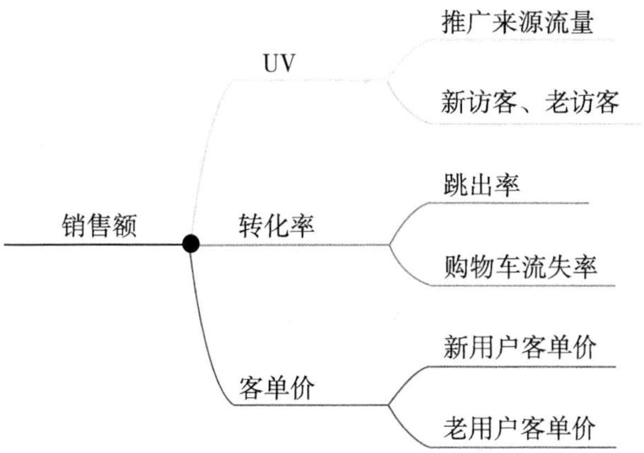

下图是对小红书的年轻用户留存率的拆解。

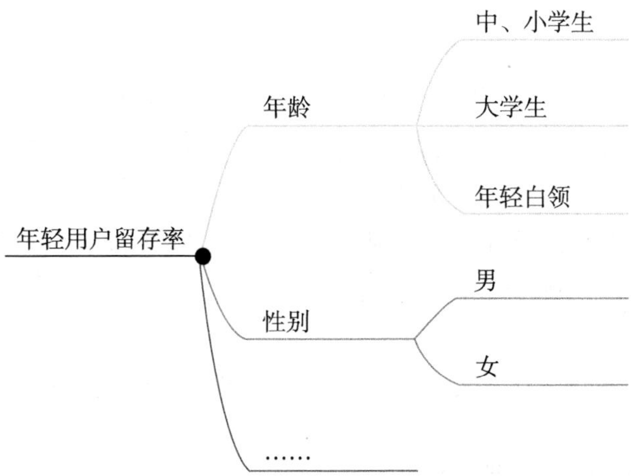

2. 漏斗

以某民宿的运营人员为例，他们在梳理预定转化路径分析时，需要拆解成 3 个漏斗来进行数据分析。

（1）搜索（539）—留下联系方式（276）—确定行程—预订。

（2）搜索（1078）—留下联系方式（355）—预订。

（3）搜索（316）—预订（70）。

3. 对比

比如渠道 A 和渠道 B 的对比（获取、激活、留存、收入、推荐方面的对比），渠道 A 引入 100000 个用户，单个用户成本 3 元，引入的用户激活 50000 个，最终留存下来的有 5000 个，单个留存用户成本 60 元，贡献收入的用户有 1000 个，单个付费用户成本 300 元。渠道 B 引入 50000 个用户，单个用户成本 10 元，引入用户中激活的用户有 45000 个，最终留存下来的用户有 25000 个，单个留存用户成本 20 元，贡献收入的用户有 15000 个，单个付费用户成本 33 元。

四、数据分析与试验增长闭环测试

数据分析与试验增长闭环测试的核心逻辑是“假设—验证—分析”。

实施的方法是，“提出假设—计划排期—运行试验—研究调查—数据分析—行为分析—提出假设”这么一个闭环试验。

【综合练习】

一、单项选择题

1. 为了适应消费者需求的快速变化，企业组织结构必须由原来的直线职能制向（　　）转变。

A. 开放式　　B. 持续化　　C. 团队化　　D. 扁平化

2. （　　）是战略管理的第一个步骤，是制定战略的基础，主要是分析对企业当前生存和未来发展有一定影响的关键性因素。

A. 战略评价　　B. 战略实施　　C. 战略分析　　D. 战略选择

3. （　　）是指对之前提出的和现在进行中的战略进行回顾，参照企业在开展某一战略后的经营成果，判断该战略是否有效和科学。

A. 战略评价　　B. 战略实施　　C. 战略分析　　D. 战略选择

4. （　　）就是将现有产品大量地投放到现有市场上，以进一步增加销售量，提高市场占有率。

A. 市场垄断战略　　B. 市场渗透战略　　C. 市场开发战略　　D. 产品开发战略

5. （　　）是指建立一个被广泛接受的信息交换标准格式。这样能够使 B2B 电子商务网站被更多客户使用，并且可以方便地与企业内部各渠道融合到一起。

A. 网络安全法　　B. 信息标准化

C. 用户身份验证　　D. 网络交易的集成化处理

6. （　　）是电子交易中心系统的核心，直接关系到交易状态、用户满意度。

A. 合同管理　　B. 客户管理　　C. 供应商管理　　D. 交易管理

7. 企业的生产力及竞争力，已不再取决于资本及劳动力的大量投入，而是取决于（　　），以及提升人力素质、强化组织间的联系，这些因素都与信息化的发展息息相关，信息化深深影响着企业的管理模式及策略。

A. 积累足够的资本　　B. 聚集相应的人才

C. 有效整合及分配资源　　D. 完善相关法律法规

8. 电子商务以（　　）替代了传统纸介质，贯穿部分或全部商务解决方案的全过程，从而带来了一种新的贸易服务方式。

A. 数字化网络和设备　　B. 互联网广告

C. 互联网金融　　D. 软硬件设备

9. 随着企业营销理念的变化，企业营销的重心转变为（　　），由此导致企业营销管理的重心转变为“4C”，即客户、成本、方便、沟通（Customer、Cost、Convenience、Communication）。

A. 满足客户需求，提高成交量　　B. 满足客户需求、以客户为中心

C. 以客户为中心　　D. 以企业为中心

二、多项选择题

1. 电子商务为企业管理带来的机遇包括（　　）。

A. 降低交易成本　　B. 扩大交易范围

C. 降低库存压力　　D. 更好地整合内外部资源

2. 电子商务给企业管理带来的阻力有（　　）。

A. 对柔性生产能力提出更高的要求

B. 扁平化、开放化的组织机构面临传统部门的阻力

C. 对物流服务水平提出更高的要求

D. 人才不足

3. 电子商务环境下网络企业组织结构特点有（　　）。

A. 扁平化　　B. 小型化　　C. 虚拟化　　D. 学习化

4. 电子商务企业战略的生命周期包括的阶段有（　　）。

A. 战略的萌芽期　　B. 战略的调整期　　C. 战略的实施期　　D. 战略准备期

5. 战略评价的主要内容有（　　）。

A. 考察企业开展战略的内部基础

B. 比较实际结果和预期目标

C. 评估为保证行动和目标一致性采取的相关措施

D. 评估是否取得利润最大化的效果

6. 战略管理的组成部分包括（　　）。

A. 战略分析　　B. 战略选择　　C. 战略实施　　D. 战略评价

7. 战略分析包含的主要内容有（　　）。

A. 规划企业的长远方向，为企业战略的制定和评估提供参考依据

B. 分析企业外部条件

C. 分析企业内部条件

D. 分析企业关联方

8. 制订战略备选方案的方法有（　　）。

A. 自上而下　　B. 专家评估　　C. 上下结合　　D. 自下而上

9. 对已有备选战略方案的评估标准有（　　）。

A. 能否扬长避短　　B. 是否最终实现财务目标

C. 风险大小　　D. 利益相关方能否认同

10. 战略实施的特点包括（　　）。

A. 自上而下　　B. 服从指挥　　C. 目标化　　D. 动态化

三、名词解释

1. 依附战略
2. 夹缝生存战略
3. 市场渗透战略
4. 市场开发战略
5. 产品开发战略
6. 购并战略
7. 集中化战略
8. 差异化战略
9. 低成本战略

四、简答题

1. 简述 B2B 电子商务系统应具备哪些功能模块。
2. 简述 B2B 电子商务的特点。
3. 简述电子商务企业战略的评价层次。
4. 简述实施购并战略需要注意的事项。
5. 简述实施多元化战略需要注意的事项。

五、论述题

1. 论述电子商务对企业管理的影响。
2. 论述电子商务企业在不同生命周期阶段应采用的战略。

第八章　网店运营

【学习目标】 通过本章的学习，学生应了解网店运营的具体工作内容，了解淘宝开店的流程，了解网店装修、爆款打造与引流方法，熟悉网店运营评价指标及提升策略，熟悉速卖通跨境电商平台。

【关键词】 网店运营；淘宝开店；爆款；引流；网店运营指标；速卖通

随着生活的信息化和互联网的普及，网络购物已经改变了人们传统的购物模式。网络购物不受时间和空间的限制，其商品的多样化给予消费者更多选择，使购物更加便利，吸引了越来越多的消费者，因此，网上开店这一领域充斥着巨大的商业价值，在互联网技术日益成熟的今天，网店运营及商品推广已经成为新型电商人才的必备技能。

第一节　网店运营具体工作内容

我们经常说网店、网店运营，但是很多人对网店运营的概念还是很模糊，甚至完全不懂。那么，网店运营究竟要做什么呢？

第一，我们需要了解网店运营这个岗位。简单地说，网店运营就是负责店铺及其商品在电商平台上的推广，为店铺带来发展或是销量的提升。

第二，网店运营要根据电商平台搜索引擎的判定因素以及影响店铺和商品自然排名的因素对店铺进行优化。比如，做好关键词设置。关键词就是客户常搜索的产品词（如手机产品的关键词包括手机的品牌、型号等）。

（一）网店运营人员需要哪些能力

在互联网高速发展的今天，网店运营仍然处在一个基础阶段，运营模式的转变空间较大，因此，逻辑思维能力、营销能力和协调能力，良好的统筹能力，对于网店运营人员来说是很重要的。

（二）网店运营的核心是转化率

提高转化率的方法有：

（1）提高产品的吸引力，可以从产品定价、页面描述、赠品、附加价值等方面出发。

（2）提高店铺页面的美观度。

（3）提高商品的销量，不要出现零销量的商品。

（4）提高好评的数量和质量，减少中差评。

（5）吸引精准流量。

（6）多与顾客互动。

（7）提高客服的聊天技巧。

（三）网店运营应具备的条件

1. 资金

资金是网店运营的首要条件，如何运用资金获得更多的盈利，如何为投资者带来最大化的收益，是网店运营的重要内容。

2. 产品

当一种新产品上市时，网店运营者最先要考虑的是这个产品的前景以及整个市场的动向，并且要确保产品质量过关。

3. 服务

网店服务应做到以下几点：

（1）发货速度快。

（2）顾客购物体验好。

（3）客服回复及时且态度好。

（4）售后问题处理得当。

（5）赠品又多又好，让客户惊喜。

4. 目标消费者

网店应根据自己产品的定位，选定目标消费者。目标消费者可以分为两种类型，一种为组织性消费者，另一种为个体消费者。

5. 完善产品包装、产品定价体系及销售模式

网店运营需要考虑结构管理、营销管理、关系管理等多个方面，产品卖出以后，还要为顾客提供良好的售后服务。从顾客的评价中可以看出很多问题，例如产品、物流、客服的问题等。只有针对这些问题对网店运营做出合理的调整，才能提高顾客的满意度。

第二节　淘宝店铺开店流程

淘宝网是在中国乃至亚太地区深受欢迎的网购平台。2020 财年第一季度（2019 年 4 月至 6 月），阿里巴巴中国零售平台的移动活跃用户达到 7.55 亿，单季增长达到 3400 万，这使其过去八个季度实现平均超过 2600 万的用户增长。作为目前中国最大的电商平台之一，淘宝网绝对是简单快捷而又行之有效的网店平台，它既不需要用户懂得复杂的网站制作技术，又有自身得天独厚的用户流量。淘宝网开店流程如下图所示。

（一）注册淘宝账号

想要在淘宝网上开店，首先得拥有一个自己的淘宝账号。用户可以通过邮箱注册或者手机号码注册两种方式申请与激活淘宝账号。

进入淘宝网首页，如下图所示，按箭头指示，单击右侧“注册”按钮或者左上角的“免费注册”按钮进入注册页面。

根据指示信息，按顺序填写下图中的详细信息并完成相关验证，即可完成淘宝账号的注册。

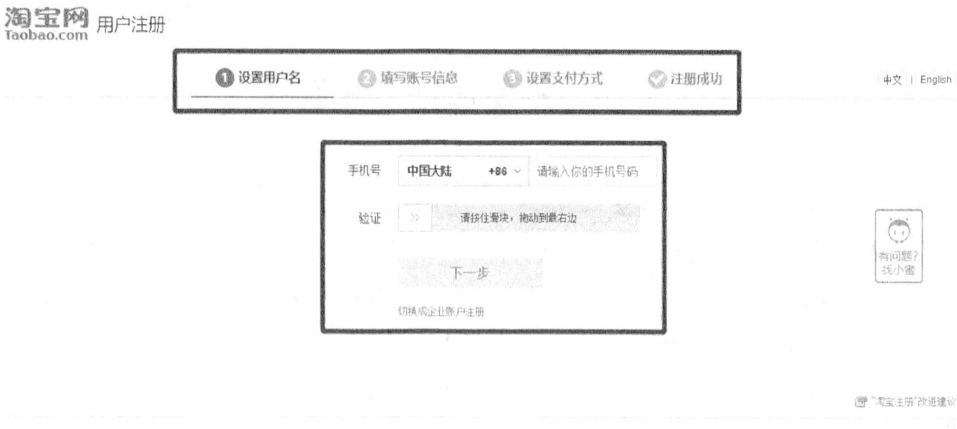

（二）注册支付宝账户

支付宝是阿里巴巴集团的关联公司，能够连接买方和卖方。买家先将货款打到支付宝平台，由平台代为保存，待买家收到商品并确认收货后，支付宝平台再将货款转给卖家，如此便完成一笔网络交易。这是支付宝为保障淘宝网交易安全所设立的“第三方担保交易模式”，是一种简单、安全、快速的在线支付方式。

用户在淘宝网完成账号注册之后，即可直接注册并绑定一个支付宝账户。

具体步骤如下：

（1）在网页中搜索“支付宝”，找到其官网并打开，如下图所示。

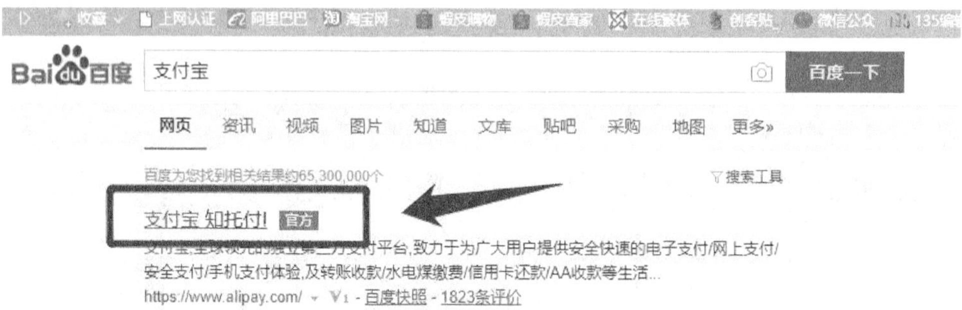

进入官网后，点击“立即注册”，根据步骤要求填入相关信息并验证成功，即完成支付宝账户注册，如下图所示。

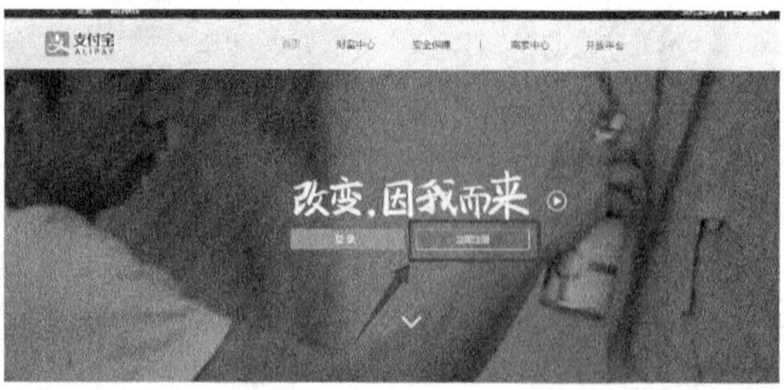

（2）进入淘宝网首页，登录已经注册好的淘宝网账号，并点击进入“我的淘宝”页面，如下图所示。

在下图的页面上方点击“我的支付宝”，进入支付宝页面。

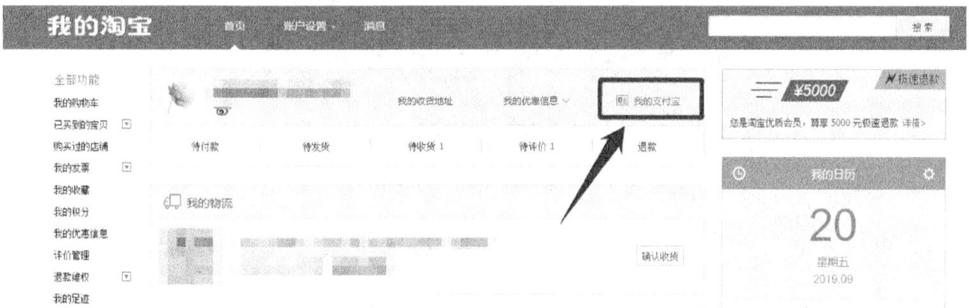

若已注册好支付宝账户，则可按照步骤绑定支付宝账户，并补全相关信息，就能从淘宝网上提现、退款到支付宝账户。

若还没有注册支付宝账户，则可在打开支付宝页面后，根据步骤要求，将相关信息填写完整，包括“安全保护问题（即密保问题）”“真实姓名”“身份证号码”“职业”“常用地址”等。在相关信息填写完整之后即可确认注册，然后在打开的新页面中点击“立即开通”，进入“快捷支付”窗口，选择所要绑定的银行卡的发卡行和银行卡类型（必须是已经开通网银的银行卡）。

开通银行卡快捷支付时需要填写姓名、证件及储蓄卡卡号、手机号等信息，最后单击“同意协议并开通”。

以上是注册支付宝账户的两种方式，接下来将介绍如何进行支付宝实名认证。

（三）支付宝实名认证

支付宝实名认证是针对支付宝用户提供的一项身份识别以及银行账户核实服务。

在淘宝网首页点击进入“我的淘宝”页面，然后点击进入“我的支付宝”页面，点击“实名认证”，即可按步骤要求完成支付宝实名认证。

（四）淘宝店铺认证

淘宝店铺认证是专门针对淘宝卖家的一项身份识别服务，需要卖家提供真实的个人信息，以便赢得买家信任，避免不必要的交易纠纷和麻烦。具体步骤如下：

如下图所示，登录淘宝网主页，点击右上角的“千牛卖家中心”，进入淘宝网卖家中心。

如下图所示，选择“创建个人店铺”，并按照步骤要求完成相关认证，等待淘宝网后台人工审核，审核完成后，即可完成淘宝店铺的注册。

（五）创建店铺

淘宝店铺认证完成后，开网店的三个条件（支付宝账户注册、支付宝实名认证、淘宝店铺认证）已经全部具备，然后就可以创建淘宝店铺了。

在淘宝店铺卖家中心点击“创建店铺”，进入用户协议条款页面，阅读协议条款并单击“同意”以后，店铺就创建成功了。

第三节　网店装修

好的网店装修可以营造舒适的购物环境，对顾客的购买行为产生比较大的影响，有利于店铺销售业绩的提高；另外，店铺网页的颜色和风格可以突出商品的形象，加深顾客对产品的印象，有利于产品的传播。

网店装修需要技巧，没有设计经验的新手只要充分利用淘宝的优惠政策，如旺铺专业版的免费使用、淘宝图片空间的免费使用等，就可以让自己在装修的时候更得心应手。另外，素材的收集、上传与管理也是装修过程中很重要的铺垫工作。

网店装修前需要做的准备：①浏览知名店铺，学习装修技巧。尤其是新手卖家，需要多浏览一些同类店铺，观察其装修风格，取其优势，若有机会可向其他店主请教一些装修技巧。另外，要仔细研究淘宝网提供的各项装修服务，学习具体的装修方法和技巧。②制订装修方案，准备装修素材。细化装修方案，设计装修细节，制订装修步骤，提前准备好需要使用的文字和图片素材，在装修时不至于手忙脚乱。③做好店铺定位，明确装修思路。明确店铺主营商品和目标客户群，并以此为依据确定网店大致的装修风格。

（一）店标与店招的设计

店标的设计要新颖、与众不同，有自己的风格；店招要醒目、能吸引人，使店铺经营的商品一目了然，和店铺整体风格一致。好的店标和店招不但能起到很好的宣传作用，还能传达店铺的经营理念，彰显店铺的形象。

另外，可根据不同的运营需求，尝试设计静态店招、动态店招、主题店招、促销活动店招和特殊节日店招等，可以用到的软件有 Photoshop（图像处理软件）、美图秀秀等。当然，如果不想自己设计，也可以使用淘宝官方提供的收费或免费模板。

（二）导航设计

店铺导航是网店装修的关键部分之一，是买家访问店铺的快速通道，可以方便买家从一个页面快速跳转到另一个页面，查看店铺的各类商品信息。因此，设计清晰的店铺导航，有助于增加店铺页面访问量，便于买家浏览更多的商品，提高店铺转化率。

在设计导航之前，卖家需要设置好商品的分类、自定义链接等，才能为店铺导航添加可跳转的链接页面。

（三）商品分类的设置

在网店装修中，设置商品的分类是一项非常重要的操作，网店页面中的商品分类模块（一般在页面左侧），可以向买家展示店铺中所有商品的分类。对商品分类进行合理的排序，可以让有需求的顾客以最快的速度找到店铺中的特定商品。

（四）店铺公告的编写

店铺公告是网店展示的重要信息，从店铺公告上可以看出店主的用心程度和店铺经营的亮点。这就是众多卖家都要不遗余力地制作一款富有个性的店铺公告的原因。店铺公告大多图文并茂，有些还采用动画效果，甚至还有背景音乐等，目的就是给浏览者留下深刻的印象，尽可能地起到宣传作用。

（五）商品图片美化设计

商品图片美化设计对淘宝店铺起着至关重要的作用，一张漂亮的商品图片可以直接刺激买家的视觉，使其产生了解商品的兴趣和购买的欲望。

美化图片的方式包括在不影响图片清晰度的情况下调整图片的尺寸，图片剪裁、去除背景和瑕疵、调整色温色调、添加水印边框以及 Logo（商标）、合成处理、特效处理等。

第四节　商品拍摄与描述

（一）商品拍摄

图片是商品的灵魂，而图片的产生有赖于前期的商品拍摄。商品拍摄要注意以下几个方面。

1. 合理选择拍摄器材

若是前期图片拍摄得好，则可以省去后期处理的麻烦，而要想拍得好，则要选择合适的拍摄器材。因此，可根据商品的特性，选择具有以下功能的拍摄器材：①较好的微距拍摄功能，可以帮助拍摄者近距离拍摄商品的细节；②手动曝光功能，可以帮助拍摄者在偏暗或者偏亮的环境中拍摄出具有合适亮度的照片；③手动白平衡功能，可以帮助拍摄者在复杂的光线环境下调节白平衡，减少色差。

2. 合理选择拍摄背景

在拍摄商品的时候，不能只追求商品本身的清晰度，商品背景同样很重要，前期选择好背景，可以减少后期处理的时间成本。

（1）背景颜色的选择

要使商品的背景产生简约、干净的效果，可以根据商品本身的特点来选择背景颜色，从而突出或者衬托商品。最常使用的背景颜色是黑色、白色、灰色这 3 种颜色，它们普遍适用于各种商品。如果商品颜色比较奇特，选用中性的灰色一般就能达到协调的效果。选择背景颜色要遵循以下几条原则：①物品的颜色和背景的颜色要有区别，不能一样；②背景颜色要能衬托出商品的特点；③背景颜色的选择要符合商品的使用效果和风格；④背景选择要偏向于简约干净，不能过于复杂花哨。

（2）合理布置光线

在拍摄商品时，光线影响的不只是照片的明暗程度，还影响着照片成像的清晰度和颜色的真实性。因此，在拍摄时应注意以下几点：①避免在光线过暗或者过曝的环境下拍摄，可根据环境的光线情况合理布光；②光线偏冷或者偏暖都会造成商品照片的色差，在偏冷的光线下拍出的照片会偏蓝，在偏暖的光线下拍出的照片会偏黄。在拍摄时，除了通过布光来调整白平衡，还可通过相机的设置来调整白平衡，使得色差范围缩小。

3. 合理选择拍摄构图

商品图片拍摄有 9 种常见的构图法：横式构图、竖式构图、对角线构图、X 形构图、变化式构图、井字形构图、均分法构图、疏密相间法构图和远近明暗法构图。

（1）横式构图

横式构图是使被拍摄的商品呈横向放置或排列的构图方法，这种构图方法可以给人一种可靠、稳定的感觉，用来表现商品的稳固性，是一种常见的构图方法。

（2）竖式构图

竖式构图是使被拍摄商品呈竖向放置或者排列的构图方法，这种方法可以表现出商品的高挑感，一般用来拍摄长条形状或者竖直的商品。

（3）对角线构图

对角线构图把拍摄商品安排在对角线上，利用画面的对角线来展示画面的元素，同时使陪衬体与主体发生直接的视觉联系，形成一种三角形的稳定的效果。这种构图可以增强图片的动态感，使图片稳定而不失活泼，容易产生线条的汇聚感，吸引人的注意力，从而突出主体。

（4）X 形构图

X 形构图是对角线构图的复杂版，也称放射线构图，可以将人的视线吸引到中间的交集点，采用 X 形构图能产生严谨的美感。

（5）变化式构图

变化式构图也称留白式构图，在拍摄时将被拍摄的商品放置在某一角落或者某一边，将画面大部分留白。这种构图方式有助于传达感情，给人思考和想象的空间。

（6）井字形构图

井字形构图也称三分法构图，这种构图方式将画面九等分（俗称“九宫格”），中间4个焦点成为视线的重点，也是构图时放置商品的最佳位置。

（7）均分法构图

均分法构图为了在视觉上突出商品，将商品放在画面的中间，左右基本对称，上下空间比例大体呈现均分的状态。

（8）疏密相间法构图

疏密相间法构图，用于需要在画面中央摆放多个商品进行拍摄的情况，取景的时候最好让商品错落有致、疏密相间。

（9）远近明暗法构图

远近明暗法构图就是拍摄商品的时候带上一点近景，或者隐隐约约保留一点颜色比较淡的远景，以增强画面立体感，表现出丰富的拍摄层次，但远近和明暗层次要使用得当，否则会显得不协调。

（二）商品描述

1. 打造一个夺人眼球的商品标题：精准的流量来源

淘宝网规定商品标题关键词最多设置为60个字符，即30个汉字，因此如何高效利用这30个字获取流量便显得尤为重要。

获取热点关键词的方式：①搜索入口关键词。在淘宝网首页搜索栏的下方会显示最佳热点搜索关键词。②搜索下拉关键词。顾客在搜索商品时，淘宝网搜索系统会自动匹配一些下拉关键词，这些词的流量通常比较大，也特别容易被顾客选择。③参考同行的关键词。点击搜索某种商品时，最先出现的一些卖家，他们的关键词往往具有一定的优势，可以适当借鉴。④利用“生意参谋”提取。可以借助淘宝卖家中心的数据分析工具“生意参谋”进行关键词的提取，“生意参谋”是淘宝网官方免费提供的数据分享平台，可以为卖家提供实时直播、经营分析、市场行情数据等。

2. 商品的图文描述：买家了解商品属性的重要途径

商品描述的总体原则：①有流畅的文字叙述。描述的语句要符合基本语法，避免出现错别字，文字叙述要有亲和力，不能太生硬。可以通过编辑设置文字的大小、颜色、粗细等来调整文字的美感，多用一些符合店铺风格的文案，不可生搬硬套同类店铺的文案，文字叙述应避免产生歧义，介绍时尽量准确，细腻的文字叙述是打动顾客的重要因素。根据商品的不同特点，商品描述主要可分为引导型描述、朴实型描述、热闹型描述、技术型描述、情感型描述和实用型描述等。②有正确、清晰的总体结构。当文案和图片素材都准备好之后，就可进行详情页的排版布局了，将两者结合，就可以形成良好的叙述效果。另外，在排版布局的时候，应保持图文整齐，不杂乱，具有统一的风格。

第五节　网店客服

（一）网店客服概述

网店客服是指在电商平台负责销售产品和提供在线服务的工作人员，其主要工作是在线为顾客提供售前、售中、售后服务。

一个优秀的网店客服能够从顾客的角度出发，让顾客相信自己，从而引导顾客下单。除了销售商品外，优秀的网店客服还能够在企业与顾客之间建立、维系良好的关系，培养忠诚的顾客，达到顾客价值和企业利润的最大化。

网店客服的工作为店铺商品的销售提供了增值服务，优质的服务不仅可以提升顾客的购物体验，还可提升企业的品牌价值。

（二）网店客服的价值

网店客服的价值主要体现在以下几点：

（1）提高转化率。

（2）提升品牌口碑。

（3）改善用户体验。

（4）促成二次消费。

（5）优化店铺指标。

（三）网店客服与顾客沟通的技巧

1. 常用话术技巧

常用话术技巧有：

（1）接待开场白。要热情、贴心，也可以结合当下店铺的活动，吸引顾客眼球，从而达到刺激需求的效果。

（2）回答是否有货。有货时引导顾客下单购物，缺货时向顾客推荐相似产品或者关联产品，促使顾客下单。

（3）回答发货时间/用哪家快递。应结合店铺的实际情况回答顾客。

（4）回答到货时间。物流的效率一般是卖家无法掌控的，因此卖家不能做出具体的承诺。

（5）回答有关退换货的问题。应及时与顾客沟通，先确认退换货的原因是产品的问题还是顾客自身或者物流的问题，再“对症下药”，提出相应的解决措施等。

2. 沟通技巧

沟通技巧包括：

（1）与人交往，礼貌先行。

（2）坦诚相待，诚信第一。

（3）将心比心，换位思考。

（4）善听善解，领会意图。

（5）理性沟通，避免情绪。

（6）保持积极的对话态度。

第六节 店铺运营

（一）“爆款”打造

“爆款”就是指在所有商品中供不应求、销量很高的商品，一个淘宝店铺如果没有一种“爆款”产品引流，那么店铺的流量就不会太高，销量也不会太高，以至于付费推广的点击率、转换率都不会太理想。

打造“爆款”的基本思路如下：

（1）挑选优质的商品。选款很重要，受大众欢迎、符合大众审美、性价比高等，都是优质商品的基础。

（2）对商品的详情页进行优化。做好商品详情页的描述优化，包括商品细节图、模特展示图、实物对比图，还有必要的文字说明。只有商品详情页做得细致，才能吸引顾客阅读，才有机会引导顾客下单。

（3）对店铺装修进行优化。店铺装修可以增加顾客的认可度，装修要符合店铺、商品风格。如果店铺风格定位不是很明确，则可以选用清新明亮的色调，增加顾客购物时的愉悦心情。

（4）设计促销活动。设计一些主题促销活动，吸引顾客眼球。有数据表明，设置促销折扣时，在页面上显示折扣倒计时，可以有效提升店铺转化率。

（5）利用淘宝直通车。

（二）淘宝直通车

淘宝直通车是淘宝网为淘宝卖家提供的、需要付费的营销工具，能够为卖家实现商品的精准推广。

淘宝直通车的操作过程如下：

1. 明确推广目的

淘宝直通车的推广目的一般可以分为 4 种：增加店铺流量、提高店铺转化率、打造单品爆款、提升品牌形象。增加店铺流量可以直接或间接地增加商品成交量，提高店铺商品的收藏和加购率，提升店铺的转化率，从而提升商品的权重，有利于打造“爆款”商品，为店铺带来更多的免费流量。老顾客的持续购买和口碑传播，能够帮助店铺抢占流量和市场份额，有利于提升品牌形象和扩大品牌传播。

2. 做出推广预算

当明确推广目标之后，就要做出合理的推广预算。这里必须要利用一些公式进行计算。例如，成交用户数 = UV × 转化率；销售额 = 成交用户数 × 客单价 = UV × 转化率；直通车费用 = 点击次数 × 点击单价。

3. 制订推广计划

制订推广计划的步骤：选择商品—选择关键词—设置日限额—设置投放区域—设置投放时间—选择投放平台—确定投放人群。

（1）选择商品

选择商品是开通淘宝直通车的第一步，因此一定要慎重。不管选择哪类商品，都需要有良好的销售记录、评价、商品详情页作为支撑。

（2）选择关键词

选择关键词的时候不能凭主观臆断，不同时期、不同目的，选择关键词的方法也不同。如果是为了低价引流，则可以多添加展现低价的关键词；如果是普通推广，就不要加太多匹配度不高的关键词，否则会影响关键词的质量得分，以后可以再根据关键词的展现效果及其点击量进行添加或删减。

（3）设置日限额

日限额是根据自己的资金情况设置每天可以投放多少，投放方式分为标准投放和智能化均匀投放。一般新手都会选择智能化均匀投放，它能够根据流量变化及日限额，在设置的投放时间均匀展现商品的推广，不会因为当日过早到达日限额而错过晚些时候的流量。

（4）设置投放区域

根据店铺情况、行业情况选择投放区域，比如偏远地区不投放或者非店铺商品主要购买区域不投放等，以节省成本。

（5）设置投放时间

投放时间一般可以根据行业模板来选择，后期根据“生意参谋”中店铺访客集中的时间段进行调整。针对冷门类目，需做好充分调查和对比再设置投放时间。

（6）选择投放平台

投放平台分为 PC（个人电脑）端站内和站外投放、无线端站内和站外投放。根据消费者的消费习惯，使用手机淘宝网是现在的趋势所向，因此无线端整体流量较大。建议新手在开店前期关闭站外投放，因为前期投放的主要目的是优化店铺在站内的点击率。

（7）确定投放人群

投放人群可分为优质访客、自定义人群和天气人群，可以在自定义人群和天气人群中根据淘宝指数锁定意向人群。

4. 监控和调整

监控可以让淘宝直通车投放更高效、更省钱，每天都要关注投放效果，并结合数据统计工具进行分析，同时时时刻刻对各项指标进行调整，以获得最佳效果。

（三）站外引流

（1）微博推广引流：①利用热门话题引流，如“5G（第5代移动通信技术）时代”；②发布头条文章，即利用“软文”进行引流；③利用一些新兴引流方式，如Vlog（视频博客）等；④邀请微博“网红”“大V”进行商品推广；⑤微博直播引流。

（2）知乎、豆瓣、博客推广引流：这三大平台适合进行“软文”营销，从而吸引一定的流量。

（3）抖音、快手、微视、哔哩哔哩推广引流：①短视频引流；②直播引流；③好物评测引流。

（4）微信、QQ推广引流：①朋友圈、空间广告引流；②微信群、QQ群引流；③QQ邮箱引流。

（5）微信公众号推广引流：①找粉丝量较大的公众号进行推广引流；②软文营销引流；③文章嵌入广告式引流。

（6）小红书推广引流：“种草”笔记、视频、图片引流。

（四）淘宝店铺的数据分析

数据分析可以起到监控作用，通过数据及对应的分析指标可以监控店铺业务的各个层面，可提前预测销售、客流、访问量、盈亏等数据，可以提前制订对应的策略，为新产品、新策略的制订提供数据支持，这是店铺管理的核心。

淘宝店铺的数据分析包括以下几个方面：

（1）业务指导数据分析。业务指导数据包括销售、人力资源、生产、财务、客服等业务单元，主要管理模块有目标以及预测管理、利润以及费用管理等。

（2）营运数据分析。营运数据分析包括绩效考核、库存优化管理、供应链分析管理、客流分析管理、资金分析管理和客户关系管理（CRM）。

（3）经营策略数据分析。经营策略数据分析包括消费者购买行为分析、会员顾客数据分析、商品的定价策略分析、品牌定位数据分析、竞争对手策略管理数据分析、资源分配策略分析等。

（4）周权重指数分析。周权重指数是以某段销售周期的历史日销售额数据为基础，以周为单位，进行权重分析处理的一种管理工具。周权重指数是一个相对概念，每个店铺的情况不尽相同，一般为7～14。指数值越大表示该店铺的日销售额波动幅度越大。周权重指数是零售店铺用来量化处理各种销售状况、销售事件的管理工具，在淘宝店铺中的应用也非常常见。与周权重指数相类似的，还有日权重指数、月权重指数、指定时间段的权重指数等。

（5）单位权重曲线。每一天的销售额分别除以当日的权重指数，就形成了单位权重曲线。

（6）商品分析指标。商品分析指标主要涉及销售环节、供应链环节、采购环节、售后环节和生产环节。销售环节里有商品指标，如货龄、售罄率、折扣率、动销率、缺货率等；结构指标，如品类结构占比、价位段占比、正价销售占比；价格体系指标，如商品现值、价格弹性指数、价格三分法；畅销滞销指标，如前十大销售及占比、前十大库存及占比、滞销品销售占比。售后环节有退货率、特殊服务率以及残损率等指标。供应链环节有三大指标——服务指标、管理指标和库存指标。服务指标包括订单的满足率、订单执行率、准时交货率、订单响应周期等，管理指标包括库存周转率、物流成本占比、客户投诉率等，库存指标包括期初库存、期末库存、平均库存、库存天数、库销比和有效库存比等。

（7）数据分析指标。数据分析指标主要包括以下几点：

①流量数据：页面浏览量（PV）、访客数（UV）、当前在线人数、平均在线时间、平均访问量、日均流量、跳失率等。

②转化数据：转化率、注册转化率、客服转化率、收藏转化率、添加转化率、成交转化率。

③营运指标数据：成交指标、订单指标、退货指标、效率指标、采购指标、库存指标、供应链指标等。

④会员数据：注册会员数、活跃会员数、活跃会员率、会员复购率、平均购买次数、会员回购率、会员留存率等。

⑤财务指标数据：新客成本数据、单人成本、单笔订单成本、费销比、物流相关的财务指标数据等。

⑥关键指标数据：每日追踪指标（涵盖以上数据总结）、周分析指标、月绩效考核指标。

（8）对比数据分析方法：年限对比、月份对比、周对比、日对比、节日对比等。

（9）二八法则数据分析方法：一种不平衡的法则，即20%的对象产生80%的效果。

（10）图表数据分析方法：四象限图、热力图、K线图、杜邦分析法等。这里主要介绍杜邦分析法。

杜邦分析法（DuPont Analysis）是利用几种主要的财务比率之间的关系综合地分析企业财务状况的一种方法。具体来说，它是一种用来评价公司盈利能力和股东权益回报水平，从财务角度评价企业绩效的经典方法。其基本思想是将企业净资产收益率逐级分解为多项财务比率的乘积，这样有助于深入分析和比较企业经营业绩。由于这种分析方法最早为美国杜邦公司使用，故名“杜邦分析法”。

如下图所示，杜邦分析法具有以下特点：

①将销售额这个最终结果过程化，体现了影响销售额的10个关键指标。

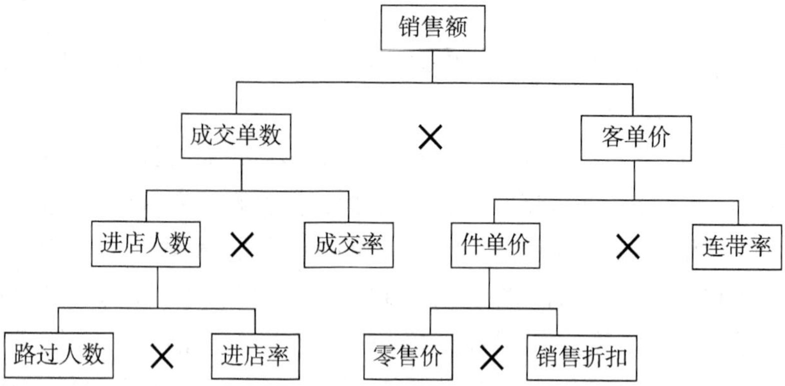

②如果不考虑指标之间的关联影响，则关键指标提升 10%，销售额也提升 10%，因此要提升销售额就要找到店铺最薄弱的环节，各个击破。

③右边的 5 个指标发生变化后很可能会影响左边的“成交率”和“成交单数”指标，但左边的 5 个指标发生变化不会影响右边的指标。

④一般对店铺来说“率”的影响力会大于绝对值的影响力，店铺可能没有办法控制路过人数，但可以想办法提高进店率；没有办法提高零售价，但可以控制销售折扣。

第七节　速卖通跨境零售电商平台

中国电子商务的发展，促使传统贸易方式转变与升级，催生了一批电商行业的从业人员，为中国商贸领域开辟了新的创业空间，如今中国电子商务的发展已经扩张到了全球。中国电子商务走向全球的第一个阶段是将传统对外批发贸易转变为网上跨境批发，而第二个阶段是从网上跨境批发中发展出网上跨境零售。“速卖通”作为网上跨境零售的先锋，现已成为全球最受欢迎的中国跨境零售电商平台。

（一）速卖通的经营特点

众所周知，速卖通是阿里巴巴集团帮助中国企业迈向世界市场的重要一步，在大量企业纷纷涌入的同时，我们应当思考速卖通的经营特点有哪些，因为只有了解速卖通的经营特点，我们才能在今后的经营过程中更加得心应手。速卖通的经营特点包括以下几个方面。

1. 进入门槛低，交易活跃，能满足众多小商家迅速做出口业务的愿望

阿里巴巴集团的速卖通平台对商家没有企业组织形式与资金的限制，入驻门槛低，公司、个人等都可以在平台上发布商品。发布 10 个商品后，卖家就可以在平台上成立自己的店铺，然后可以直接面向全球 200 多个国家和地区的消费者或小型商家交流和推广商品。速卖通上订单反应迅速，提高了双方交易的活跃性。

2. 交易流程简便

速卖通的一大优点就是省时省力，交易流程非常简便。出口商无须成立企业，也无须在国家外汇管理局等备案，无须出口报检。商品出口报关、进口报关全部由速卖通官方完成。买卖双方的订单生成、发货、收货、支付，全在线上完成。速卖通的操作模式犹如国内的淘宝网，非常简便。卖家通过第三方物流迅速发货，买家通过银行卡进行交易支付。买卖双方不需要具有信用证、贸易术语等外贸专业知识，降低了从事进出口业务的门槛。

3. 无关税支出

由于速卖通的单笔订单成交金额低，所以商品价值普遍较低，没有达到进口国海关关税的最低起征点，因此无关税支出，这大大降低了消费者的购买成本，使得速卖通平台上的商品具有较强的价格竞争优势。

4. 商品选择品种多，价格低廉

基于中国制造业的聚集优势，中国目前已是全球众多国家商品的货源国。国外消费者利用网络和速卖通平台，越过自己国家的零售、批发商，直接向中国供货商购买商品，可供选择的商品品种多、价格低廉。因此，全球速卖通业务跟传统国际贸易业务相比，具有无比强大的市场竞争优势。

5. 近期无贸易摩擦压力

由于速卖通业务订单金额小，因此商品往往以礼品或样品的方式进入进口国，其对进口国同类产业的影响往往被进口国忽视。因此，近期来看，小额的跨境电子商务可以避免中国产品出口到国外的国际贸易摩擦问题。

但长期来看，若进入国外的商品量太大，将会对进口国的产业形成冲击，使进口国警觉，甚至迅速行动，对中国施加压力，产生国际贸易摩擦问题。因此，速卖通业务虽然近期无贸易摩擦压力，但长远来看，容易导致国家间贸易摩擦。

（二）账号注册流程

第一步：进入速卖通首页，单击右上角的“注册”，如下图所示。

第二步：根据步骤要求，选择注册公司所在国家，之后输入电子邮箱地址，设置登录密码，填写注册手机号，勾选“同意遵守会员协议”，再点击下一步，如下图所示。

验证相关信息，如邮箱和手机号，再根据已有的注册条件进行实名认证，最后提交审核，审核通过即成功注册速卖通店铺。

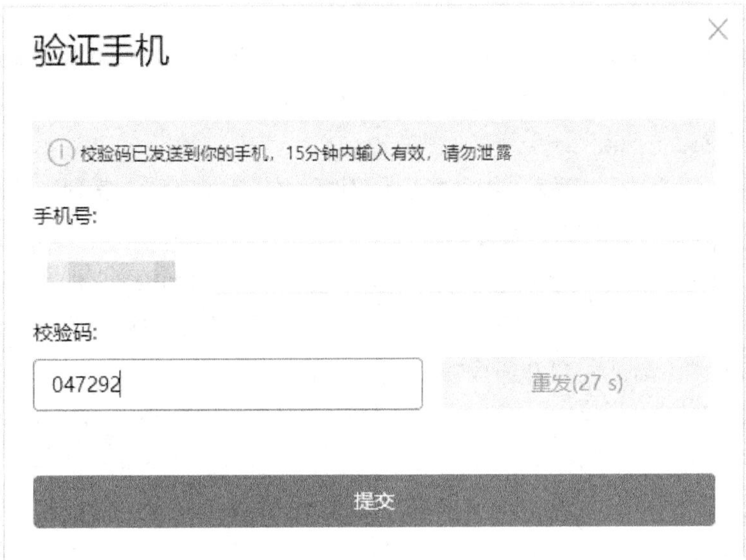
验证手机
校验码已发送到你的手机，15分钟内输入有效，请勿泄露
手机号:
校验码:
047292
重发(27 s)
提交

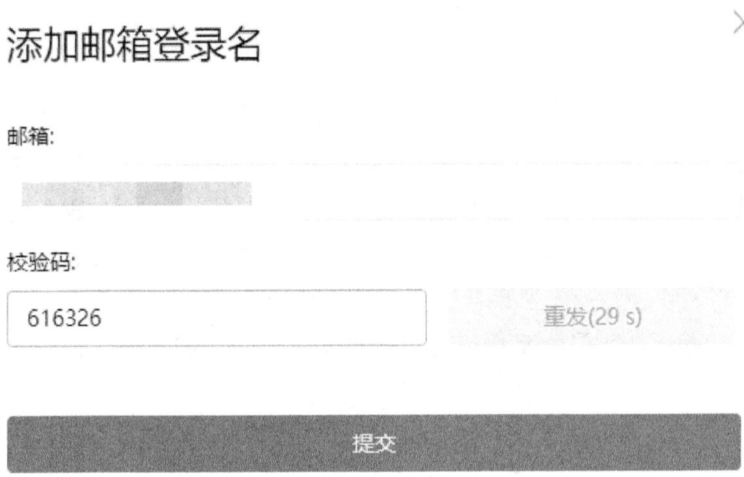
添加邮箱登录名
邮箱:
校验码:
616326
重发(29 s)
提交

注册
完善信息
审核
实名认证
申请认证并确定该速卖通账号的权责承担主体，仅当有法律明文规定、司法裁定或经速卖通同意，否则您的账号不得以任何方式转让、出租或出借，由此产生的一切责任均由您承担，并且速卖通有权关闭该等速卖通账户。
认证方式: 企业 个体户
个体户支付宝授权认证
登录企业支付宝即认证成功
请确认您拥有认证过的企业支付宝账号，且企业支付宝账号中的企业信息为最新。
去认证
个体户法人支付宝授权认证
第一步 上传资料
• 公司名称 • 注册号/统一社会信用代码 • 法人代表姓名
• 营业执照图片 • 法人身份证号
第二步 登录法人实名认证支付宝账号
第三步 人工审核
第四步 完成认证
去认证

第三步：设置收款账户与提现账户。

账号注册与认证成功之后，用户需要在平台内设置收款账户，收款服务由支付宝国际提供，支付宝国际账户只能接收美元与人民币。

（1）开通支付宝国际账户

用户可进入“交易”面板，在“交易”面板中的“资金账户管理”页面点击“支付宝国际账户”，进入账户开通页面。

进入账户开通页面后，系统会发送一串动态验证码到用户绑定的手机，用户在验证码输入栏输入验证码，点击“下一步”，进入支付宝国际账户密码设置页面，输入密码后点击“确认”，则进入“开通成功”提示页面。

（2）设置提现账户

提现账户需设置为两个，一个用于收取美元账户的提现资金，另一个用于收取人民币账户的提现资金。美元提现账户需设置为银行卡卡号，人民币提现账户只能设置为国内支付宝账号。

（三）铺排商品信息

卖家在速卖通上注册的过程，如同开实体店时商家租下门面或者摊位的过程，有了门面或摊位后，商家就需要在其中摆放商品，向客户展示了。卖家在速卖通上铺排商品信息就是其将实体店商品信息搬到速卖通平台上进行展示的过程，商品信息的铺排质量决定了卖家店铺的展示效果，影响商品在买家搜索榜上的排名，而商品的排名将会影响销售量。卖家在速卖通平台铺排商品信息涉及三大问题：第一，铺什么信息；第二，如何铺，也就是如何向平台上传商品信息；第三，如何摆，也就是商品在平台上如何布局。

（四）速卖通的商品信息展现

网络购物是一种线上与线下、虚拟与现实相结合的购物模式，在这个购物过程中，买家对商品的认知是靠卖家提供的信息形成的。如果卖家将商品的信息写得好，描述得清楚，买家自然会解除心中疑惑，从而促成交易；如果商品信息写得差，描述得模棱两可，卖家给出的信息不是买家所需要的，就很难促成交易。

商品的基本信息包括商品的名称、品牌、类型、制造者、大小、重量、功能、外观和价格等。描述手段是商品信息的展现手段，也就是用什么样的方式将商品的信息呈现出来。现今基本的描述手段有三种，第一种是文字描述，第二种是图片描述，第三种是视频描述。文字描述简单精准，但不够直观易懂；图片描述直接形象，但多适用于对外观的描述；视频描述可以动态展示信息，但许多卖家并不会制作视频，且视频所占内存较大，会影响网页浏览时的流畅度。

（五）商品信息的发布

商品信息的发布是卖家经营速卖通的过程中任务量最多、重复最多、最烦琐的一项工作。商品信息的发布就是使用文字或图片准确地描述商品。速卖通开发了一个完整的商品信息描述系统，卖家按系统指示操作即可。

1. 进入发布页面

进入速卖通卖家后台，点击“我的速卖通”，在“快速入口”栏中选择“发布产品”，也可以进入“产品管理”页面发布商品信息。

2. 类目选择

不要轻视类目选择在商品信息发布中的地位，类目的选择决定了商品信息在平台中的位置，如果位置安放不当，买家就很难找到自己的商品。如果无法确定自己的商品属于哪个类目，则可以在搜索框中输入英文关键词，就能自动找到商品所属的类目。

3. 属性填写

速卖通已为卖家设计了许多有关商品信息的选项，并且中文选项可以自动转换为英文。因为这些选项只适合描述一些基本的属性，不一定适合卖家的商品描述，所以速卖通设置了自定义属性功能。利用自定义属性功能，卖家可以根据商品的情况自由设定属性标题与属性内容。

4. 标题与关键词填写

标题的作用是让买家第一眼就了解卖家的商品。标题总字符范围为 128 个，书写的内容必须是英文字符。

关键词可以从商品标题中挑选几个出来，每个商品的关键词最多为 3 个。

5. 图片展示

图片展示主要用于展现商品的外观，最多可用 6 张，速卖通平台只支持 JPG 和 JPEG（有损压缩方式）的图片格式。卖家应尽量展示从多个角度拍摄的商品图片，让买家能够全方位看到商品的外观。商品图片的第一张通常为主图，买家搜索结果中显示的也是主图，因此第一张图要格外重视，这将决定商品能否吸引选购者。

6. 填写销售信息

销售信息是一些关于商品怎么销售的信息，包括销售方式、销售单位、销售单价、物流信息和详细描述等。

7. 商品信息预览、保存

商品信息填写完成后，点击“预览”，出现的预览页面就是速卖通买家平台将要展示的页面，预览后可直接点击“提交”，之后即进入信息审核阶段。

8. 信息审核

商品信息发布后，卖家只需等待速卖通平台审核通过，审核结果可在“管理产品”中查看。审核通过后，商品会直接转入“正在销售”。

除了以上这些，速卖通平台还有修改发布的商品信息、下架发布的商品信息、重新上架、删除商品信息等功能。

（六）速卖通物流方式

1. 经济类小包

经济类小包的时效性较差，物流动态无法追踪，一般不要挂号费，费用比较低，但丢包率相对较高，很适合货值低的、客单价 5 美元以下的货品。经济类小包包括中国邮政小包，菜鸟超级经济、菜鸟特货专线 - 超级经济，中外运 - 西邮经济，AliExpress（速卖通）无忧物流 - 简易等。

2. 标准类物流

标准类物流主要针对客单价较高的货品，时效性较强，需要挂号，费用相对较高，但丢包率较低。速卖通平台明确规定，客单价 5 美元以上的产品必须要选择挂号邮寄，目前速卖通平台大部分在售的商品都选择标准类物流，如 E 邮宝、中国邮政挂号小包、燕文航空挂号小包、AliExpess 无忧物流 - 标准、中俄航空 Ruston 等。

3. 快速类物流

快速类物流非常迅速，物流服务体验很好，但价格昂贵，适合货值非常高的产品。快速类物流包括 EMS（邮政特快专递服务），FedEx IP（联邦快递优先服务），中俄快递 - SPSR、DHL（敦豪航空货运公司）、AliExpress 无忧物流 - 优先等。

【综合练习】

一、单项选择题

1. 店铺招牌的尺寸是（　　）。

A. 宽 1250 × 高 950 像素　　B. 宽 950 × 高 150 像素

C. 宽 950 × 高 600 像素　　D. 宽 950 × 高 300 像素

2. 在拍摄商品图时，最常使用的背景颜色不包括（　　）。

A. 黑色　　B. 白色　　C. 灰色　　D. 蓝色

3. （　　）方法的构图可以给人一种可靠、稳定的感觉，可以用来表现商品的稳固性。

A. 竖式构图　　B. 对角线构图　　C. X 形构图　　D. 井字形构图

4. 下列哪个不是速卖通平台的特点？（　　）

A. 进入门槛高，交易活跃，能满足众多小商家迅速做出口业务的愿望

B. 交易流程手续简便

C. 无关税支出

D. 商品选择品种多，价格低廉

5. 电商运营的核心是（　　）。

A. 平台　B. 资金　C. 团队　D. 转化率

6. （　　）是电商运营中首先要考虑的环节。

A. 平台　B. 资金　C. 团队　D. 转化率

7. （　　）也称留白式构图，在拍摄时将被拍摄的商品安排在某一角落或者某一边，将画面大部分留白。这种构图方式有助于传达感情，给人思考和想象的空间。

A. 横式构图　B. 疏密相间法构图

C. X 形构图　D. 变化式构图

8. （　　）用于需要在画面中央摆放多个商品进行拍摄的情况，取景的时候最好让商品错落有致、疏密相间。

A. 横式构图　B. 疏密相间法构图

C. X 形构图　D. 变化式构图

9. 淘宝规定商品标题关键词最多设置为（　　）个字符，即 30 个汉字，因此如何高效利用这 30 个字获取流量便显得尤为重要。

A. 30　B. 40　C. 50　D. 60

二、多项选择题

1. 客服的价值是（　　）。

A. 提高转换率　B. 提升品牌口碑　C. 改善用户体验　D. 促成二次消费

2. 在拍摄商品的时候，光线影响的不只是照片的亮度，还影响着照片的（　　）。

A. 锐化度　B. 成像清晰度　C. 颜色真实性　D. 明暗程度

3. 想要在淘宝网上开店，首先得拥有一个自己的淘宝账号。用户可以通过(　　)两种方式申请与激活淘宝账号。

A. 邮箱　B. QQ 号　C. 身份证号　D. 手机号码

4. 在互联网高速发展的今天，网店运营仍然处在一个基础阶段，运营模式的转变空间较大，因此，(　　)，良好的统筹能力，对于网店运营人员来说是很重要的。

A. 抗压能力　B. 语言表达能力

C. 逻辑思维能力　D. 营销能力和协调能力

5. 商品的信息描述是展现商品的手段，也就是用什么样的方法与方式将商品的信息呈现出来。基本的信息描述方式有（　　）3 种。

A. 文字描述　B. 图片描述　C. 符号描述　D. 视频描述

6. 挑选合适的商品，做自己擅长的生意，能够（　　）。

A. 品质有保障　B. 价格有优势　C. 供货不掉链　D. 售后不含糊

7. 图片展示主要用于展现商品的外观，速卖通平台只支持（　　）格式。

A. JPG　B. PNG　C. JPEG　D. PSD

8. 以下属于营运指标的数据是（　　）。

A. 效率指标　　B. 供应指标　　C. 会员复购率　　D. 成交指标

9. 一般来说，淘宝直通车的推广目标可以分为（　　）。

A. 增加店铺流量　　B. 提高店铺转化率

C. 打造单品爆款　　D. 提升品牌形象

三、名词解释

1. 对角线构图

2. 周权重指数

四、简答题

1. 淘宝开店有哪些必备的有效证件？

2. 说说数据分析对网店运营的重要性。

3. 商品描述的总体原则是什么？

五、论述题

1. 网店装修前需要做哪些准备？

2. 什么是杜邦分析法？杜邦分析法的特点是什么？

3. 淘宝直通车是如何操作的？

第九章　数据运营管理

【学习目标】通过本章的学习，了解数据运营的概念及框架，了解数据分析工具，掌握数据运营的精髓，熟悉数据化活动运营的分析报告。

【关键词】数据运营；工具；运营的精髓；产品数据化运营

第一节　数据运营的概念

数据运营是数据的所有者通过对数据进行分析挖掘，把隐藏在海量数据中的信息作为商品以合规化的形式发布出去，供数据消费者使用的过程。

在现如今企业的运营中，流量红利渐失，且主要集中于少数大平台；竞争日益激烈，在数百家电商网站的竞争中，仅有淘宝、京东这样少量的垂直电商生存下来；在数千家团购网站的“千团大战”中，仅有“美团”这样的团购平台一家独大；在移动互联网百万 App（手机应用程序）之间的竞争中，超级 App 矩阵正逐渐形成，中小 App 在夹缝中生存。因此，数据分析对企业的生存有着极其重大的影响，甚至决定其生存状况。

数据充斥在运营的各个环节，因此成功的运营一定是基于数据的。当养成以数据为导向的习惯之后，运营就有了依据，不再是凭经验盲目运作，而是有的放矢。

有了足够多的数据，就可以不再依赖主观判断，而让数据成为公司里的“裁判”。理想情况下，如果能够追踪到一切数据，那么所有的决策就可以理所当然地基于数据做出。

在企业中，从整体战略到目标设定，再到驱动商务运营的方法，都应采用一定的数据来衡量运营的效果。

（一）数据运营的准备

1. 数据驱动闭环

数据就是数值，也就是我们通过观察、实验或计算得出的结果。数据有很多种，最简单的就是数字。数据也可以是文字、图像、声音等，可以用于科学研究、设计、查证等。

那什么是互联网产品数据呢？具体来说有以下几点：

（1）产品的流量（UV、PV 等）。

（2）产品的价值体现（功能价值、商业价值等）。

（3）产品的生命力。

（4）RIO、KPI 的根据。

（5）起因、经过、结果。

互联网产品数据对于不同产品类型有着不同的定义和指标，但是所有的互联网产品数据都有一个共同的方向——驱动产品加速形成闭环，具体见下图。

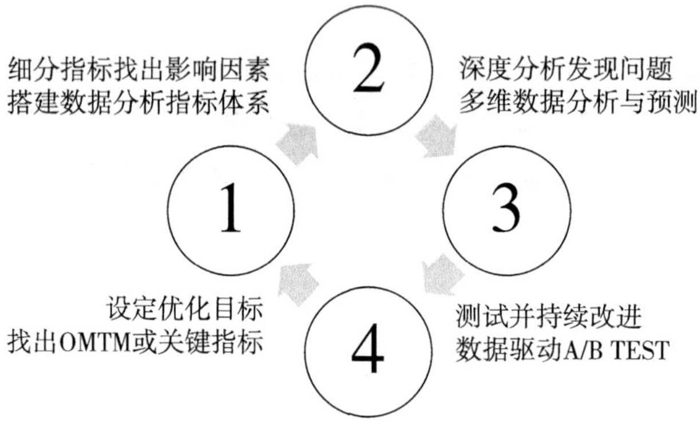

2. 组建增长团队

为什么要组建增长团队？原因有很多，但主要是以下三点：第一，目标凝聚；第二，寻找增长机会；第三，迅速行动。

（1）目标凝聚

一个公司的运营人员，或者说是全体部门员工，在最开始的时候都会关注增长。然而在具体的工作中，每个团队的具体目标是不一样的，比如，产品团队会更关注产品功能的迭代和上线，等到产品上线了，大家又回到理性状态，全员关注增长。这种情况是普遍存在的，因为每个团队的核心目标和优先级都不一样。

（2）寻找增长机会

在传统的组织架构中，往往有很多增长机会被忽略了。

每个部门都有自己的核心 KPI，比如说，产品部门的核心 KPI 就是产品上线了多少个新版本、新功能，产品的使用情况如何；工程部门的核心 KPI 是代码质量、BUG 数量等；而市场部的核心 KPI 就是吸引了多少新用户，品牌的知名度如何。

在这种情况下，部门与部门之间其实存在很多增长机会。

（3）迅速行动

很多公司成立增长团队的原因是遭遇到了增长瓶颈。

公司在经历了一段时间的高速增长之后，一定会经历一个拐点。在这个拐点之后，要么开始衰落，要么进一步增长，上升到一个新的台阶，很多公司在面临这样的拐点时，就会选择从一个传统型的营销组织转变为增长型的营销组织，如下图所示。

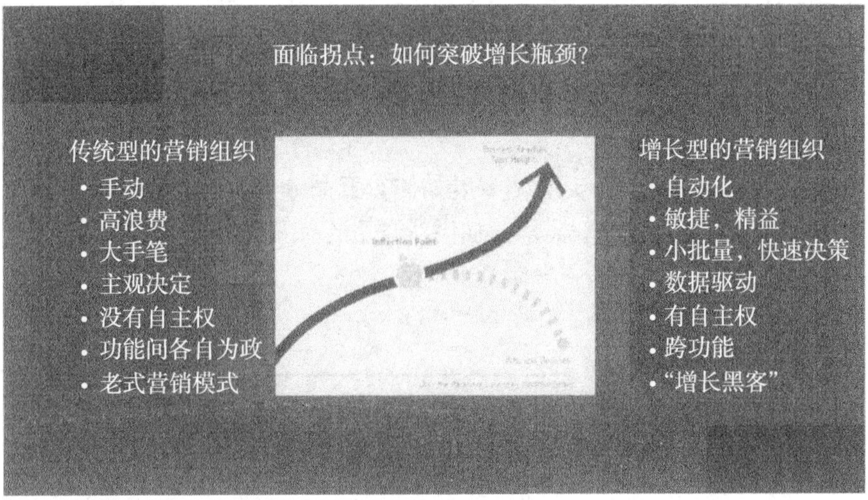

增长型的营销组织更加自动化以及注重数据驱动，会更加快速地迭代和升级。这类组织有一定的自主权，因为是一个跨功能的团队，所以看到机会就可以立马行动，不用花费更多的时间和精力去协调资源、与团队沟通等。

3. 运营生命周期模型（见下图）

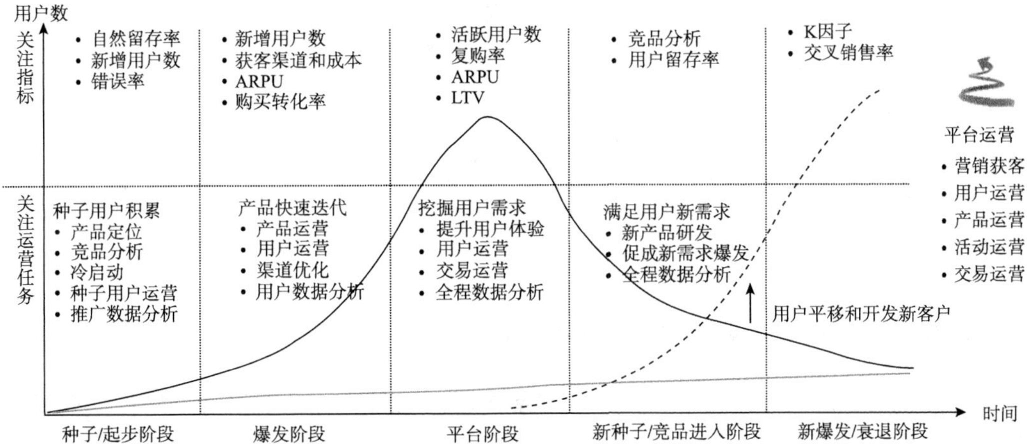

运营生命周期，简单来说就是运营者吸引用户从开始接触产品到离开产品的整个过程。根据上图，运营生命周期模型分为种子/起步阶段、爆发阶段、平台阶段、新种子/竞品进入阶段、新爆发/衰退阶段。

在种子/起步阶段，运营者需要关注所运营平台的自然留存率、新增用户数以及由于运营不当产生的错误率等指标，主要任务是平台的种子用户不断积累，需要关注产品定位、竞品分析、冷启动，通过各种活动对种子用户进行维护和运营，利用数据分析对平台进行推广。

在爆发阶段，运营者要进一步关注新增用户数量、购买转化率、ARPU 和获客渠道及成本等指标参数。这个时期的用户会大量增长，所以运营者要注重产品运营、用户运营、渠道优化、用户数据分析等，把现有产品快速迭代，推出新产品。

在平台阶段，运营者要开始细分用户群体，维护活跃用户数，关注平台复购率等指标，进一步挖掘用户的需求，提升用户体验，促进交易，提高平台的数据化运营效率。

在新种子/竞品进入阶段，运营者要开始注重竞品分析，同时也要关注自己平台的用户留存率。尽量满足用户的新需求，加快新产品的研发，促进新需求的爆发。

在新爆发/衰退阶段，运营者要关注 K 因子和交叉销售率，如果是产品的爆发，则要关注该产品相应的新数据指标；若是产品处于衰退阶段，则要及时对用户进行平移和开发新客户。

4. 采集数据

数据分析依赖于数据的全面性，因此只有采集了足够的基础数据，才能通过各种分析方法得到需要的分析结果。常见的数据采集方式如下图所示。

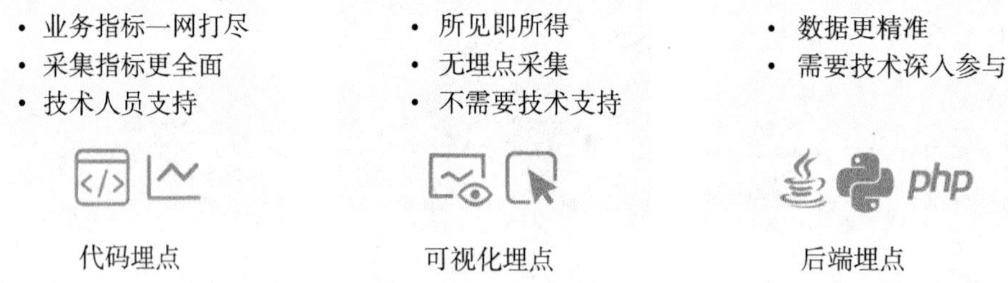

（二）数据运营分析的相关概念

基于数据运营分析，商家、企业能够掌握客户想要什么，甚至可以比客户更了解他们自己。

1. 网店运营分析

网店运营分析多从网店运营过程及最终的成效上进行分析，重点分析运营过程中相关服务的及时率和有效率，以及不同类型客户对服务需求的差异化表现。网店运营分析通常采用常规的数据分析方法，即通过同环比以及帕累托最优来呈现简单的变动规律以及主要的客户类型。网店运营分析还可以通过统计学分析方法，得出具有哪些特征的客户对哪些服务是有突出需求的，以及通过回归分析方法来判断各项绩效指标中哪些指标是对客户的购买行为以及满意度有直接影响的。通过这些深入挖掘，可以帮助运营人员更好地完成任务。

2. 网店销售额计算公式

网店销售额计算公式为：

$$销售额 = 访客数 \times 转化率 \times 客单价$$

对网店运营人员来说，提升销售额要做好这3项工作：增加访客数、提高转化率、提高客单价。

3. 利润计算公式

网店运营过程中，利润计算公式为：

$$利润 = 访客数 \times 转化率 \times 客单价 \times 购买频率 \times 毛利率 - 成本$$

对网店运营人员来说，网店利润的增加不仅需要增加访客数、提升转化率、提高客单价，还需要提升购买率、增加毛利润率，以及降低成本。

4. 投资回报率

投资回报率（Return On Investment，ROI）是指投资后所得的利润与投资总额的百分比，计算公式为：

$$投资回报率 = 利润/投资总额 \times 100\%$$

网店运营人员需要时刻关注每一元钱的广告费用可以产生多少利润，即投入产出比。通过ROI数值，能够直接地判断营销活动是否盈利，如果ROI为1，那么可以判断本次营销活动的收益和花费是持平的。

5. 访客数

访客数（Unique Visitor，UV）是指网店各页面的访问人数。同一时段内同一访客的多次访问要进行去重计算。

6. 转化率

转化率（Conversation Rate，CR）是指所有进入网店并产生购买行为的客户人数和所有进入网店的访客人数的比例。转化率的计算公式为：

$$转化率 = （产生购买行为的客户人数/所有进入网店的访客人数）\times 100\%$$

7. 客单价

客单价（Per Customer Transaction，PCT）是指在一定时期内，网店每一个顾客平均购买商品的金额，即平均交易金额。客单价的计算公式为：

$$客单价 = 成交金额 / 成交用户数 \tag{1}$$

或者

$$客单价 = 成交金额 / 成交总笔数 \tag{2}$$

一般采用公式（1），即按照成交用户数量计算客单价。单日“客单价”是指单日成交用户产生的成交金额。客单价均值是指所选择的某个时间段内客单价日数据的平均值。

8. 购买频率

购买频率（Frequency of Purchase）是指消费者在一定时期内购买某种或某类商

品的次数。一般来说，消费者的购买行为在一定的时限内是有规律可循的。购买频率是度量消费者购买行为的一项指标，它一般取决于消费者使用某种或某类商品的频率的高低。购买频率是企业选择目标市场、确定经营方式、制定营销策略的重要依据。

9. 毛利润率

毛利润率是毛利润占销售收入的百分比，其中毛利润是销售收入与销售成本的差额。网店毛利润率计算公式为：

$$毛利润率 = (销售收入 - 销售成本) / 销售收入 \times 100\%$$

假如某网店商品售价为 150 万元，已销商品的进价为 125 万元，则毛利润为 25 万元，而毛利润率 $= 25/150 \times 100\% = 16.7\%$。

10. 成本

成本是商品经济的价值范畴，是商品价值的组成部分，也称费用。在进行网店运营过程中，需要耗费一定的资源（人力、物力和财力），这种资源消耗的货币表现及其对象化称为成本。

（三）数据运营分析方法

常用的数据运营分析方法及其适用性与优势如下图所示。

	主要方法列举	适用性与优势
简单的数据分析	▪集中趋势分析：众数、中位数、均数 ▪离散趋势分析：极差、方差、标准差 ▪交叉表 ▪剖面指数 ▪数据加权	▪ 简单分析变量间关系 ▪ 相对应用较广，较容易掌握和使用 ▪ 对数据和使用者的要求较低
多元统计分析	▪相关分析 ▪回归分析 ▪因子分析 ▪聚类分析 ▪对应分析 ▪联合分析	▪ 分析变量间的因果关系、相似度等 ▪ 多用于预测、用户细分等场景 ▪ 对数据的要求：数据量要足够、数据周期要足够 ▪ 对使用者的要求：需要掌握基本的统计学知识和对业务有一定理解
数据挖掘	▪神经网络 ▪决策树 ▪其他	▪ 优势在于可以定制算法满足个性化需求和具备自适应和自学习性 ▪ 对数据的要求：对数据量和数据健壮性要求很高 ▪ 对使用者的要求：对算法、业务的理解度较高

数据运营分析方法对应的统计学方法如下：

简单的数据分析方法对应描述性统计学：将收集到的原始数据资料直接通过图、表等形式进行概括或者描述（如交叉表），是对数据进行定量分析的不可或缺的基础。

数据挖掘分析方法对应推断性统计学：通过来自总体的有限多个样本获得的带有不确定性的信息，来推测整个总体的信息，如参数估计（少用）、假设检验（常用）。

多元统计分析方法对应多元统计技术：关注的是两个或两个以上变量之间的相互关系（相关系数、协方差、距离等），并基于相互关系进行各种分析，如因子分析、聚类分析等。

第二节　数据运营框架

数据运营框架，是数据分析的集合与应用，也是数据先行的战略，它不仅是运营人员的工作，也是产品、市场和研发的共同基础。从管理角度来说，数据运营是自上而下的推动，需要领导者给予足够的重视。

为构建数据运营框架体系，可以将数据运营划分成 4 层架构，每一层架构都逐步演进又互相依赖，这 4 层分别是数据收集层、数据产品层、数据运营层、运营触达层，它是以运营人员为视角的框架。简单的数据化运营闭环如下图所示。

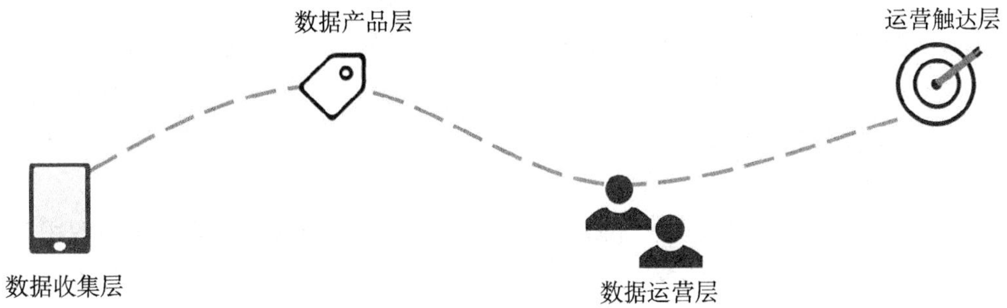

（一）数据收集层

数据收集的核心是尽可能地收集一切数据，它有两个原则：宜早不宜晚、宜全不宜少。

宜早不宜晚，意思是产品从创立阶段就需要有意识地收集数据，数据运营要贯彻产品的全阶段，不同阶段有不同的运营方法。

宜全不宜少，指的是只有不合适的数据，而没有“烂数据”。比如，历史数据、变更记录或者细节处的数据，都是存在价值的。

需要收集的数据可以划分成 4 个主要类型：行为数据、流量数据、业务数据、外部数据。

1. 行为数据

它是记录用户在产品上一系列操作行为的集合，按时间顺序记录。用户打开 App、点击菜单、浏览页面等都是行为。

行为数据的核心是描述哪个用户在哪个时间点、哪个地方以哪种方式完成了哪类操作。

可以利用行为数据分析用户的偏好，用户在页面停留时间的长短、浏览的频繁程度、点赞与否，都可以成为依据。另外，行为数据是用户运营体系的基础，按不同行为，如购买、评论、回复、添加好友等，可以将用户划分为不同梯度，包括核心用户、重要用户、普通用户、潜在用户等。

2. 流量数据

流量数据是行为数据的“前辈”，是在 Web1.0 时代就兴起的概念。它一般用于网页端的记录，而行为数据一般用于产品端。

流量数据和行为数据最大的差异在于，流量数据能够知道用户从哪里来，是通过搜索引擎、外链访问还是直接访问。这也是 SEO（搜索引擎优化）、SEM（搜索引擎营销）以及各渠道营销的基础。

虽然现在是移动互联网时代，但 Web 时代的流量数据并不过时。比如微信朋友圈的内容都是 HTML（超文本标记语言）页面，活动运营可以把它看作一类流量数据。另外，不少产品是“原生 + Web”的复合框架，内置的活动页大多通过前端实现，此时既算行为数据也算流量数据。当用户将活动页发送到朋友圈时，相应的统计只能依赖基于前端的流量数据来采集。

3. 业务数据

业务数据在产品运营过程中伴随业务而产生。比如，电商产品在促销过程中，多少用户领取了优惠券、多少优惠券被使用、优惠券用在哪个商品上，这些数据和运营息息相关但又无法通过行为和流量解释，那么就归类到业务数据范畴。

库存、用户快递地址、商品信息、商品评价、促销、好友关系链、运营活动、产品功能等都是业务数据，不同行业的业务数据是不一样的，业务数据没有固定结构。

业务数据需要后端研发进行配置，因为结构不能通用化，所以运营人员最好提前向研发人员提出需求。

行为数据、流量数据、业务数据构成了数据来源的“三驾马车”，统称为原始数据，指没有经过任何加工的数据。

4. 外部数据

外部数据是一类特殊的数据，它不在内部产生，而是来源于第三方。比如微信公众号，用户关注后，微信就能获取用户的地区、性别等数据；支付宝的芝麻信用数据，会被很多金融机构调用；还有一些公开数据如天气、人口、国民经济的相关指标等也是外部数据。

外部数据因为质量难以保证，所以更多的是起到一种参考的作用，不像内部数据一样能产生巨大的作用。

这 4 类数据构成了数据运营的基石。随着互联网公司数据化水平的提高，能够利用的数据越来越多。数据结构逐步从 SQL 语言（结构化查询语言）转变为 NoSQL（非关系型的数据库）；信息源更加丰富，图形和声音数据越来越多；技术由单服务器演变成分布式；响应从离线批处理到实时流式，都是数据收集的挑战。

收集到了足够的数据以后，就可以进入数据产品层了。

（二）数据产品层

数据产品是对数据的加工和利用，它属于技术和自动化的范畴，由计算机对原始数据进行处理。数据产品以发挥数据价值和生产力为目的。

原始数据并不能直接为运营人员所用，而是需要按照一定的标准对其进行整合、加工。比如行为数据和流量数据，用户在微信朋友圈看到一则活动觉得不错，于是下载 App，注册后参与了活动。这里的行为数据和流量数据就是完全独立的。用户浏览微信朋友圈，数据记录的是用户的微信 OpenID（数字身份）和 Cookie（储存在用户本地终端上的数据），用户下载 App 后数据记录的则是用户在产品内部使用的 userID（用户标识），两者无法对应，这就需要对数据进行整合，将 Cookie、手机号、userID 等信息映射（mapping）到同一个用户。

这是技术层面的数据清洗，整个过程叫作 ETL（数据仓库技术）。

数据发挥价值的方式有很多种，既可以通过 BI（商业智能），将原始数据以维度和度量的方式聚合，进行各类可视化的决策分析，也可以通过数据挖掘，根据业务和场景决定数据的不同使用方式。这里最重要的是要先有指标。

1. 数据指标

原始数据那么多，要从庞大的数据中找到方向，就需要建立数据指标，它是运营业务和原始数据的连接器。

可以这样说，指标在数据运营中是承上启下的“润滑油”，它由原始数据加工而来，反过来又驱动其他产品。

数据指标不是一个通常意义上的数据产品，它更像数据界的“产品经理”，能够驱动、规划其他数据产品以及配合运营迭代业务。

数据指标如何设立，是由运营业务决定的，数据指标也是运营的第一驱动力。

2. 用户画像

用户画像是一种常用的数据产品，它有两种解释，一种用户画像属于市场营销和用户调研领域，叫作 Persona，更准确的翻译是“用户角色”，它描绘的是一个自然人的社会属性，用于用户需求和场景的确定。

另一种是数据领域的用户画像，叫作 Profile（用户配置文件），是利用一系列数据加工出来描述人物属性的数据标签。最典型的例子就是淘宝用户的“千人千面”：用户在淘宝上购买了母婴产品，就有很大可能被打上“孕妇”标签；用户浏览了汽车相关商品，就有可能被打上“汽车”的标签。

用户画像是一个依赖于大数据和机器学习的复杂体系，准确、丰富的用户画像能成指数级地提高运营效果。用户画像框架如下图所示。

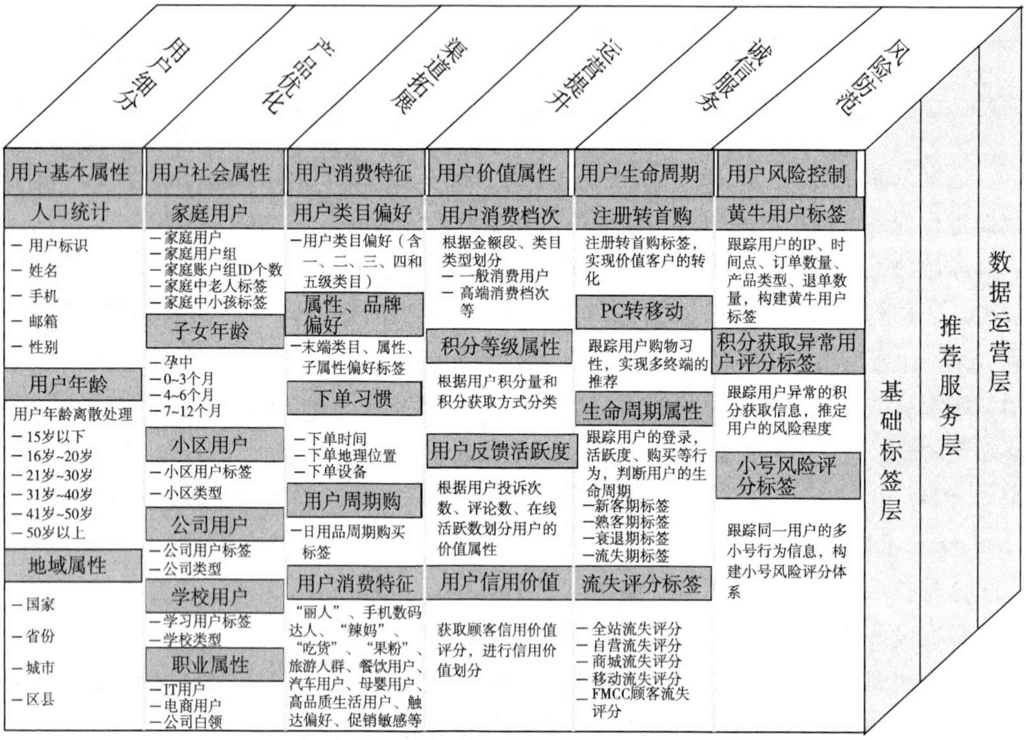

用户画像也有简单的用法，没有数据挖掘不要紧。用户的性别、年龄、地区这些信息都不难拿到，对用户行为做一个简单的偏好区分也不难。

精准营销、广告投放等都是常见的对用户画像的应用。要推送化妆品促销活动，选择“女性”标签的用户肯定有更高的成功率，进一步来说，如果运营人员知道女性用户偏好哪些品类的化妆品，那么效果会更好。

用户画像可以通过已有的用户数据提炼获得，比如拥有用户的身份证信息，就能准确获得用户的性别、籍贯、出生年月。即使没有用户的身份证信息，有些信息也能通过算法计算获得，比如用户在淘宝购物留下了收件人姓名，通过机器学习，则能够以概率的形式猜测买家是男是女，“建国”很可能是男性，“翠兰”很可能是女性。

用户画像是对原始数据的加工，原始数据越全，用户画像就越丰富。

数据产品层将数据加工当作指标，以其为核心，构建和规划数据产品，包括如何展现指标（BI）、提高指标（算法）、计算指标（ETL），如何与指标组合（用户画像）。

获得了“产品”后，接下来就是使用，运营和产品人员就是它们的用户。

（三）数据运营层

在数据运营层，运营人员要将数据转化成运营策略，它以人为主要生产力，和数据产品的计算机自动化对应。

在谈及具体的方法前，要强调人的作用。不论前面打造了多好的数据产品，如果员工的数据运营意识提不上去，那么一切等于零。

对人的要求有以下 3 点：

（1）以数据为基础做决策，既要知道数据能够做什么，也要知道数据不能做什么。应该规避个人经验主义的思维。

数据运营不是企业运营的“灵丹妙药”，公司体量越大，数据运营所能发挥的效果越好。在创业公司或者小公司，数据运营会受到一定的限制，比如没有技术支持、提升效果不够、数据体量缺乏等，会造成数据优先级的延后。

（2）数据分析和运营水平要过关。这一点需要通过不断的系统培训和人员招聘来保证。高层有数据运营的战略和意识，管理层有数据运营的指导经验，执行层能将数据运营落地，那么整个体系也就推行成功了。

（3）产品工具的使用。这是对员工的技能要求，诸如利用 MySQL（关系型数据库管理系统）查询数据、BI 多维度分析、精准营销、AB 测试、转化率分析，都是员工必须具备的能力。

在数据运营体系的搭建过程中，运营人员会用到很多工具。

用户积累到一定数量，要考虑引入积分中心增加用户黏性；产品涉及地推和销售人员，则要加入 CRM（客户关系管理）以维系客群；O2O（线上线下电子商务）的基本配置肯定包括优惠券的发送；客服中心需要解决用户的各类疑问。这些与运营息息相关的工具，在数据运营体系中占据重要的比例。

为了更好地达成目标，运营人员会将其独立成运营模块、运营后台。好的运营后台和用户端的产品同等重要，也需要后台产品经理进行规划。

（四）运营触达层

整个体系进行到最后环节，就需要面向用户。数据收集得再多、加工得再好，运营得再努力，如果不将它们传递给用户，那么这个体系就是失败的。

整个体系的前 3 层都是用户所感知不到的。用户直接感知到的是产品的推送通知、标语、广告位、活动、文案、商品的展示顺序等。在与产品交互的过程中，用户会以直接的反馈表达自己的喜恶。

用户对感兴趣的内容会点击，喜爱的商品会购买，讨厌的内容会退出……这些行为构成了新一轮的用户行为数据，也构成了反馈指标：点击率、转化率、跳出率、购买率等。这些指标就是运营触达层的结果体现，也是数据运营的结果体现。

结果不是终点。管理学有个概念叫 PDCA，即计划（Plan）、执行（Do）、检查（Check）、处理（Action），数据运营也以此为循环。运营触达层不是数据运营体系的结束，而是另外一种开始，要根据用户反馈的数据去优化和改进产品。

第三节　数据分析工具

选择好的数据统计和数据分析工具能够让数据分析的工作效率更高，分析的效果更好，由于数据处理本身具有复杂性，因此在选择数据分析工具时，要考虑多方面的因素，包括分类、聚类关联常规算法是否可以实现，数据存取能力以及与其他产品的接口等。

基础的数据分析工具有很多种，如 EXCEL（电子表格），是普遍适用的；SPSS（统计产品与服务解决方案），在统计学分析运算、数据挖掘、预测分析和决策支持任务等方面有着很大的优势；BDP（商业数据平台）个人版，在可视化图表分析、对非结构化大数据做结构化处理等方面有着优势；MATLAB（商业数学软件），应用于算法开发、数据可视化、数据分析以及数值计算等领域。

当然，还有网店运营必备的电商数据分析工具，如量子恒道、数据魔方、生意参谋、阿里指数、魔镜和赤兔等。

（一）基础数据分析工具

1. Excel

Excel 最重要的功能之一就是用户能快速、方便地将工作表中的数据生成柱状、折线、饼状和环形等分析图，而且其最大的优势就是普通的非技术人员也能操作。

当数据规模不大的时候，可以利用数据透视表（Pivot Table）把数据分成多个维度进行统计，将其制作成报表或其他 Excel 图表。Excel 2016 的数据透视表类型选择如下图所示。

2. SPSS

SPSS 是 SPSS 公司为 IBM（国际商业机器公司）公司推出的一系列用于统计学分析运算、数据挖掘、预测分析和决策支持任务的软件产品及相关服务的总称，是世界上最早采用图形菜单驱动界面的统计软件，有 Windows（微软操作系统）和 Mac OS X（苹果电脑操作系统）等版本。Windows 版本界面见下页 SPSS 界面截图。

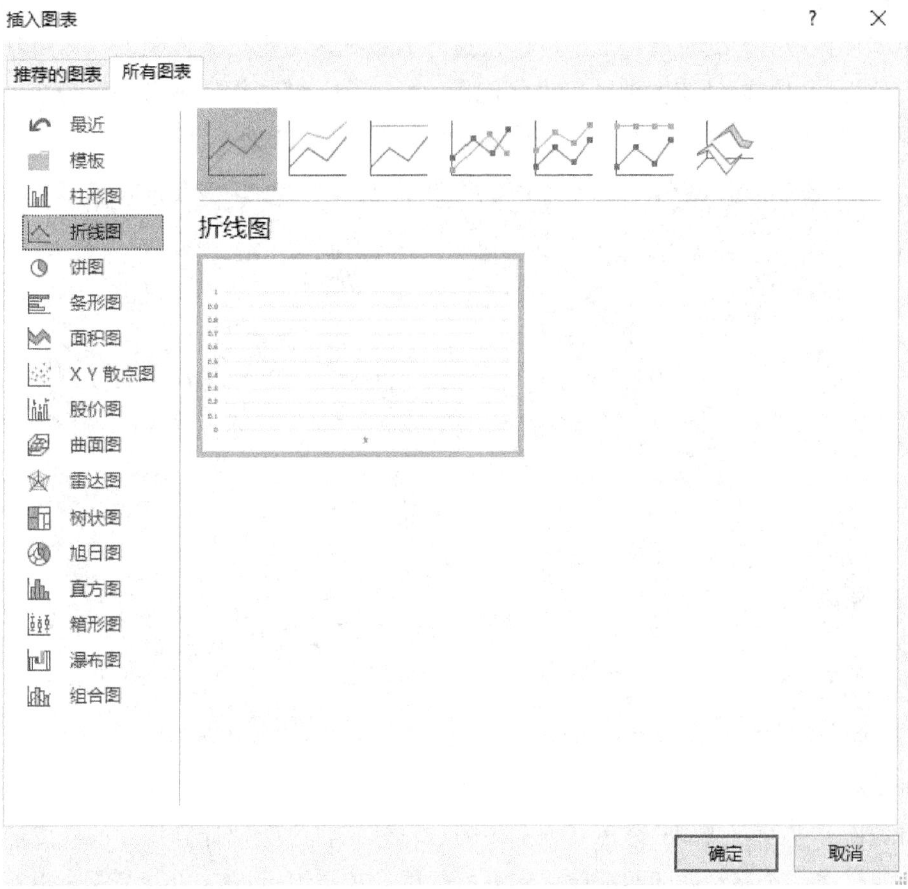
插入图表
推荐的图表
所有图表
最近
模板
柱形图
折线图
饼图
条形图
面积图
X Y 散点图
股价图
曲面图
雷达图
树状图
旭日图
直方图
箱形图
瀑布图
组合图
折线图
确定
取消

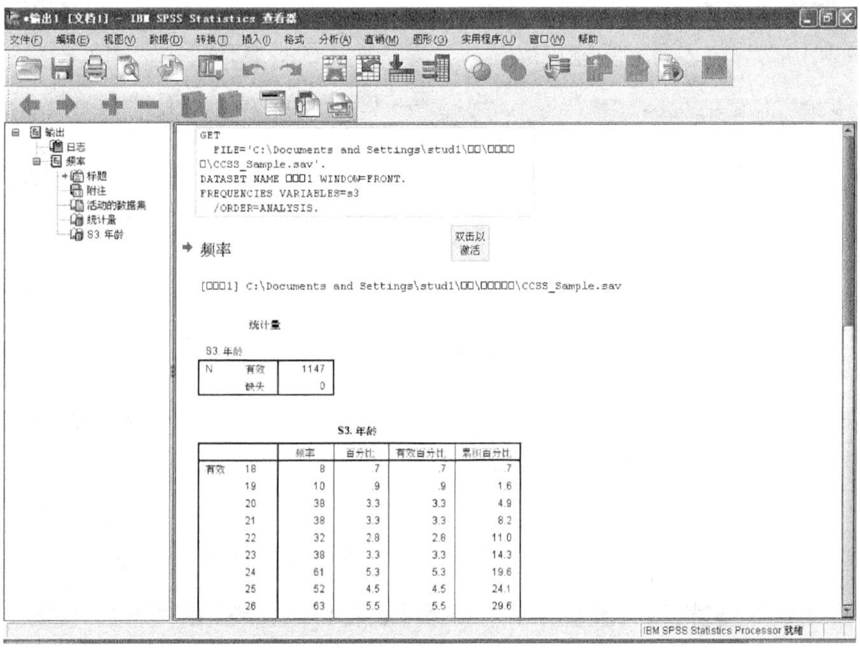
*输出1 [文档1] - IBM SPSS Statistics 查看器
文件(F) 编辑(E) 视图(V) 数据(D) 转换(T) 插入(I) 格式 分析(A) 直销(M) 图形(G) 实用程序(U) 窗口(W) 帮助
输出
日志
频率
标题
附注
活动的数据集
统计量
S3. 年龄
GET
FILE='C:\Documents and Settings\stud1\□□\□□□□□\CCSS_Sample.sav'.
DATASET NAME □□□1 WINDOW=FRONT.
FREQUENCIES VARIABLES=s3
/ORDER=ANALYSIS.
双击以激活
频率
[□□□1] C:\Documents and Settings\stud1\□□\□□□□□\CCSS_Sample.sav
统计量
S3. 年龄
N 有效 1147
缺失 0
S3. 年龄
频率 百分比 有效百分比 累积百分比
有效 18 8 .7 .7 .7
19 10 .9 .9 1.6
20 38 3.3 3.3 4.9
21 38 3.3 3.3 8.2
22 32 2.8 2.8 11.0
23 38 3.3 3.3 14.3
24 61 5.3 5.3 19.6
25 52 4.5 4.5 24.1
26 63 5.5 5.5 29.6
IBM SPSS Statistics Processor 就绪

3. BDP 个人版

BDP 个人版有数据对接功能，可以快速导入数据表，也可多表关联，对可视化图表进行分析，如根据经纬度地图可做气泡图、轨迹图、热力图、地形图等分析，还可以快捷一键式分享、对非结构化大数据做结构化处理等。界面如下图所示。

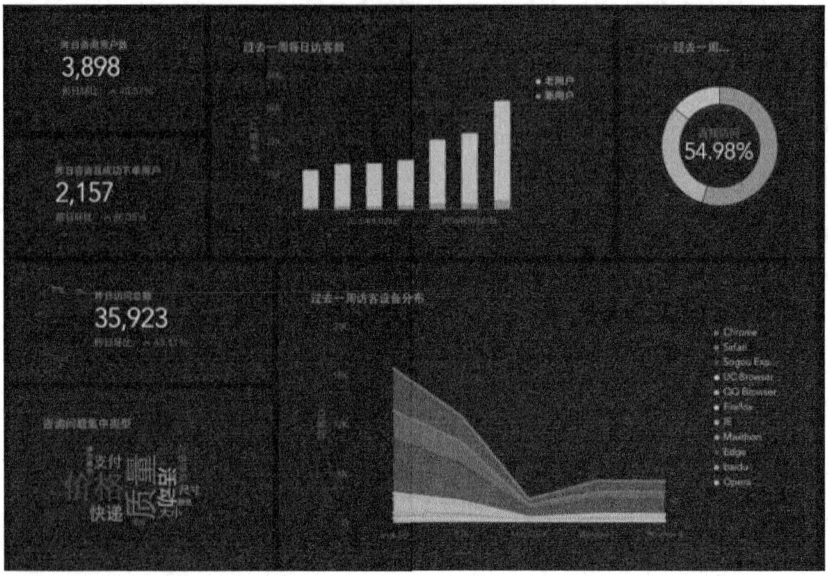

4. MATLAB

MATLAB 是 MathWorks 公司（为工程师和科学家提供数学计算软件的开发商）推出的产品，是一个高性能的数据计算和分析软件，其与 Mathmematica、Maple 并列，被称为“三大数据软件”。MATLAB 将数值分析、矩阵计算、科学数据可视化及非线性系统的建模和仿真等诸多强大功能集成在一个易于使用的视窗环境中，如下图所示。

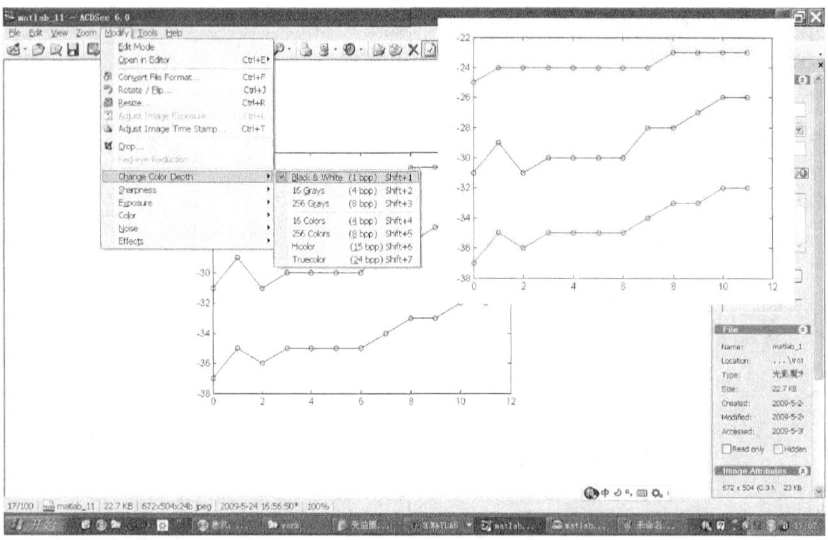

（二）电商平台上的数据分析工具

1. 量子恒道

量子恒道是淘宝官方的数据产品，秉承“数据让生意更简单”的使命，它致力于为各个电商、淘宝卖家提供精准、实时的数据统计、多维的数据分析、权威的数据解决方案，是每个淘宝卖家必备的店铺运营工具。

目前，量子恒道为店铺免费提供标准包（包括流量分析、销售分析、客户分析及推广效果），以及需要付费购买的来源分析和装修分析服务。它从小时、天、周、月，到店铺首页、宝贝页、分类页，记录店铺的流量（包含实时流量）、销售、转化、推广及装修效果数据，帮助并指导卖家经营店铺，提升销量。

2. 数据魔方

数据魔方是淘宝官方出品的一款数据产品，主要提供行业数据分析、店铺数据分析，其中包含了品牌、店铺、产品的排行榜，以及购买人群的特征分析，包括年龄、性别、购买时段、地域等。

除此之外，数据魔方还提供“淘词”功能，主要用来优化商品标题，卖家可以通过使用效果更好的关键词来提升商品搜索排名。

数据魔方还可以第一时间给卖家提供运营数据支持，包括店铺的实时成交情况、行业的实时成交情况，是运营活动的得力助手。

面向商家开放的数据获取方式主要分为两种：其一，通过数据魔方，商家可以直接获取行业宏观情况、自己品牌的市场状况、消费者行为信息等，但是不能获得竞争对手的数据；其二，通过与第三方研究机构合作的方式，商家可以直接向研究机构获取服务。

3. 生意参谋

生意参谋是阿里巴巴集团首个统一的商品数据平台。生意参谋新版本除了原有的功能外，还增加了个性化首页、多店融合、服务分析、物流分析、财务分析和内容分析等功能。生意参谋登录界面如下图所示。

（1）支持多岗多面及多店融合

生意参谋 2.0 版本首页的数据卡片将开放定制，商家可根据不同需求选择首页出现哪些数据内容。同时，针对拥有多家店铺的品牌商，生意参谋推出了多店功能，商家只要在平台上绑定分店，就能实时监控多个店铺的经营情况。对于不同分店的数据，还可以按品牌、类目、商品、售后等维度进行汇总分析。

（2）新增服务分析和物流分析

除门户方面有多处升级外，生意参谋 2.0 版本还推出服务分析、物流分析等全新功能。其中，服务分析包含维权概况、维权分析、评价概况、评价分析、单品服务分析 5 个模块；物流分析则支持商家随时查看自己店铺的物流概况、物流分布，同时支持物流监控。对于揽收异常的包裹，物流分析还支持一键单机旺旺“联系卖家”，商家可以更高效地和客户沟通物流事宜，从而减少纠纷。

（3）支持财务分析

生意参谋财务分析立足于阿里巴巴大数据，联结了支付宝、网商银行、阿里妈妈、淘系后台 4 个端口的财务数据。淘宝商家日常登录生意参谋查看数据时，也能轻松汇总、分析自家店铺的财务数据了。此外，它还支持随时查看昨日利润数据，每日都能给店主、运营总监提供昨日财报。

（4）数据学院

数据学院是生意参谋团队致力培养商家数据运营能力的学习互动平台，也是生意参谋重点打造的全新板块。随着生意参谋 2.0 版本的推出，原本只是在线下运营的数据学院正式上线。随着生意参谋平台功能的不断丰富，数据学院将在其中扮演“教学相长”的角色，帮助更多商家快速了解商品的功能，理解数据的意义，从而提升数据运营能力。

4. 阿里指数

2015 年，阿里巴巴在原“1688 市场”的阿里指数、淘宝指数的基础上，推出新版阿里指数。这是基于大数据研究的社会化数据展示平台，商家、媒体、市场研究员及其他想了解阿里巴巴大数据的人，均可以通过该平台获取相关分析报告和市场信息。其界面如下图所示。

2016 年 1 月，新版阿里指数中的区域指数及行业指数两大模块已率先上线，后期还会陆陆续续推出数字新闻和专题观察等模块。区域指数主要涵盖部分省份买家和卖家两个维度的交易数据、类目数据、搜索词数据、人群数据。通过该指数，用户可以了解某地区的交易概况，知晓该地区与其他地区贸易往来的热度以及热门的交易类目，找到当地人关注的商品类目或关键词，探索该地区参与交易的人群特征。

行业指数则主要涵盖交易数据、搜索词数据、人群数据。通过该指数，用户可了解某行业的现状，获悉它在特定地区的发展态势，发现热门商品，知晓行业内买家的群体概况。

5. 魔镜

魔镜是专注于竞争对手分析的数据分析平台，其界面如下图所示，魔镜涵盖淘宝、天猫和京东三大网购平台，目前魔镜有 3 个版本：个人基础版、个人专业版和企业版。

魔镜的使用方法是首先通过“行业数据”和“销售数据”锁定同行的爆款单品，将其作为研究对象；其次，通过“销售数据”确认同行爆款单品预热、启动、增长、稳定的各个阶段；再次，通过“推广数据”研究同行爆款单品的推广策略、引流关键

词、钻展、聚划算等投放情况；然后通过“运营数据”研究定价策略和标题调整策略；最后将学习到的方法和策略运用到自己店铺的爆款打造中，从而达到事半功倍的效果。

魔镜的功能包括淘宝直通车监测、自然搜索监测、手机搜索监测、天猫搜索监测、钻展监测、聚划算监测、店铺运营检测；提供各个类目以及子类目下的热销店铺排行榜和店铺销售动态、品牌热销排行、商品热销排行、同行店铺/商品每天的销售量、销售额、成交笔数和客单价；跟踪竞品的价格变化趋势；提供精品周内销售分布情况，以及同行店铺“价格—销量”分布情况；提供京东电商情报，帮助京东网店卖家科学打造爆款，监测范围涵盖京东快车、自然搜索、无线端，内容包括销售评价等。

6. 赤兔

赤兔是一款客服绩效管理工具，有助于运营人员全面掌握客服绩效，其监测内容包括销售额、转化率、客单价、响应速度、工作量等客服绩效数据，并能指导客服排班，以及帮助商家分析顾客流失原因，进而提高业绩。赤兔的界面如下图所示。

第四节　数据运营的精髓

数据运营的精髓有以下几个方面。

（一）数据运营要经常关注的指标

运营人员要经常关注很多数据运营指标，包括 GMV、利润、成本、活动交易用户数、ROI（投资回报率）、K 因子、UV/PV、MAU（月活跃用户）/DAU（日活跃用户）、用户获客成本、病毒传播周期等，如下图所示。

（二）以线性思维获取用户数据

跟用户接触的过程本身就是数据产生的过程，也就是数据分析的过程。这一过程包括从用户接触到用户认知再到用户兴趣直到用户行动的过程，如下图所示。

1. 用户接触

用户接触更多地需要通过各个渠道进行。

付费的渠道：搜索引擎（百度、360、搜狗、谷歌等），还有追踪流量的 DSP（微处理器）平台等。

其中，搜索引擎还会区分为 CPC（按照点击付费）、CPS（按照销售佣金付费）、CPM（按照千次成本）、CPA（按照实际投放效果或者按照实际行动付费）。

免费的渠道：SEO（搜索引擎优化）和 ASO（应用商店优化）是主要做搜索优化的工具，还有商家自己的社交平台、换量合作等。

在用户接触环节，运营人员经常会重点考核 3 个数据指标：

（1）ROI：投入产出比，有的公司是按照投入/销售额计算，有的公司是按照投入/利润额计算，一般的情况下如果按利润额做对比，可以把基础成本加进去。

（2）渠道转化率：可以考核不同渠道的效果，以及互相进行收缩考量，在做新渠道投放的时候也可以有所参考。

（3）用户获客成本（CAC）：渠道转化有时候考核的是流量，有时候考核的是注册数量，有时候考核的是下单数量，有时候考核的只是试用人数，可以根据各个公司指标来定。

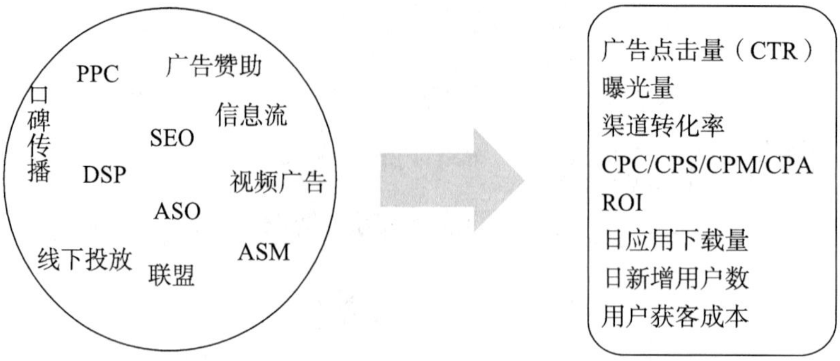

2. 用户认知

用户认知在一般的情况下是用户已经到了网站内，也有可能是在网站外，但是占比较低。

进入网站内，很多用户就会有了直观的体验。

一般情况下，网站在设置功能的时候都设置相应的埋点，主要有以下几种。

（1）退出率和跳出率：退出率就是用户退出网站的比率；跳出率是用户从一个页面跳转到另一个本产品页面的比率。退出率更多反映流量的质量，跳出率则反映了产品的吸引度。

（2）功能使用率：该指标主要是针对新功能，也有可能是一个小改动，例如数据异常的功能设置，反映这个功能的用户使用率以及带来的效果。

（3）用户访问时长：该指标不一定越长越好，而是有一个平衡点，找到这个平衡点后就可以以此为衡量标准。

（4）PV/UV：PV 是用户浏览页数，UV 是用户点击量，还有一种单一用户也是 UV。

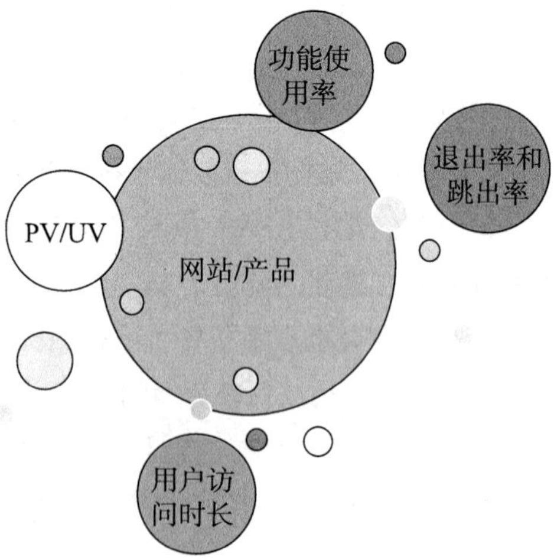

3. 用户兴趣

本书以活动为例研究用户兴趣，有一定局限性，因为用户产生兴趣的原因可以有很多，只是活动更有代表性。

衡量一个活动的好坏，如果仅仅以销售额作为判断标准是不全面的，应该从多维度的数据来判断。

关于传播类的活动一定要关注的数据是：

（1）K因子：说到K因子，不得不说AARRR模型，它主要针对传播类活动，包括Acquisition（用户获取）、Activation（用户活跃）、Retention（用户留存）、Revenue（用户收入）、Refer（自传播），它是传播类活动中用户的利用流程，K因子就是自传播中的因素。K因子的计算方式很简单，公式如下：

$$K = 每个用户向他的朋友们发出邀请的数量 \times 接收到邀请的人转化为新用户的转化率$$

假设平均每个用户会向30个朋友发出邀请，而平均的转化率为10%，则$K = 30 \times 10\% = 3$。

当$K>1$时，用户群就会像滚雪球一样增大；如果$K<1$，那么用户群达到某个规模就会停止通过自传播增长。

（2）用户分享率：参与活动的用户中与别人分享的人数与总人数之比就是用户分享率，分享行为一般会涉及客户心理，客户分享一般基于社交属性和利益属性。

（3）活动参与率：访问网站的客户中，参与了活动的客户人数与总人数的比就是客户的活动参与率。

（4）病毒传播周期：病毒传播一般是S形的传播，分为潜伏期、高潮期、低落期，它来得快、去得快，因此一般在做病毒传播的时候都会准备2～3波，来确保传播的影响力。

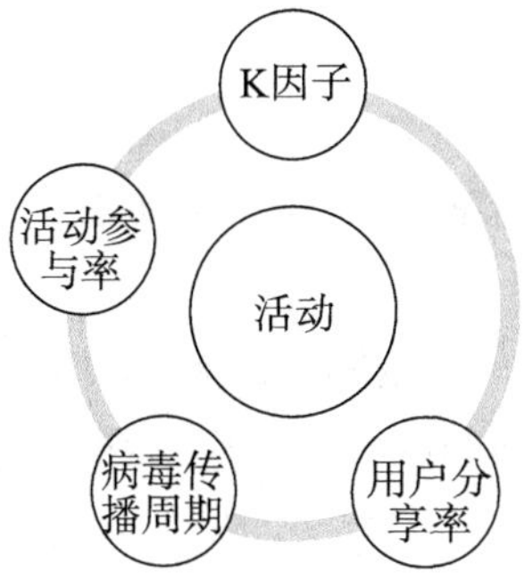

4. 用户行动

关于用户行动需要了解以下数据指标：

（1）转化率：一个公司是否健康，是否需要开源节流，很多时候都与转化率有关。公司的产品健康和人员绩效方面都与自然订单转化率有关。

因此在关注转化率的时候要将其分为两部分来看：人工订单转化率、自然订单转化率，并追踪每个细分板块的问题。

（2）ARPU：每个用户平均收入与每个用户的订单数及客单价息息相关，想提高ARPU值，就要看是否能让活跃用户多次购买，以及是否能提高客单价，交叉营销、增值服务等都是运营工作中可以尝试的点。

（3）用户数据：复购率、活跃度、流失率是判断网站用户质量的标准，如果一直在获取新用户，这个公司的净利润就很难把控。

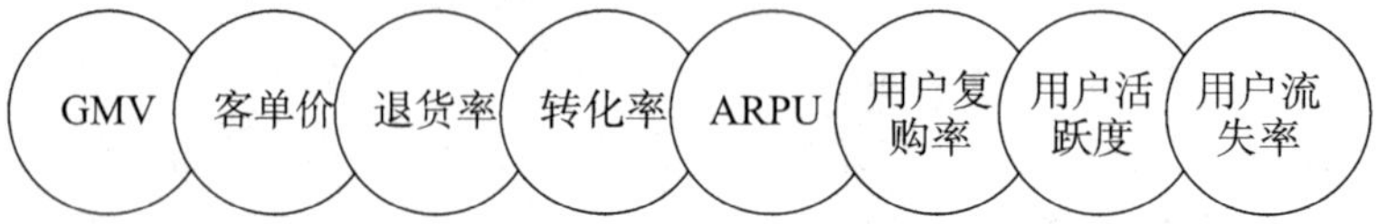

（三）如何拆分指标，指标对应的目标是什么

1. 销售额

销售额的提升除了使流量转化为订单这一方法外，还有一个很重要的途径就是提升客单价，价格策略是电商非常重要的运营策略。销售额公式为：

销售额 = 订单数 × 客单价

2. 利润

考虑利润的时候要更多地考虑成本，这样在做渠道投放和运营优化的时候能更有针对性。很多公司并不是融资性公司，因此对利润的衡量就变得至关重要，运营人员要去关注更多的有效渠道。利润、成本、获客成本公式分别为：

利润 = 销售额 × 利润率 − 成本

成本 = 获客成本 + 运营成本

获客成本 = 总推广费用/新用户数

3. 订单数

订单数能够很好地衡量渠道价值及用户价值，细分数据会得出更细致的运营策略，对于高级定制产品，针对老客户的运营会更加有效。订单数、流失回访率公式分别为：

订单数 = 新用户订单数 + 老用户订单数

流失回访率 = 再次访问的已流失用户/所有已流失用户 × 100%

只有当用户生命周期价值（*LTV*）> 用户获取成本（*CAC*）+ 用户运营成本（*COC*）时，运营平台的存在才有延续的基础。

4. GMV

总收入，它代表了一个公司的价值，从中可以看到公司快速上升的空间。GMV公式为：

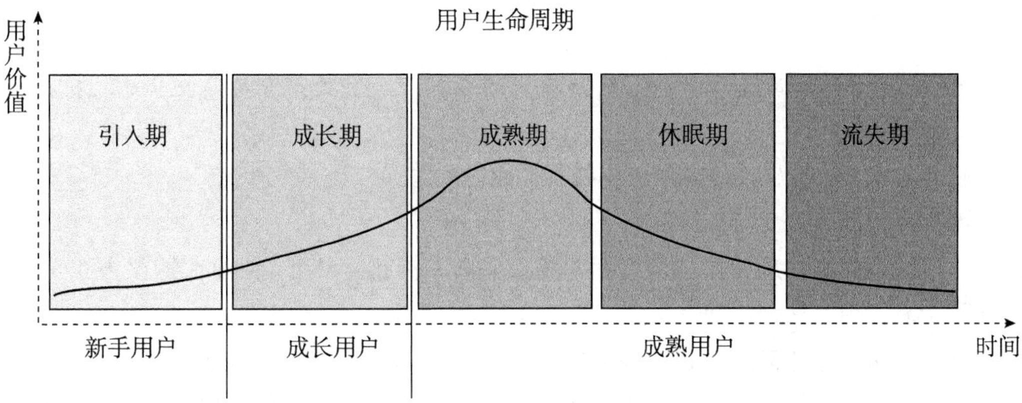

GMV = 销售额 + 取消订单金额 + 拒收订单金额 + 退货订单金额

（四）拆分数据指标后可以做什么

在跟用户接触的不同时期，岗位的指标都是不一样的，运营人员的关注点也不一样，如下图所示。

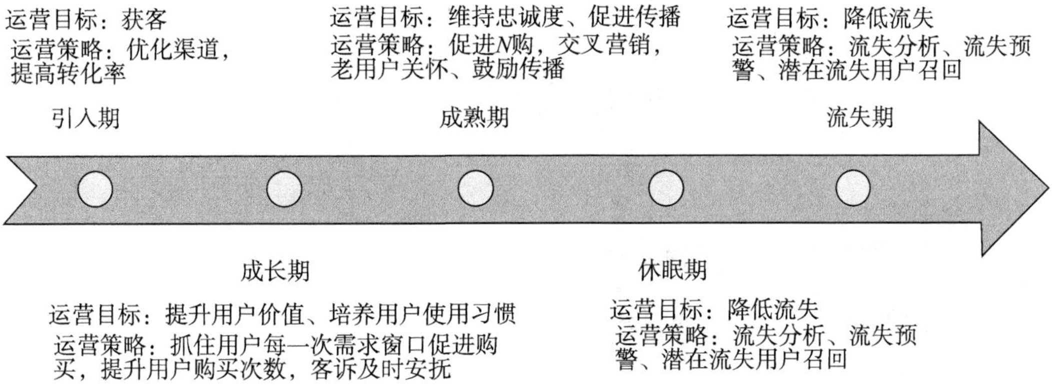

第五节　数据化活动运营[①]

（一）背景

电商平台 A，成立近 10 年，算不上行业翘楚，但在细分领域也算有些地位。

今年不太景气，平台 App 日活跃量从年初的 50 万元一路下跌。

① 本节资源来源：http：//baijiahav. baidu. com/s?id = 1612452813766971314&wfr = spiden&for = pc.

（二）方法

先召回老客户，从经验来看，召回流失的老客户一般比拉新成本更低、目标更精准、流量质量更好。

触达老客户并不难，最简单、高效、低成本的方式应该是发短信。

就电商而言，一般有 3 种做法：

（1）促销优惠信息，如“夏日爆款美妆全场 3 折起，SKⅡ‘神仙水’仅售 698 元，速抢手慢无”。

（2）赠送优惠券信息，如“周末来临，送你 88 元美食神券，点击链接领取”。

（3）商品领取信息，如“你太久不来，老板说我失职，送你价值 59 元 Ray 面膜，快来领取”。

通过短信通知流失老客户“回归有礼”，将其引入小程序，并通过社交玩法生成一轮裂变。

活动流程如下：

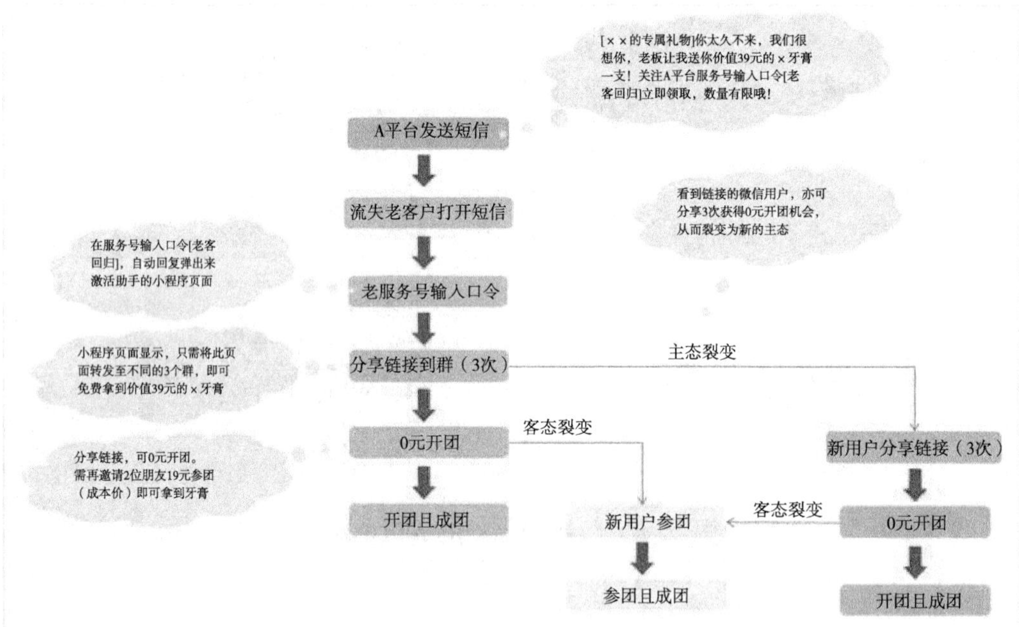

在上图的流程中，无论是主态或客态、开团或参团，在用户成团或失败后，都不意味着运营工作的结束。用户参与到这个阶段，后台已经拿到其微信 OpenID 与推送模板消息的权限，此时根据用户所处的状态，可有针对性地向其推送促销商品信息、优惠券信息或其他活动信息来促使、承接用户的进一步转化。

（三）数据

对于以上活动的效果数据评估，可从以下 4 个维度进行：响应数据、裂变数据、价值追踪、成本数据。

这 4 个维度也基本适合用来评估所有微观运营活动。

下面逐一展开，并以前文所述的活动为基础举例说明。鉴于商业规则，数据会在合理范围内作一定修整。

1. 响应数据

响应数据，就是我们常说的“漏斗”。

假设某商家在“今日头条”投放了一则广告，一段时间内 1000 人点击了该广告，200 人点击后进行了注册，50 人注册后根据提示下载了 App，最后只有 10 人在 App 完成了消费转化。

在这里，从 1000 到 10，就是一个简单的“漏斗”。任何一个活动，从触达用户后的首个特定动作发生到最终的转化，就是一个“漏斗”。“漏斗”展示了一次活动的直接成效，并将成效分解到各个步骤，为结果提供每个层次的归因。

下表是本次老客户召回活动的转化“漏斗”：

短信推送人群（岁）	短信推送人数（人）	输入口令人数（人）	输入口令比例（%）	分享链接人数（人）	开团人数（人）	成团人数（人）	成团率（%）
24 及以下	121400	3456	2. 85	2259	1944	109	5. 61
25 ~ 29	284730	6534	2. 29	4627	3456	288	8. 33
30 ~ 39	517760	7560	1. 46	8901	6012	509	8. 47
40 及以上	151830	3510	2. 31	1558	1386	91	6. 57
合计	1075720	21060	1. 96	17345	12798	997	7. 79

“输入口令比例”较低，可能是因为短信文案不够锋利，商品选得不够诱人。

“分享链接人数”和“开团人数”两个环节比例都还不错，说明用户输入口令后，转发与开团的引导与流程清晰、简洁，用户操作门槛较低。

“成团率”合计为 7. 79%，低于行业水平。可能是因为 3 人成团，要求人数较多，难度太高，也可能是因为用户嫌麻烦，或是不愿意滥用自己的社交价值。

通过“漏斗”，既可以看出活动整体转化水平，也可以细究每一环节的数据表现，问题出在哪里，一目了然。

以上是“漏斗”的“主干”，下面介绍“漏斗”的“枝干”。

“输入口令比例”较低的问题，可能与短信文案、选品、发送时间等有关。以选品为例，为了对比测试，在活动前为每组设置少量人数（5000 人）的对照组，分别推送短信以验证对不同人群来说什么样的商品更有吸引力。

选品 输入口令 人群（岁）	面膜（人）	比例（%）	眼药水（人）	比例（%）	牙膏（人）	比例（%）
24 及以下	65	1.30	189	3.78	79	1.58
25～29	271	5.42	97	1.94	84	1.68
30～39	210	4.20	126	2.52	97	1.94
40 及以上	18	0.36	155	3.10	236	4.72

显而易见，24 岁及以下的用户更愿意免费拿到眼药水，面膜对于 25～29 岁、30～39 岁的用户更有吸引力；40 岁及以上的用户则更倾向于牙膏。

以上的表格包括的不仅是“选品”这一个变量，而是“年龄分层”和“选品”两个变量的交叉。在活动中，影响某一环节的变量往往数量繁多、相互影响，以本活动为例，影响“输入口令比例”的因素，与其说是单个变量，不如说是“年龄与选品”“年龄与文案”这样的变量组合，甚至是“年龄”“选品”“文案”“发送时间”等所有相关变量的最优化组合。

因此，漏斗的“枝干”，就是为了寻求各个变量的最优化组合。实操过程中，变量在组合后会产生指数级增长，三五个变量就可能组合出上百种情况，一一进行测试是不切实际的。因此，变量最优化一定要建立在业务判断的基础上，比如从业务经验出发，因为不同年龄的用户商品需求应该不一样，所以这里做了“年龄”与“选品”的变量测试；同样，因为“选品”和“短信发送时间”无明确关联，所以这里把“短信发送时间”作为单独测试的变量。无论是猜想的验证，还是洞见的挖掘，数据都只是业务的工具，而非业务本身。

2. 裂变数据

裂变是整个活动的出发点，是其中一个关键的价值环节。

在运营活动越来越社交化的当下，对裂变数据的追踪分析绝不是可有可无的，而是逐渐成为评估活动成效的重要数据指标。

这次活动的裂变方式主要有两种：

（1）主态裂变：用户为了 0 元开团，将把活动链接分享到 3 个不同的微信群。微信群中成员看到链接，也可得到分享 3 次即 0 元开团机会，成为新的主态。

（2）客态裂变：主态用户开团后邀请新用户参团，邀请成功则完成一个客态裂变。

首轮裂变（短信发送后48h统计）								
PUSH人群（岁）	输入口令人数（人）	分享链接人数（人）	总分享次数（次）	人均分享次数（次）	开团人数（人）	成团人数（人）	成团率（%）	参团人数（人）
24及以下	3456	2259	6132	2.71	1944	109	5.61	679
25～29	6534	4627	10667	2.31	3456	288	8.33	979
30～39	7560	8901	18813	2.11	6012	509	8.47	1698
40及以上	3510	1558	4247	2.73	1386	91	6.57	230
合计	21060	17345	39859	2.30	12798	997	7.79	3586

后续裂变（短信发送后72h统计）							
点击链接人数（人）	分享链接人数（人）	总分享次数（次）	人均分享次数（次）	开团人数（人）	成团人数（人）	成团率（%）	参团人数（人）
11211	8891	13477	1.52	4259	171	4.02	851

首轮裂变展示了短信推送用户带来的第一轮裂变效果，后续裂变指活动链接被用户转发到 N 个微信群后引发的不可控裂变。

分享次数和后续裂变中的开团数代表了主态裂变；参团人数代表客态裂变。

从上表来看，首轮裂变后续裂变共计 39859 + 13477 = 53336 个群，然而，点开链接的仅有 11211 人，平均每个群仅有 0.21 人次点击，这是个非常低的数值，说明链接的表现形式、利益点都可能存在很大的问题；后续裂变相对于首轮裂变，在人均分享次数、成团率上都有较大幅度下降，一方面是因为两拨用户接触到的信息不同，另一方面是因为接收到短信的本就是 A 平台的老客户，而裂变产生的用户参差不齐，无法定向，精准度较差。

综上，这次活动的裂变并不理想，分享环节的展示、选品、文案等方面都需要优化，如优化后依然不理想，可能整个活动的逻辑都要重新考虑。

3. 价值追踪

所谓的“转化”，并非只有用户完成了开团或成团才算，而是在分享、注册、参团等任何环节只要产生用户关系，都算转化，只是转化程度不同。

每一个用户的转化都意味着成本的产生，必须由后续购买所带来的利润填平。如果活动所带来的用户复购和活跃度都极差，那么无论转化率多高，这个活动都是失败的。

为了改善用户转化后的后续表现，运营人员通常会用发送短信的手段进一步激励。如上例中，对于开团成功、开团失败、参团成功、参团失败以及分享链接不足 3 次的用户，运营人员会根据其基于转化程度的行为倾向性在 24 小时内为其个性化推送优惠券、优惠商品、活动链接等，为的就是促进后续转化，尽力承接住这些用户。

价值追踪数据较为复杂，基于用户分层、时间分层、行为分层等，可以形成一个庞大的价值追踪体系。本书对价值追踪进行了简化，将其分为以下两部分：

（1）关键价值追踪

<table>
<tr><th colspan="3" rowspan="2">人数</th><th rowspan="2">人数（人）</th><th colspan="4">0 ~ 7 天复购情况</th><th colspan="4">8 ~ 30 天复购情况</th><th>31 ~ 90 天复购情况</th></tr>
<tr><th>人数（人）</th><th>订单数（个）</th><th>GMV</th><th>客单价（元）</th><th>人数（人）</th><th>订单数（个）</th><th>GMV</th><th>客单价（元）</th><th>……</th></tr>
<tr><td rowspan="11">推送人群</td><td rowspan="5">开团成团</td><td>24 岁及以下</td><td>109</td><td>32</td><td>48</td><td>2822</td><td>58.80</td><td>51</td><td>88</td><td>4822</td><td>54.80</td><td rowspan="14">……</td></tr>
<tr><td>25 ~ 29 岁</td><td>288</td><td>71</td><td>86</td><td>6794</td><td>79.00</td><td>103</td><td>196</td><td>15680</td><td>80.00</td></tr>
<tr><td>30 ~ 39 岁</td><td>509</td><td>99</td><td>123</td><td>23124</td><td>188.00</td><td>139</td><td>170</td><td>27625</td><td>162.20</td></tr>
<tr><td>40 岁及以上</td><td>91</td><td>16</td><td>19</td><td>874</td><td>46.00</td><td>38</td><td>52</td><td>2595</td><td>49.90</td></tr>
<tr><td>合计</td><td>997</td><td>218</td><td>276</td><td>33614</td><td>122.79</td><td>331</td><td>506</td><td>50722</td><td>100.24</td></tr>
<tr><td rowspan="5">开团未成团</td><td>24 岁及以下</td><td>1835</td><td>119</td><td>137</td><td>7521</td><td>54.90</td><td>133</td><td>190</td><td>11191</td><td>58.90</td></tr>
<tr><td>25 ~ 29 岁</td><td>3168</td><td>308</td><td>355</td><td>24531</td><td>69.10</td><td>359</td><td>411</td><td>29181</td><td>71.00</td></tr>
<tr><td>30 ~ 39 岁</td><td>5503</td><td>312</td><td>345</td><td>33810</td><td>98.00</td><td>348</td><td>389</td><td>39989</td><td>102.80</td></tr>
<tr><td>40 岁及以上</td><td>1295</td><td>56</td><td>67</td><td>1943</td><td>29.00</td><td>77</td><td>94</td><td>3384</td><td>36.00</td></tr>
<tr><td>合计</td><td>11801</td><td>795</td><td>904</td><td>67805</td><td>75.01</td><td>917</td><td>1084</td><td>83745</td><td>77.26</td></tr>
<tr><td>……</td><td colspan="10">……</td></tr>
<tr><td rowspan="3">裂变人群</td><td colspan="2">开团成团</td><td>171</td><td>18</td><td>29</td><td>1798</td><td>62.00</td><td>30</td><td>42</td><td>2415</td><td>57.50</td></tr>
<tr><td colspan="2">开团未成团</td><td>4088</td><td>37</td><td>51</td><td>2412</td><td>47.30</td><td>61</td><td>85</td><td>4420</td><td>52.00</td></tr>
<tr><td colspan="2">……</td><td colspan="9">……</td></tr>
</table>

上表中有 3 个要点：

①追踪谁。

当然是要追踪转化的新客户。但是一定要分层追踪，除了要考虑短信推送的年龄分层外，还要纳入转化程度的分层，这样才可以追踪到不同转化程度的用户间的价值差异。

如上表所示，可以看到“开团成团”用户相对于“开团未成团”用户有更高的复购频次；裂变用户的各项价值均逊于推送人群。

②追多久。

这要根据产品使用频率、用户生命周期来定。一般电商会追踪至 90 天或 180 天，如因活动优化迫切需要结论数据支撑，可提供短期追踪数据。

③追什么。

一定是追踪用户对于产品最关键的几个价值指标：对于自媒体可能是点击、转发、打赏数据；对于游戏可能是活跃、付费数据；而对于电商平台，自然就是GMV、订单数、客单价这些交易数据。

至此，得出每个分层用户在不同时间段贡献了多少GMV，再乘以平台交易费率，很容易算出平台获得的利润数据。通过这些利润数据，一方面可以直观判断出不同分层用户的价值，另一方面可以通过与成本的对比判断活动的效益，决定活动是否可以产品化或规模复制。

在产品相对简单、活动规模较小的情况下，以上价值追踪基本可以证明活动价值。但是如果产品生态复杂，用户消费行为多样，那就有必要对用户行为做分层追踪。

（2）行为分层追踪

对于同一个产品，不同用户基于不同的行为，为平台贡献了不同的价值，共同构建了一个完整的生态。

以最具代表性的UGC（User Generated Content，用户生成内容）内容平台“知乎”为例，其用户行为及对应价值大概划分如下：

用户类型	用户行为	价值
一般内容消费者	没事刷刷“知乎”，一般只看不说话	消费主体与流量主体
传播互动型用户	点赞、评论、分享、转发	碎片内容生产，内容传播
知识付费者	购买会员或Live私家课	核心内容消费者，重要收入来源
一般内容生产者	80%长尾内容的生产	内容生态的基石，KOL与缘叶与炮灰
KOL	头部内容的生产	20%的内容带来80%的流量与收入

电商生态中，并不是只是“买”或“卖”那么简单。搜索购买型用户贡献了大部分GMV，是平台生存的基础；喜欢“逛”的用户热衷于发现式购物，除了贡献可观的GMV之外，还通过点击、停留等行为反馈了不同主题标语、模块以及商品的热度，从而为运营工作指明了方向；那些热衷于拼团和助力砍价的用户，聚集在微信中通过付出传播劳动以换取平台的优惠，为平台不断引入新的流量；甚至目前大多数电商平台，都引入了攻略、评测等内容子生态，而喜欢写评测心得的用户就是这个子生态的核心支撑。

因此，不能仅根据用户购买力来判断用户价值，也就是说，不能因为活动吸引来的用户买得不够多就定性活动失败，因为这些用户很可能贡献着其他重要的生态价值。

人群			人数	0～90 天行为追踪							
				开团数（个）	成团数（个）	助力砍价发起次数（次）	助力砍价成功次数（次）	Banner点击次数（次）	关注服务号人数（人）	种草分享次数（次）	攻略发布次数（次）
推送人群	开团成团	24 岁及以下	109	159	13	311	3	417	35	9	0
		25～29 岁	288	271	19	89	0	100	50	7	2
		30～39 岁	509	342	19	47	1	59	77	4	1
		40 岁及以上	91	101	8	144	4	34	12	7	0
		合计	997	873	59	591	8	610	174	27	3
	开团未成团	24 岁及以下	1835	1212	78	798	12	684	1087	19	0
		25～29 岁	3168	866	46	755	5	1208	966	11	0
		30～39 岁	5503	910	49	657	0	411	1277	20	0
		40 岁及以上	1295	507	31	809	17	70	395	2	0
		合计	11801	3495	204	3019	34	2373	3725	52	0
	……	……									
裂变人群	开团成团		171	271	20	389	6	312	141	4	1
	开团未成团		4088	690	34	480	3	648	859	11	0
	……		……								

从上表的数据来看，这次活动所带来的用户在开团、助力砍价、关注服务号等方面比较突出，说明用户多聚集在微信小程序中，有着不错的传播价值，可能是由于活动方式为拼团，因此带来的流量或多或少有点“羊毛”属性，这也降低了用户对其复购价值的期望。这些用户更适合在小程序中为平台进行外围传播。

4. 成本数据

“成本数据”和“价值追踪”是活动的两面。价值与成本的差值，基本代表了整个活动的初步收益。

就本次活动而言，其成本主要产生在 3 个地方：

（1）短信数据：流失老客户触达短信约为 0.03 元/条。

（2）免费商品补贴成本：所有开团成团订单都需要付出约 20 元的商品成本。

（3）后续激励补贴：用户转化后可能会给其推送一些优惠券促进复购，优惠券的制作费是这个过程中的主要成本。

在第三步追踪到复购的总 GMV，乘以平台费率得出利润，再减掉以上 3 条成本之和，得到的就是活动利润。

成本数据逻辑简单，唯一值得注意的是是否要分层。不同分层的用户价值不同，所消耗的成本也不一样，如果用同样的分层追踪价值和成本，就可以计算不同分层的投资回报率，找出盈亏平衡点，选择性地推送以提高整个活动的收益。但多数时候基于用户名单、数据埋点等限制，基于分层的投资回报率优化很难实现。因此，分不分层，要视业务情况而定。

思维导图如下：

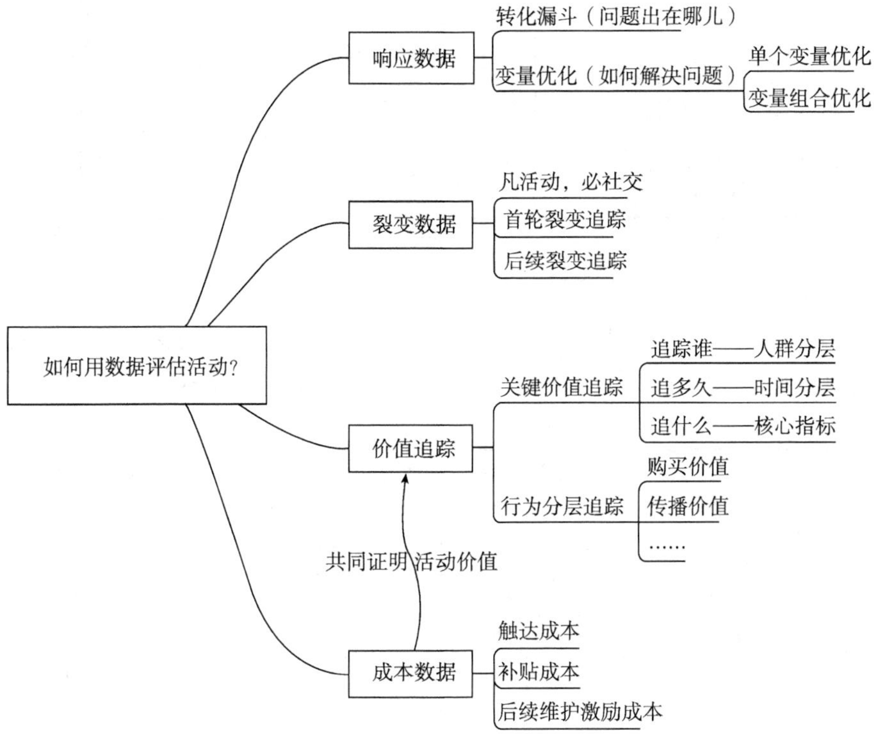

（四）案例分析

对某垂直服装电商（平台）做数据分析，分析目标是找到下个月的运营重点，以提升销售额。

1. 分析思路

这是一家垂直电商，其核心是服装品类，要分析这种企业，首先要看这个品类互联网化有多大的价值。“网购渗透率”是一个很重要的衡量指标，这家电商网购渗透率只有 23.6%，说明还是有很大的发展空间的，至少应达到 50% 以上。

在确定其还有很大的发展空间后，就要决策是发展男装还是女装了，男装网购的渗透率低，但是增长速度快，因此是未来发展的重点。

从平台自身分析（见直方图），男装交易额占整个服装配饰交易额的 28%，高于行业平均值，说明该平台在男性用户市场有很高的信任度，前期从运营策略上可以以男装为突破口，通过品类的扩充和与知名品牌的合作，以及在渠道上的优势，迅速获得市场。

要提升电商的交易额，就要从 3 个方面入手：流量、转化率、客单价。先从流量价值上分析是否把流量用到了最大化，因此这里用了一个指标“客均服装交易额贡献

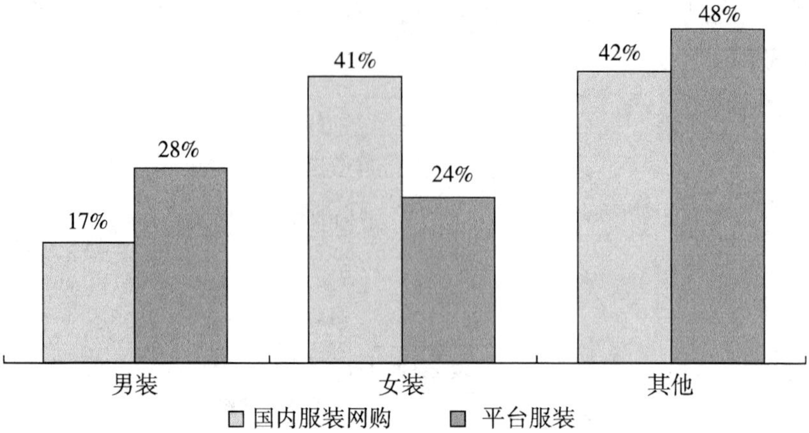

度”（客均服装交易额贡献度 = 日均独立访客/交易额，即单一访客为网站带来的交易额），可以发现流量价值只有天猫的一半，因此还有很大的增长空间。

排名	q2 国内 B2C 服装交易	2013 年	日独立访客（百万）	客均服装交易额贡献度
1	天猫	74. 7%	106194	12
2	唯品会	4. 1%	15778	4
3	腾讯 B2C	3. 9%	4671	14
4	凡客	2. 8%	351	134
5	京东	2. 3%	38520	1
6	当当	1. 3%	4359	5
7	亚马逊中国	1. 0%	4603	4
8	该平台	1. 6%	3981	6

要提升流量价值，就要从精准营销入手。首先从地域上，根据平台自己的用户群分布，做针对性的区域营销。如下图所示主要的客户群集中在华北，但是渗透率只有 7. 2%，说明在这个区域的市场还有很大空间。

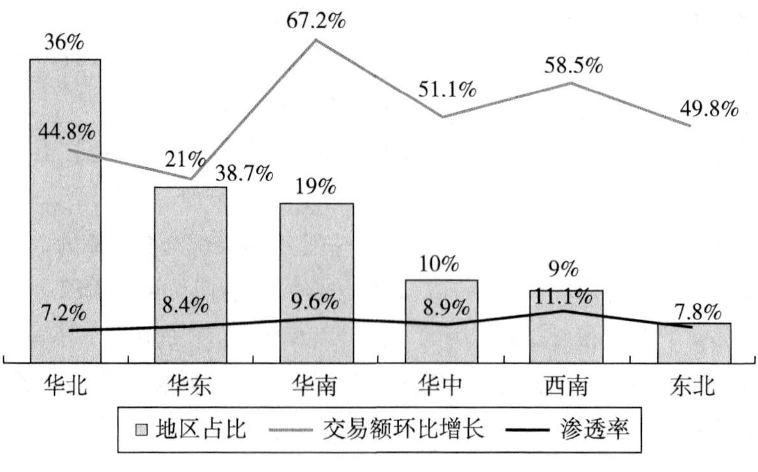

在确认重点发展男装之后，还要做品类细分，即具体发展哪些品类，有两个标准：一是这个品类的交易额在服装品类的交易额占比要足够大；二是增长要足够快，因此通过构建波士顿矩阵（见下图），选择 Polo 衫（高尔夫球衫）和夹克为重点扶植的品类。

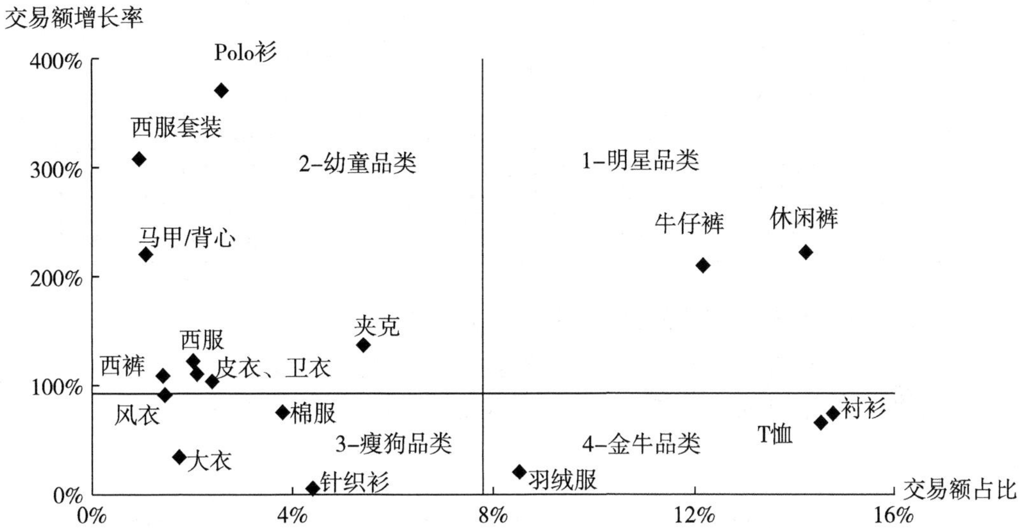

选择了 Polo 衫和夹克，还需要进一步细分数据，层层挖掘，直到找到那个引爆点，如下表所示。因此 100 ~ 300 元的 Polo 衫是需要重点发展的区间，100 ~ 300 元的夹克也是需要发展的区间。

品类	100 元以下	100 ~ 300 元	300 ~ 500 元	500 ~ 1000 元	1000 元以上
衬衫	7.4%	43.2%	37.9%	9.9%	1.3%
T 恤	20.23%	55.52%	16.86%	5.09%	0.83%
休闲裤	4.47%	47.76%	32.63%	13.47%	1.57%
牛仔裤	7.55%	47.50%	20.64%	19.03%	5.20%
羽绒服	0.06%	6.82%	17.79%	34.85%	40.48%
夹克	0.58%	32.64%	28.56%	26.73%	11.44%
针织衫	7.56%	39.17%	30.48%	16.25%	6.34%
棉服	0.42%	26.58%	30.56%	27.68%	14.76%
外套	2.72%	31.57%	38.55%	18.71%	8.38%
Polo 衫	18.01%	37.96%	27.84%	13.88%	1.64%
皮衣	0.06%	6.84%	7.55%	6.96%	78.56%
卫衣	4.62%	62.87%	27.23%	4.52%	0.59%

续 表

品类	100 元以下	100 ~ 300 元	300 ~ 500 元	500 ~ 1000 元	1000 元以上
西服	1. 89%	27. 84%	21. 41%	32. 98%	15. 81%
大衣	0. 10%	6. 65%	17. 48%	35. 80%	39. 96%
风衣	0. 10%	41. 20%	33. 43%	17. 37%	7. 89%
西裤	2. 35%	40. 06%	24. 35%	32. 27%	0. 94%
马甲/背心	7. 53%	61. 15%	17. 04%	10. 05%	2. 50%
西服套装	0. 05%	8. 15%	20. 65%	35. 76%	35. 39%
裤子	3. 20%	27. 66%	31. 50%	25. 21%	12. 23%
羊绒衫	0. 88%	11. 54%	16. 52%	25. 56%	45. 46%

还有一个考量价格带定位的就是动销率，公式如下：

动销率 = 统计期内有销售量的商品数/在柜商品数量

动销率越高的品类说明越受用户喜欢。不同价位的不同商品在某年 11 月的动销率如下表所示。

品类	11 月动销率	100 元以下	100 ~ 300 元	300 ~ 500 元	500 ~ 1000 元	1000 元以上
衬衫	25%	26%	23%	35%	28%	10%
T 恤	28%	29%	27%	27%	24%	8%
休闲裤	30%	32%	26%	44%	48%	18%
牛仔裤	32%	43%	27%	44%	45%	23%
羽绒服	36%	67%	43%	28%	34%	46%
夹克	24%	55%	19%	27%	38%	36%
针织衫	28%	39%	25%	34%	34%	19%
棉服	20%	73%	19%	16%	32%	35%
外套	28%	61%	33%	29%	24%	12%
Polo 衫	25%	29%	24%	24%	25%	9%
皮衣	26%	80%	25%	25%	43%	24%
卫衣	28%	39%	25%	36%	28%	21%
西服	24%	64%	22%	18%	34%	28%
大衣	31%	45%	28%	22%	39%	40%
风衣	32%	72%	32%	27%	36%	33%
西裤	49%	80%	45%	62%	48%	15%
马甲/背心	42%	58%	38%	44%	48%	34%
西服套装	48%	78%	77%	47%	54%	40%
裤子	15%	18%	16%	17%	14%	50%
羊绒衫	29%	76%	37%	27%	19%	30%

关联分析：购买男装的用户一般还会购买什么品类的商品，通常在做这种分析的时候，还会接入另外一类数据，就是“同质数据”，如地域、年龄、颜色偏好、职业、客单价等因素相同的用户，分析这类用户一般还会购买什么。

运营男装品牌，当然也会涉及选品的问题，要确定哪些品牌是引进的重点，比如通过选择在上一周的促销活动中，自己平台销售的前 10 位和天猫做对比，会发现杰克琼斯、GXG 这两个品牌未来可以关注，因为这两个品牌的用户的购买力很强。

从整个平台的运营来看，11% 的店铺的销售额占整体销售额的 80% 以上，说明约 90% 的店铺都处于无销售状态，因此店铺的结构化管理是接下来平台运营的重点。

把高效率的店铺从动销率和转化率两方面来分类，分成非常重要、高潜力、不稳定和全面提升四种类型，对于动销率和转化率都很好的店铺，需要不断扩充这个店铺的 SKU（库存保有单位）数量；对于各种 SKU 都有销量，但是销量不是很好的店铺，要帮助店铺找到“爆款”，提升转化率；有转化率而没有动销率的店铺，一定是有大量的滞销品，这个时候需要赶紧替换产品。

2. 分析结论

结论 1：战略层面，提升男装的权重，把男装作为未来发展的重点。

结论 2：战术层面，迅速提升移动端的市场投入，提升市场认知和品牌知名度，可以快速增加订单量。

结论 3：在运营策略上，以男装为突破口，通过品类的扩充和与知名品牌的合作，以及在渠道上的优势，迅速获得市场。

结论 4：市场策略层面，集中在华北地区投入广告，其次是华东地区。

结论 5：加大 Polo 衫和夹克等品类投入，而且将价格定位在 100 ~ 300 元，能快速提升男装交易额。

结论 6：增加合适的关联推荐的品类可以提高客单价。

结论 7：有了一定的品牌认知度后，需要分析用户的品牌偏好，最后提高用户忠诚度。

结论 8：对店铺做分层运营和管理，对 VIP 型店铺不断扩充 SKU，为高潜力店铺打造“爆款”，不稳定店铺应及时处理滞销品，而全面提升店铺的首要工作是调整产品结构。

资料来源：①微信公众号：秦路《从零开始，构建数据化运营体系》。

②邵贵平．电子商务数据分析与应用［M］．北京：人民邮电出版社，2018.

【综合练习】

一、单项选择题

1. 数据在企业中的作用是巨大的，其中（　　）是负责对电子商务运营数据做具体实施的。

A. 决策层　　B. 管理层　　C. 运营层　　D. 执行层

2. 数据驱动闭环系统第一步是需要（　　）。

A. 设定优化目标，找出 OMTM 或关键指标

B. 细分指标，找出影响因素，搭建数据分析指标体系

C. 深度分析，发现问题，进行多维数据分析与预测

D. 测试并持续改进，进行数据驱动 A/B TEST

3. 按指标组建增长团队时，不涉及以下哪一个流程？（　　）

A. 获客　　B. 登录　　C. 留存　　D. 收入

4. （　　）是世界上最早采用图形菜单驱动界面的统计软件。

A. SPSS　　B. EXCEL　　C. BDP 个人版　　D. MATLAB

5. （　　）是一款客服绩效管理工具，有助于运营人员全面掌握客服绩效，其监测内容包括销售额、转化率、客单价、响应速度、工作量等并能指导排班，以及帮助分析用户流失原因，进而提高业绩。

A. 阿里指数　　B. 淘宝指数　　C. 魔镜　　D. 赤兔

6. 网店运营分析多从网店运营过程及最终的成效进行分析，重点分析过程中相关服务的（　　），以及不同类型客户对于服务需求的差异化表现。

A. 转化率　　B. 及时率和有效率　　C. 回复率　　D. 应用率

7. 以下属于简单数据分析的是（　　）。

A. 数据加权　　B. 相关分析　　C. 联合分析　　D. 决策树

8. （　　）是运营人员将数据转化成运营策略，以人为主要生产力，和数据产品的计算机自动化对应。

A. 数据决策层　　B. 数据执行层　　C. 数据管理层　　D. 数据运营层

9. 以下哪个不属于数据运营触达层的内容？（　　）

A. SMS　　B. KOL　　C. 活动运营　　D. 广告

10. 支持多岗多面及多店融合的是哪一个数据分析工具？（　　）

A. 阿里指数　　B. 生意参谋　　C. 魔镜　　D. 赤兔

二、多项选择题

1. 对于网店运营人员来说，提升销售额要做好的工作有（　　）。

A. 提高访客数　B. 提高转化率　C. 提高客单价　D. 提高利润率

2. 需要收集的数据可以划分成哪几个主要类型？（　　）

A. 行为数据　B. 流量数据　C. 业务数据　D. 专业数据

E. 外部数据

3. 常见的数据采集方式有（　　）。

A. 软件埋点　B. 代码埋点　C. 可视化埋点　D. 后端埋点

4. 要提升电商的交易额，就要从哪几个地方入手？（　　）

A. 流量　B. 转化率　C. 粉丝数　D. 客单价

5. 数据魔方是淘宝官方出品的一款数据产品，主要提供（　　），其中包含了品牌、店铺、产品的排行榜，以及购买人群的特征分析，包括年龄、性别、购买时段、地域等。

A. 客户心理分析　B. 行业数据分析　C. 预购买分析　D. 店铺数据分析

6. 在获取免费的渠道这个环节中，重点要考核以下几个数据指标：（　　）。

A. ROI　B. 渠道转化率

C. 用户获客成本（CAC）　D. 总费用

7. 魔镜的应用方法是通过（　　）锁定同行的“爆款”单品，将其作为研究对象。

A. 行业数据　B. 运营数据　C. 销售数据　D. 推广数据

8. 代码埋点的特点有（　　）。

A. 所见即所得　B. 业务指标一网打尽

C. 采集指标更全面　D. 技术人员支持

9. 后端埋点的特点有（　　）。

A. 无埋点采集　B. 数据更精准

C. 不需要技术支持　D. 需要技术人员参与

三、名词解释

1. 数据运营
2. 数据魔方
3. 多元统计技术
4. 投资回报率

四、简答题

1. 简述数据运营框架体系有哪几层。
2. 简化的数据闭环系统是怎样的？

第十章　社群运营

【学习目标】通过本章的学习，了解社群和社群运营的概念，了解社群分类及不同社群的心理特征，掌握各大平台社群运营的方法，知晓社群运营的基本步骤。

【关键词】社群运营；社群心理；社群运营平台；罗辑思维

第一节　社群概述

随着移动互联网的发展，各种移动社交工具不断涌现，催生了大量的以移动化和交互性为特征、以垂直领域的某种兴趣图谱为核心的移动社群。谈到社群，就必须厘清社群和人群、微信群、社区的区别。社群是突破时间和空间，更强调实时性和社交性的人际沟通群体。从互联网的角度，社群可以分为产品型社群、兴趣型社群、品牌型社群、知识型社群和工具型社群。

传统社群的分类可借鉴传统社会学的标准。对不同类型的人进行归类，其核心不仅仅限于一个称谓，更重要的是分析这群人的习性和品质。

（1）按地理位置划分：本地的近邻社群、郊区社群、村庄社群、城镇社群、城市社群和国家社群。

（2）按文化划分：亚文化社群、人种社群、宗教社群、跨文化社群和全球社群。

（3）按社群组织划分：常见家庭、亲属关系、企业组织、政治团体、职业机构和全球团体。

互联网时代的社群逐渐向兴趣图谱靠拢，社交网络中的兴趣图谱对社交图谱的补充作用会变得越来越重要。Facebook（脸书）、Twitter（推特）和 Google（谷歌）等已开始进行相关内容的推送，未来这个领域会更加热门。互联网时代的社群由感性的社会人基于不同的动机和需求自主创建或自发形成，不同社群具有不同的定位和性质。互联网时代社群的类型如下图所示。

1. 产品型社群

产品型社群的概念源于互联网思维。与工业时代相比，互联网时代的产品不仅承

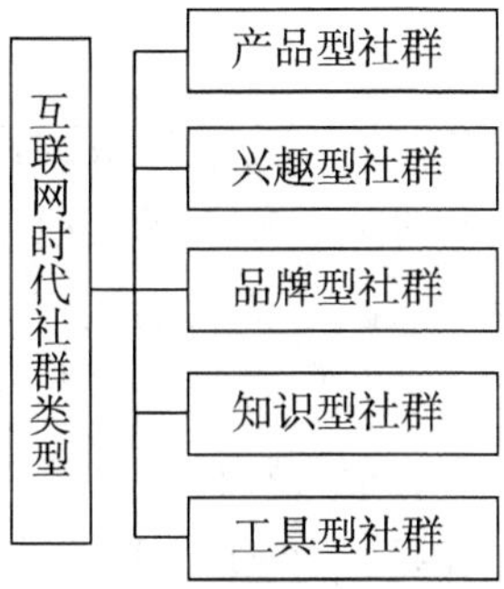

载了功能属性，还承载了趣味与情感属性。

优秀的产品能直接带来可观的用户和粉丝群体，同时产品又是中介和平台，促使人聚合为社群。目前，产品型社群已经有一些成功的实践案例，例如黄太吉煎饼、良品铺子、楼兰蜜语等。这些社群有着实体经营的产品，但又有不同于传统的产品销售方式，它们充分利用线上线下社群的影响力和传播力，激发粉丝的参与热情和活跃度，最终带来辉煌的销售业绩。

2. 兴趣型社群

兴趣型社群是基于兴趣图谱创建的社群。互联网突破了时空限制，其无限延展性实现了人的自由聚合。人们通过网络可以很快找到志趣相投的伙伴，便捷地建立起各种基于兴趣图谱的社群。因为需求的个性化和兴趣的多元化，兴趣型社群不仅种类繁多，而且各具差异化优势，如科技创业类社群“36 氪”、美食分享类社群“大众点评”、时尚消费类社群“美丽说”等。

在追求自由化、多元化的社群时代，个体无论有多么微小的兴趣、多么精细的需求或多么细腻的情感，都能找到同类的人组成社群。个人的兴趣因为有了社群的互动而得到共鸣和放大，从而使兴趣型社群蕴含着巨大的商业价值，具有非常诱人的商业空间。

3. 品牌型社群

品牌型社群是产品型社群的延伸，产品型社群发展到后期，用户对产品所归属的品牌产生信任和情感关系，就会热衷于追逐品牌旗下的其他产品，继而对品牌文化产生强烈的认同感，于是形成品牌型社群。品牌型社群以用户对品牌的情感体验为纽带，用户由于认同品牌的价值观而聚合在一起，通过交流和互动产生强烈的心理共鸣。

品牌型社群是以用户为中心的关系网，其意义在于为用户提供与品牌相关的独特消费体验。品牌型社群在兴起初期以线下社群活动为主，“哈雷车友会”就是典型代表。

随着互联网的发展，线上品牌型社群也得到迅速发展，星巴克的品牌型社群就是一个成功案例，星巴克通过在网页、论坛、博客、在线游戏和微信等平台上与粉丝互动进行创意营销，建立了强大的粉丝群体。

4. 知识型社群

狭义的知识型社群是指企业组织员工自发形成的进行知识分享和学习的团体，其凝聚的力量是人与人之间的学习兴趣和交流需求，而不是正式的工作职责或任务。知识型社群能促进企业组织内部隐性知识传递和知识创新，提升员工的学习能力，最终形成企业组织最宝贵的人力资产。

广义的知识型社群是指个体基于学习兴趣，为了获取和分享知识而聚合的互联网社群。从本质上来说，知识型社群是兴趣型社群的一种。知乎是典型的知识型社群，通过网友问答和知识分享，它源源不断地为社群用户提供高质量的知识信息。

5. 工具型社群

各种社群软件和应用为人们的社群交流提供了工具，如微博、微信等，参与社群已经成为人们普遍的日常状态。在这种趋势中，社群成为人们进行实时沟通的一种灵活、方便的工具。

第二节　常见的社群心理特征

构建一个可以人数呈指数级增长的社群是所有目标远大的创业者和企业家的梦想。他们想通过一个远大的目标或使命将一群有梦想的人聚集到一起，并不断地把身边有同样愿望的人吸收进来，让他们为了共同的使命努力付出并影响越来越多的人。

然而，社群作为群体有着与个体截然不同的情绪模式和心理特征。如何把握社群的特征，更有效地让社群朝着积极、健康的方向呈指数级发展，达到以往组织形态完全无法到达的目标呢？我们需要把握以下几点常见的社群心理特征。

1. 社群的心理特征：易冲动、易受暗示、易夸张

社群的心理特征区别于单人所具有的特征，主要包括易冲动、易受暗示和易夸张。社群比个人更容易情绪化。根据这个心理特征，社群的使命和目标就是一定要能够极大程度地激发人们强烈的情绪，引起人们的情感共鸣。

2. 社群的道德特征：合作、无私、奉献

《企鹅与怪兽》一书指出，越来越多的证据表明人类在很大程度上更善于合作。社群运营者要依靠参与、沟通来鼓励社群成员，让大家拥有共同的目标和认同感。越是有生命力的社群，其基调就越是倡导分享、合作和奉献。社群要帮助成员展现出协作和慷慨的一面，如果试图基于利己主义构建社群，结果往往会适得其反，导致事与愿违。

社群主义代表人物麦金泰尔提出的社群主义的德性论证明了这个观点，他提出真正的社群必须具备以下几个特征：第一，社群要有全体成员都追求的共同分享的目标；

第二，社群成员要有情谊；第三，社群必须有一个贯穿过去和未来的整体道德计划。

3. 社群的群体效仿特征：群体效仿的连锁反应

《完美的群体》一书中列举了一个“无形的领导者”的案例。在川流不息的人群中，倘若最开始只有一个人驻足凝视街边商店的橱窗，那么将会有约40%的路人停下来一同注视；当最开始有两个人同时注视橱窗时，那么这个比例会上升到60%；当最开始有五个人同时注视橱窗时，那么这个比例将会上升到90%。这个特征被称作“群体效仿的连锁效应”。

根据这个理论，社群的领导者或领导小组可以在不被发觉的情况下从内部引导群体向着一个目标前进。在社群中，领导者要和志同道合的朋友或同事一起做引导工作，但注意不要让群体中的其他成员发觉，只要引对方向，那么剩下的就可以交给群体来完成。

4. 社群的社会懈怠与去个性化特征

当群体无法对个体进行评价或个体无须为某件事单独负责时，更容易发生社会懈怠现象。但是，当任务具有挑战性或具有吸引力时，群体成员的懈怠程度就会减弱。因此，让社群为一个有挑战性的目标而奋斗，可以让社群整体变得更加努力。

在某些特定的情境下，人们可能抛弃道德约束，忘记个人的身份而顺从群体规范，出现去个体化特征。

第三节　社群运营的商业本质

一、内容：一切产业皆媒体

移动互联网的出现，使得人与人之间的协作效率大大提高，同时使得信息的生产和传播效率大大提高。在“人人都是媒体”的社会化关系网络中，内容即广告，优质的内容非常容易产生传播效应。

1. 自媒体

自媒体是指私人化、平民化、普泛化、自主化的传播者。现在越来越多的企业，尝试创建自媒体，以微博或微信等各种形式，与消费者直接沟通。

2. 内容创造

内容是自媒体运营的核心，自媒体将自己的信息、价值、理念等内容传播出去，就是以文字、视频、音频等介质为载体的。

二、社群：一切关系皆渠道

互联网出现之前，品牌厂商或者零售商需要通过不断地扩展门店来尽可能多地接触目标消费人群，而互联网的出现打破了时空限制，使人们随时随地、足不出户就能买到各种各样的商品。这样的商业现象就意味着一种商业逻辑的更迭——由抢占“空间资源”转换为抢占“时间资源”。

今天人们所说的社群，特指互联网社群，是一群被商业产品满足需求的消费者，以兴趣和相同的价值观集结起来形成的固定群组。它的成员是“兴趣相投”的消费者，它的特质是去中心化、兴趣化，并且具有中心固定、边缘分散的特性。

1. O2O 社群运营

互联网从 Web2.0 发展到粉丝经济，从众包到众筹，从社区到社群，经历了顽强的进化过程。电子商务也从传统电商发展到移动电商，社群已成为未来企业营销的核心竞争力，有一个活跃度高、成员精准的社群，便可逐渐摆脱对传统电商平台的依赖。

2. 社群势能

社群是群体的集合。个人的能量可能不大，但一个群体就可能爆发出巨大的能量，这就是社群势能。社群势能是储存于一个群体内的能量，它也可以释放或者转化为其他形式的能量。

三、商业：一切环节皆体验

社群的背后不单是粉丝和兴趣，还承载了非常复杂的商业生态。究其根本，就是人的社会化的必然性。现在我们关注的社群生态是基于商业和产品的，以互联网为载体，跨时间、跨地域。商业社群生态的根本价值，是实现社群中的消费者不同层次的价值满足。

1. 体验为王

产品是否能够成功，用户体验越来越关键，用户购买了产品，并非就结束了交易。恰恰相反，当用户使用产品的时候，用户体验才真正开始，而用户体验是否愉快，将直接影响到产品的口碑、销售。

2. 社群商业变现

随着移动互联网的发展，移动设备对于个体的赋权以及互联网基础服务设施的有力支撑，不仅让社群概念走进了我们常人的生活，也让社群成为诸多商业活动中绕不开的主题词，更让社群商业成为社会热点。

第四节　各大平台社群运营

一、淘宝平台社群运营

淘宝平台社群运营主要有以下几种：

（1）有好货。这是一个品质购物频道，除了“好货商品”之外，淘宝又推出了“好货不贵”，同时在“有好货”里面延展了众筹、海淘、百科等，增加内容化载体。

（2）爱逛街。它是一个针对女性用户的导购平台，女性用户在这里可以发现跟她类似的用户都在买什么。

（3）必买清单。淘宝借此打造的是场景化购物，借助每个清单给消费者提供一种购物场景，比如出去旅游都应该买什么样的东西，整个清单由什么组成等。

（4）淘宝直播。直播能够更好地帮助商家、“达人”吸粉，而且也能给消费者提供更多真实的、强交互的信息阅读。

（5）每日好店。每天都有大量的用户通过“每日好店”找到那些开店已八年、十年的店铺，以及每周、每个月会被其他人大量收藏、喜欢的一些店铺。

（6）猜你喜欢。除了猜用户喜欢的商品，还要猜用户喜欢的更多其他内容。

（7）微淘。用户二次回访的阵地。

二、微博平台社群运营

微博平台社群运营主要有两种：

（1）网红、“大 V”和明星等利用粉丝效应，打造一个以形象为中心的营销圈子。

（2）由热门话题聚集在一起的人群。

三、短视频运营

抖音、微视、火山小视频、哔哩哔哩、快手等平台，借助短视频的兴起和大数据算法，将人群细化到各种微小的领域进行细分营销。

四、微信公众号运营

微信的广泛使用，公众号、平台号的大量兴起，使得诸如罗辑思维、秋叶 PPT、小米等社群，获得了大量粉丝群体关注，形成社群—流量—变现的商业模式，另外在微信朋友圈形成了口碑传播渠道。

五、小红书运营

小红书主要是以用户笔记的形式吸引对某类内容、领域感兴趣的群体，进行引流或者营销。

六、其他形式社群运营：知乎、豆瓣、博客

这些社群运营以优质的内容吸引相应的客户群体，打造社群效应。

第五节　社群运营的核心点

一、要有共同的目的和价值观

这是一个社群成功运营的必要条件。社群的本质是组织，一个组织会由各种各样的人构成，如果没有共同的目标和价值观，就很容易会产生不同的观点，导致内部争吵和矛盾冲突。共同的目的和价值观是所有群员的“指路明灯”，也是社群的规范标准。

比如吴晓波社群的价值观：认可商业之美，崇尚自我奋斗，乐意奉献、共享等。

再比如饿了么、美团的一些抢红包社群，它们的存在非常单纯，共同目的就是拿红包。因此在实际操作过程中，社群可以根据企业背后的战略进行定位，进而树立一个共同目标。

二、要有一定的门槛

这里的门槛并不是现实意义的门槛，而是针对社群运营者而言，形成的一个拦住那些不是这个领域的或者是那些价值观与社群冲突的人群的门槛，这一点在社群积累了一定数量的粉丝和会员之后显得尤其重要。

三、要确保高价值的输出

能量的不断补充才是维持社群生命力的基本要求，但如何确保社群高价值地输出，是有一定难度的。需要特别注意的一点是：社群运营者要增强大家的判断力。

作为运营执行层，如果决策层将任务交代下来，但执行层认为暂时还无法提供高价值的输出，那首先要做的就是和上层沟通，争取到公司相关资源的支持，而不是盲目地去推广运营。

事实上，一个高质量的社群不是掌握了一些方法就可以打造好的，大部分做得好的社群，其创始人本身就是一位意见领袖，能够输出有价值的能量，如吴晓波、罗振宇等。

四、输出要稳定，并且最好线上线下结合

输出要稳定指的是运营要有策略，或者说企业对能量要合理分配。在当下的互联网时代，面对面交流更容易促进人与人之间真正的情感连接，因此线上线下相结合是有必要的，如常见的见面会、分享会、交流会等。

五、社群成员分类及应对方法

社群发展到一定阶段，它作为一个组织，其内部人群也自然而然会形成不同的类别。

（1）意见领袖：一般就是社群的创始人，或者是社群专门请来坐镇的一些极其优秀的人。

（2）联合意见领袖：一般也是领域内的专家，但只是偶尔参与，并提供一些细分领域的意见等。

（3）传播者：这是社群最重要的一部分，可以被认为是真正的粉丝群体，他们会自发地去宣传社群，为社群建设添砖加瓦。

（4）活跃者：那些在社群中能够保持踊跃、积极回应的那群人。

（5）参与者：虽然还不那么活跃，但还是能够保证稳定在社群中。

（6）旁观者：这群人可能是刚刚进入这个领域的社群，或者还不熟悉，属于观望阶段。

以上这些分类也代表了用户运营的拉新—留存—促活—转化过程。当了解整个社群的人员层级时，就可以采用相应的措施。

（1）对传播者——一定要及时鼓励，如公开赞许、允许一些特权等，一方面鼓励他们，另一方面刺激其他人。

（2）对活跃者——应进一步引导他们主动传播，要营造一种组织感，比如邀请他们成为社群的宣传大使，邀请他们举办一些线下活动等。

（3）对参与者——应该主动地去关怀他们，提升他们对社群的归属感。

（4）对旁观者——主动去引导，消除他们的顾虑，提升他们对社群的参与感。

以上 4 种都可以用高阶带低阶的方式去完成，比如：给传播者一些特权和福利，让他们变成社群的管理者；让传播者组织线下活动邀请活跃者，使活跃者慢慢成为传播者；让活跃者主动联系一些参与者，发起话题，提升参与者的活跃度，使参与者成为活跃者；让参与者能够以新人身份主动发布一些内容，让旁观者受到鼓励，使旁观者成为参与者。

第六节　社群运营的基本步骤

第一步：确定社群的目的

明确是哪一种类型的社群。如果是辅助型，那么就需要清楚具体应该辅助运营中的哪一个环节；如果是商业型，那么就应考虑市场份额等宏观因素。

第二步：围绕社群的目的，建立社群的目标和价值观

目的与目标、价值观还是有区别的，大部分情况下，目的是心里面想的，目标和价值观是喊出来的。但是，一个真正伟大的社群，它的目的、目标和价值观应是一致的。

第三步：设置社群管理人员

辅助型社群的管理人员相对来说并不需要很复杂，一般来说1~2个人就足够了。

商业型社群的管理人员的设置就复杂一点了，至少需要创建人（能量输出）、日常管理人（日常管理）、拉新人员（主要负责社群的宣传和推广）、若干合作对象（不同的场景下能够站台）。

第四步：确定社群的载体

社群的载体主要指一些第三方工具，比如微信群、QQ群、脉脉群、论坛等，并且要根据后续的输出确定是否要增加一些辅助功能。比如，需要做直播的社群，目前的微信就不能满足其需求，就要借助小鹅通、粉丝圈等第三方工具。

第五步：用户的引流与积累

完成了以上的准备工作之后，就正式开始用户的引流工作了。对辅助型社群来说，一般都有现有会员可以直接导入；对商业型社群来说，只能想办法先积累第一批种子用户。

除了常规运营之外，社群运营者还可以通过裂变，在短时间内快速积累用户。

第六步：变现

当社群发展到一定程度之后，需要去考虑如何让其变现。如果是辅助型社群，完成了辅助任务就能够帮助主营业务增长；如果是商业型社群，就必须自产自销，一般会通过会员收费、打赏、众筹、广告、电商等方法变现。

第七步：复制

这一步主要是针对商业型社群，一种商业模式如果在小范围内取得成功，就必然会考虑扩大规模，那么这时可以通过人员的扩充、产品的扩充或者构建媒体矩阵的方式对其进行复制。

第七节　社群运营中的用户运营

随着互联网产品的不断精细化运作，社群运营的重要性日渐凸显。本书主要立足于社群运营中的用户运营，总结、归纳出社群用户运营的5个要点。

一、社群运营中用户运营的定义及目标

社群运营中的用户运营是当用户通过一定途径形成了“群”以后，针对该群用户

进行拉新、留存、刺激其参与运营活动的方式与方案，不同于其他形式的用户运营。社群运营强调一个“群”字，即用户运营有既定的“群”空间，如微信群、QQ 群、线上线下活动小组等。

社群运营的目标是将用户吸引与维持在“群”这个特定的圈子中，同时通过有效的方式、方法让“群”中的成员参与到社群运营者设计的话题或活动中，让用户保持对“群”的持续关注并参与群活动，为“群”贡献关注度、时间、精力、金钱等。

二、社群运营中用户运营的 5 个要点

因为社群运营中的用户运营局限于“群”这一特殊范围，所以社群运营中的用户运营有别于其他的互联网用户运营。社群运营中用户运营的 5 个要点如下：

1. “群”特质的强调

群特质是社群区别于其他群组的关键，社群运营中的用户运营要求运营者对群内用户反复强调群的目标与内容，也就是所谓“群”特质的强调。比如一个英语学习群，群运营者可以在群内每天发布英语知识，公布大家英语学习的进度，表扬在英语学习过程中完成度高或成绩优秀的群成员，发布英语学习的活动等。

总之，运营管理者应通过不断发布与群特质相契合的内容，反复强调该群的特质。

群运营者应该避免的是与群特质无关但能活跃群成员的内容，如在英语学习群中为了激发群成员的活跃程度而要求入群者发红包，或者讨论花边新闻等。

无关内容会引发一些加群目标明确群成员的疑惑与反感，若与他们当初加群的目标相违背，在注意力稀缺的时代，是不利于“群”的发展与维护的。

2. 意见领袖（KOL）的打造与挖掘

在社群用户运营中，打造与挖掘有价值的 KOL 对于群运营者来说显得尤为重要，原因是 KOL 作为群中的积极分子与意见领袖，可起到“四两拨千斤”的作用。同时，作为非运营方的第三者，可以更客观地评价与评估群的内容与活动质量，影响并激发其他群成员的热情。

一般而言，群内的 KOL 有如下特质：

（1）具有“群”特质的专业知识

KOL 本身具备了与群相关的专业知识并且积累了一定量的粉丝和拥护者，因此在发表观点时常常能输出有价值的内容，也可以在某种程度上更快捷地连接群成员与影响群成员的积极性。

（2）有乐于分享有价值事物的品质

KOL 要能够在最大限度上影响与激发他人，而在社群运营中，KOL 的影响力主要体现在其是否能持续给予其他成员有价值的信息或事物。因此，KOL 要有乐于分享有价值的事物的性格品质，能让其他群成员在关注群、关注该 KOL 时获得有效的信息。

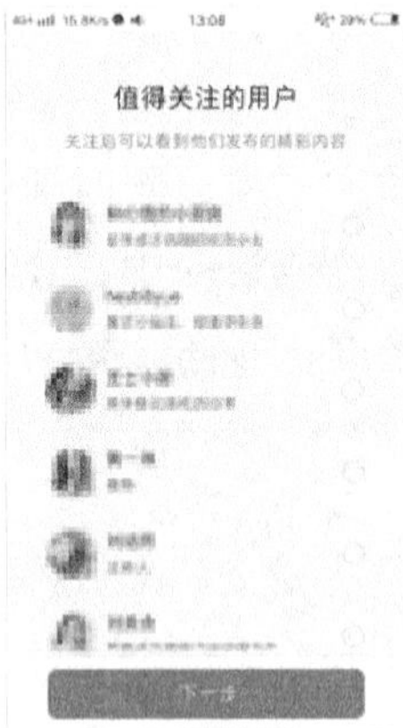

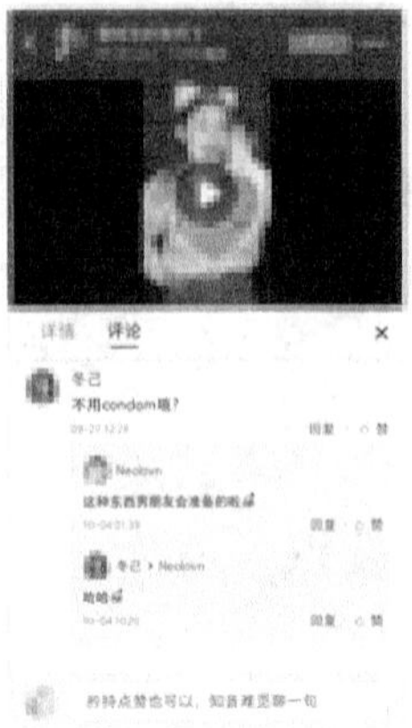

小红书将爱美人士聚集成社群，用户可以选择不同的其他用户进行关注，而被关注的用户会不定期地发布有价值的内容，同时，社群中的群成员还可以评论被关注者发布的内容或者向发布者提问，与之进行互动

从这一层面来说，这些被关注者就成了社群里的“KOL”

3. 持续输出有价值的内容

持续不断地输出有价值的内容是群持续运营的关键，有价值的内容是围绕着群目标和群成员的需求而确定的。一般而言，有价值的群内容是由群运营者提供的，群运营者还可以不定期举行符合“群”特质的主题活动。

总之，在社群运营中，持续输出有价值的内容给了群成员一个持续参与到“群”中的理由。

4. 用户的习惯养成

“有价值的内容持续输出”与这里所说的用户习惯养成具有密切的关联性。有价值的内容持续输出是用户习惯养成的方法之一。

用户的习惯养成最考验群运营者的运营功底，目前常用的方案是设置打卡、签到等可以让用户坚持一段时间的活动，以培养用户参与群活动或者关注群主题的习惯。

为了培养用户对产品及社群的忠诚，要求用户持续在一定的时间内坚持某种行为，待群用户完成该行为给予其有吸引力的奖励，是群运营者常用的培养用户习惯的方案

左图为英语学习产品“流利说”的国庆英语学习打卡分享活动介绍图

群运营者应制订长期且有效的方案，并为了鼓励用户坚持某项行为或持续参与一项活动，给予用户有足够吸引力的物质奖励。当然，进行奖励的前提，是群运营者对成本和收益有精准的评估，否则，用户按照群运营者的要求参与活动并完成了任务而不能获得承诺的收益，就会破坏用户对社群的信任与社群的口碑。

5. 社群用户内、外部的连接

当社群的用户开始内、外部的连接时，社群的用户运营工作才初见微利。社群用户的内部连接是指社群内的用户开始自发地产生内容并输出内容，如积极发言、分享相关知识、在社群内提问、与社群内其他成员交流等；社群用户的外部连接是指社群用户积极向非社群人员分享社群内容与活动，或者发展外部人员参与到社群活动中来。

第八节　抖音短视频运营

现如今抖音的火爆让很多人加入了短视频的大军，抖音运营的重要性也越来越受到重视。

抖音是字节跳动旗下的短视频平台，用户覆盖全国。当下抖音正处于红利期，很多个人和企业都想打造自己的营销号，其中有不少抖音营销号完成了“大 V”级别的跨越。

他们是怎么做到的呢？下面从定位命名、算法逻辑、推荐机制、内容输出 4 个维度进行分析。

一、定位命名

短视频运营首先要做的事就是账号定位。如果是个人号，可以根据自己擅长的技能或者爱好来定位；如果是企业号，可以根据企业的品牌和市场需求来定位。

账号定位需要把握两个核心，即内容输出和变现路径。

内容输出需要找到擅长的点，持续地生产内容；可以在垂直细分领域做内容聚焦，逐步建立粉丝的认知。内容必须要有持续性，这是提高用户黏性的关键点，也是带动粉丝增长的重要方式。

变现路径主要包括付费知识、开直播、电商淘客、培训、付费社群、流量广告等。选择变现方式的重点是要有粉丝。

二、算法逻辑

了解短视频平台算法，是短视频运营的重要环节。因为每个平台的算法逻辑是不一样的，所以呈现出来的推送机制也大有区别。

抖音的推荐机制是中心化，靠大数据模型做推荐，内容前卫、更新及时。

抖音的算法机制：当用户发一条短视频，抖音会给用户一个基础曝光量（如100次），然后系统通过大数据算法模型评估以下指标：转发、评论、点赞、完播率、停留时长、停留轨迹、账号活跃度和粉丝数，大数据算法如果判定这条短视频比较受欢迎，系统就会将这条视频推送到更大的流量池去曝光（如1000次），如果效果不错，再将其放到10万级或百万级的流量池去曝光，那些视频千万级的播放量就是这样产生的。

另外，大数据算法会对账号做权重分析，这个有点类似SEO的PR值。你的权重分值高，发的内容大概率会得到更多的流量推荐，分值低展现就少。

三、推荐机制

短视频平台推荐机制包含的关键指标主要有转发、评论、点赞、完播率、停留时长、停留轨迹、账号活跃度、粉丝数等。具体来说如下：

1. 转发

转发要建立在用户喜欢的基础上，用户愿意把内容分享给身边的朋友。这是抖音推荐机制的核心。

2. 完播率

如果一个视频15秒，用户没看完就滑走了，系统会认为这个视频不太受欢迎；因此即使现在60秒拍视频开放了，如果内容不够吸引人，还是建议只拍15秒。

3. 评论、点赞

评论和点赞也是推荐机制中的重要评判项。首先标题需要引导用户评论，比如用问答式、投票式标题等。

其次要重视评论的作用，它能把一条普通的内容推火。

4. 账号活跃度、粉丝数

账号每天要保持一定的活跃度，活跃度高、粉丝数高，权重自然高。

5. 停留时长、停留轨迹

制作故事性短片或者在视频中留下悬念，引导用户观看下一个视频，也是一种增加用户停留时长的办法。

四、内容输出

保证持续的内容输出是一件非常简单，但是又非常难的事，尤其是做抖音个人号，企业号还好，大家都是按计划开展工作的。

个人号的内容持续输出就是一个战胜懒惰的过程，这个需要坚持，所以说做自己擅长的内容很重要，那样才不会觉得枯燥和乏味。

第九节　案例分析：罗辑思维[①]

罗辑思维是什么？

罗辑思维，是目前影响力较大的互联网知识社群，包括得到App、微信公众订阅号、知识类脱口秀视频及音频、会员体系、微商城、百度贴吧、微信群等具体互动形式，主要服务于“80后”“90后”有“爱智求真”强烈需求的群体。

罗辑思维是一场互联网社群实验，罗振宇把自己视为“手艺人”，为大家读书，做大家的“书童”，集结一群勇于创新的小伙伴，一起用全新的思维方式重新发现世界。微信公众订阅号“罗辑思维”，每天早上六点半左右发出语言推送，全年无休；视频节目每期50分钟，每周四在优酷网播出，全年48期。“罗辑思维”倡导独立、理性思考，推崇自由主义与互联网思维，凝聚爱智求真、积极上进、自由阳光、人格健全的年轻人，是国内微信营销的典范。

2015年10月罗辑思维完成B轮融资，估值达到13.2亿元，此举引爆自媒体和社群，成为自媒体和社群的榜样。2016年3月，罗辑思维创始人罗振宇牵头，联合真格基金、光源资本和星图资本投资视频自媒体“papi酱”，再次点燃“网红经济”。

用“死磕”自己唤醒尊重

罗辑思维最初上线时，在微信、微博同时开始运营。罗振宇每天早上六点起床，录一段60秒的音频，在六点半左右发在微信上，雷打不动，为了让这段话不多不少卡在60秒，他前一天晚上需要练习好几遍。

很多人无法理解为何非要60秒，但在罗振宇看来，60秒代表一种仪式感，代表对用户的尊重，通过“死磕”和“自虐”获得用户发自内心的尊重与信任。

电视台在录节目的时候，通常会有提词器，但罗振宇绝不这么做。罗振宇完全采用脱口秀的方式进行讲述，节目充满强烈的对话感，出现错误就立即从头重录，每期不到一小时的节目都要花8～10小时才能录制完成。

“所有的媒体人六点半都起不来，那我就‘死磕’，做你们做不到的一件事，别人做不到，我做得到。”罗振宇成功把这个时间点经营成他的个人标签，用户哪怕不去听他发的语音内容，也会佩服他的坚持。在海量的公众订阅号里，人们也更容易记住他。

用情感共鸣黏住用户

2013年3月，罗辑思维视频上线4个月，微信号里的粉丝数累计过万。在清晨的一次会议上，罗振宇提议做用户运营，以“罗胖饭局”等形式搞线上线下活动。

第一次做线下活动的时候，罗辑思维设置了两个特殊环节。第一个是“爱的抱

---

① 本节资料来源：http：//www.woshipu.com/operate/1494996.html.

抱”，鼓励人们表达自己的真实情感，结果演讲结束后一群年轻人冲上台去拥抱罗振宇。第二个是“两个箱子”，一个名为“打赏箱”，另一个名为“吐槽箱”，如果对活动满意可以进行不限金额的“打赏”，如果不满意可以写下意见帮助改进。

在日常的运营中，罗振宇长期坚持亲自在微博、微信及客服系统中面向用户回复意见，解决客户问题，与用户直接进行互动沟通。

申音说：“为什么我们能够感动这些用户呢？在中国有太多年轻人活在体制里，活在组织里，他们希望享受互联网带来的自由连接，让他们可以去平等，去分享，去创造。我们帮助用户打开这一扇窗，在我们跟用户之间建立真实的连接。”

坚定社群商业化方向

罗振宇坚持自己的做法，他做罗辑思维一开始就是冲着商业化的方向去的，但他没打算靠视频广告来挣钱，微信、微博里活跃的用户才是他看中的，人以群分，能够接受罗辑思维价值观的人都热衷于争论和表达意见，这点从优酷上的视频评论数就可以看出来。

他没有把这些用户转化为他的个人粉丝，而是建立了用户社群。社群是近几年来兴起的名词，想要从社群中实现商业化的并非只有罗振宇一人。社群让人与人之间产生连接，嫁接资源，产生商机。

2013 年，罗辑思维发起两次“史上最无理”的会员招募，分别在 5 小时与 24 小时内入账 160 万元和 800 万元，依靠忠诚的粉丝完成了一次华丽的招募。

2014 年 6 月，90 分钟之内，罗辑思维售出了 8000 份单价 499 元的图书礼包。

2014 年 7 月 18 日，罗辑思维“真爱特供”月饼开售，“死磕”月饼 100 天，总销量达 40038 盒，其中罗辑思维微信商城售出 23214 盒。

2014 年 10 月 15 日，柳桃在罗辑思维开售；16 日，10000 盒柳桃在 5 个小时内销售一空。“柳传志卖柳桃”在罗辑思维微信公众号上累计点击超过 500 万次。

2016 年，罗辑思维拥有 66000 名付费会员，总共 4000 万元会费收入，罗辑思维也是微信生态强大的一家电商，通过微商城销售书籍、月饼、柳桃等商品，一年累计收入过亿元。

2016 年，罗辑思维推出“罗振宇 2016 个人脱口秀跨年演讲”，一张 VIP 票可以用 20 年，单价 4 万元的 VIP 票以及单价 3.6 万元的听众资格 7 小时卖完，加上赞助费，罗辑思维收入近 4000 万元。

用人格思维凝结社群

在互联网时代，人们的连接成本迅速降低，每个人都可以成为一个具有高连接点的节点，价值将越来越快地回归到个人。工业社会用物来连接大家，互联网社会要用人来连接大家。创新就必须要从物化、外在的东西，重新回到人的层面。因此，罗辑思维一直强调“U 盘化”生存，“自带信息，不带系统，随时插拔，自由协作”。未来大家可以用自己的人格、禀赋为自己创造价值，市场将进入万物有灵的时代。

为了更好地经营、管理社群，罗辑思维还将与会员相关的事宜赋予了特殊的称号，比如“罗利”指的是罗辑思维的会员福利，“罗丝福”指的是罗辑思维的粉丝福利，“会来事”是会员来信有事的简称。罗辑思维的视频节目形式一直保持不变，微信公众号却玩出了诸多花样。微信公众号订阅用户可以投稿，可以推荐每天的微信文章，还可以通过“会来事”栏目求助、征婚、找工作、环游全国……无论多么离谱的想法，只要好玩，发起者都会收到来自社群中其他人的一两百封参与邮件。

罗振宇在社群里就相当于导游手里的那面小旗，他把人们聚集在一起，小旗就是提醒大家我们是同一类人，但是风景是在小旗之外的。

用势能思维建立品牌

罗振宇将传统的品牌建设与“势能思维”分别比喻为“塔”与“浪”。他认为，“工业社会一直在造塔，品牌就是塔，因为地基坚实，不会改变，只要有钱有时间，你就能造出塔来，移动互联网时代，我们只能造浪，因为水无常形，急剧变化，我们只能像造浪机一样不断掀起新的浪潮”。

用社群力量拓宽边界

罗辑思维与其他自媒体、互联网产品最大的差异在于，除了数百万用户，罗辑思维还建立了一个由数万人组成的付费会员群体。这个群体成为罗辑思维不断扩展事业边界的核心力量。而他们每年只开放一次会员招募，并明确宣布罗辑思维会员群体最终上限为 10 万人，绝不扩大。在每次会员招募时，罗辑思维都不会承诺任何的会员物质回报权益，会员更多的是秉持“供养社群”与“价值认同”的理念来支付会员费，罗辑思维的会员群体是一个以价值观为基础的创业和知识社群。

【综合练习】

一、单项选择题

1. （　　）的概念源于互联网思维。

A. 知识型社群　　B. 品牌型社群　　C. 兴趣型社群　　D. 产品型社群

2. 以下哪个不是社群的心理特征？（　　）

A. 易冲动　　B. 易敏感　　C. 易受暗示　　D. 易夸张

3. 以下哪个不是社群运营的商业本质？（　　）

A. 用户主导　　B. 数据驱动

C. 稳定性差　　D. 定制化 C2B 商业形态

4. 商业型社群中，管理人员的设置中负责日常管理的是（　　）。

A. 创建人　　B. 日常管理人

C. 拉新人员　　D. 若干合作对象

5. 抖音的推荐机制是（　　），靠大数据模型去做推荐，主打前卫内容，更新及时，主要人群集中在一、二线城市。

A. 用户体验　　B. 黏性

C. 中心化　　D. 去中心化

6. 以下不属于社群运营中用户运营5个要点的是（　　）。

A. 管理者的内、外部的连接　　B. “群”特质的强调

C. 有价值的内容持续输出　　D. KOL 的打造与挖掘

7. 在社群运营上，（　　）才是维持社群生命力的基本要求。

A. 资金　　B 社群的基础运营　　C. 能量的不断补充　　D. 团队的管理

8. （　　）是自媒体运营的核心，自媒体将自己的信息、价值、理念传播出去，靠的是内容，而文字、视频、音频等介质均为载体。

A. 内容　　B. 利益　　C. 粉丝　　D. 流量

9. 互联网的出现，打破了时空限制，使人们随时随地、足不出户就能够买到各种各样的商品。这样的商业现象就意味着一种商业逻辑的更迭——由抢占“空间资源”转换为抢占（　　）。

A. “流量资源”　　B. “时间资源”　　C. “粉丝资源”　　D. “领域资源”

二、多项选择题

1. 社群运营中的用户运营是当用户通过一定的途径形成了“群”后，针对该群中的用户进行（　　）其参与既定运营活动的方式与方案，不同于其他形式的用户运营。

A. 拉新　　B. 维护　　C. 留存　　D. 刺激

2. 建立抖音账号定位需要把握两个核心：（　　）。

A. 内容稳定　　B. 内容输出　　C. 合作方是谁　　D. 变现路径

3. 社群的道德特征是（　　）。

A. 合作　　B. 跟风　　C. 无私　　D. 奉献

4. 社群，它的成员是“兴趣相投”的消费者，它的特质是（　　），并且具有中心固定、边缘分散的特性。

A. 分散化　　B. 去中心化　　C. 兴趣化　　D. 稳定化

5. 罗辑思维一直强调的 U 盘化生存具体是指（　　）。

A. 自带信息　　B. 不带系统　　C. 随时插拔　　D. 自由协作

6. 以下属于互联网时代社群的是（　　）。

A. 产品型社群　　B. 品牌型这群　　C. 知识型社群　　D. 工具型社群

7. 社群运营的商业本质是（　　）。

A. 需求多样化　　B. 用户主导

C. 数据驱动　　D. 定制化 C2B 商业形态

8. 商业的一切环节皆体验主要是指（　　）。

A. 体验为王　　B. 分享为王　　C. 社群商业变现　　D. 定制为主

三、名词解释

1. 社群

2. 社群运营

3. 自媒体

4. 意见领袖

四、简答题

1. 简要描述社群运营的商业本质。

2. 简述社群的群体效仿特征。

3. 社群主义代表人物麦金泰尔提出的社群主义的德性论表示真正的社群必须具备哪些特征?

五、论述题

1. 概述社群运营的核心点。

2. 从罗辑思维的运营中你得出什么运营思维?

附录　速卖通实验教学

第一节　速卖通平台介绍

速卖通平台成立于2009年，于2010年正式上线并对外开放，是阿里巴巴旗下唯一面向全球市场打造的，为帮助中小企业接触终端批发零售商，实现小批量、多批次快速销售，拓展利润空间而全力打造的融合订单、支付、物流为一体的外贸在线交易平台。近年来，速卖通平台飞速发展，目前已覆盖全球200多个国家和地区，海外成交买家超1亿人次，拥有世界上18个语种站点，是全球第三大英文在线购物网站。

第二节　速卖通实验教学平台

速卖通版跨境电子商务实训平台围绕阿里巴巴速卖通平台的整个业务流程对学员进行具体的教学实训指导，对接速卖通平台的商业模式和平台功能，让学员有机会参与体验跨境电子商务交易平台的交易流程和工作环节。跨越实操障碍，全面提升学员的跨境电子商务运营、管理和操作能力，让学员的理论知识在实践中得到充分的应用。

平台上提供了速卖通跨境业务的课程目录，内容涵盖速卖通店铺开店、产品管理、店铺开通及装修、交易管理、店铺营销管理和数据分析。平台还模拟了企业卖家、买家台、跨境直邮、海外仓、运营商等交易主体，形成跨境交易平台、店铺后台、国际物流方、支付系统、海关监管系统、运营监管系统等多维一体的B2C仿真跨境交易模式，让学员模拟跨境电商企业的操作模式，以不同身份在平台内演练操作。通过让学员全方位体验跨境电商基本工作流程，使学员具备跨境店铺运营管理、客户服务、数据分析和电商操作技能等业务能力，同时了解外围服务机构的商业活动和服务内容。

第三节　教学实验安排

实验一　卖家账户注册

实训目的

（1）通过实训让学员了解开店条件，以及需要提供的开店资料；
（2）了解如何快速地入驻跨境电商平台，熟悉店铺注册开通流程。

实训内容安排

1. 了解速卖通平台

认识和了解速卖通平台的发展现状、平台的重点市场和行业、各类目技术服务年费、入驻要求和流程。

2. 注册账号

在实训平台上完成卖家账号注册，获得卖家账号；完善账户基本信息，设置接收通知的手机号和邮箱。

实验二　企业入驻

实训目的

（1）了解速卖通平台产品经营类目；
（2）了解店铺分类及区别；
（3）掌握通过速卖通平台申请品牌商标的流程。

实训内容安排

1. 企业商标入库

通过速卖通平台在线申请注册商标，将企业品牌商标加入速卖通平台品牌库，根据经营类目、品牌查找商标、签订品牌服务协议，向平台运营商申请商标发布权限。

2. 企业认证

向平台提交账号确权申请函，上传企业资料，完成企业认证；向平台提交店铺经营大类及类目，获得类目经营权限；缴纳店铺经营对应类目的年技术服务费。

实验三　产品管理

实训目的

（1）了解如何确定发布产品所属类目；
（2）掌握如何快速发布新产品，掌握产品详情页的编辑及管理；
（3）掌握如何使用产品信息模块制作关联营销模板；
（4）学会使用图片银行，对产品图片进行合理的分组管理；
（5）了解产品分组的用途，掌握如何创建产品分组；
（6）学会使用速卖通平台免费提供的橱窗推荐营销方式；
（7）掌握运费模板、海外仓运费模板、服务模板和尺码模板的设置方法；
（8）了解速卖通平台规则及违规处罚规则；
（9）学会使用商品诊断和排名查询工具，检查店铺产品信息设置和排名情况，并进行优化处理。

实训内容安排

1. 设置产品运费模板、服务模板和尺码模板

针对不同国家设置多个运费等级，设置服务模板，为服务模板设置名称，选择特色服务以及退货服务选项。尺码模板的设置涉及服装、鞋子、珠宝等，确定尺码模板的分类后，设置模板维度和尺码。

2. 利用模板快速发布新产品

在发布产品之前卖家需要先通过开店考试。试卷总分 100 分，卖家考试成绩需达到 90 分及以上才能进入下一流程，考试次数不受限制。卖家发布产品前需要先确定新产品所属类目，设置产品基本信息、包装信息和其他信息，选择物流运费模板、服务模板、尺码模板，将产品信息填写完整后，才能成功发布产品。

3. 创建产品信息模板

产品信息模板可以放入产品、文字、图片和链接，方便卖家做营销，每个产品详情页都可以反复修改和更新。模板类型分为关联产品模块和自定义模块。

4. 设置橱窗推荐产品

挑选主打产品、热销产品、新产品或者季节产品等为橱窗推荐产品，可以增加产品流量，进一步提升曝光率。

5. 管理图片银行

图片银行是速卖通专属的图片存储、管理空间，支持卖家完成图片搜索、删除、上传、分组等操作。

6. 创建产品分组

卖家创建产品分组，可以在产品大组下再创建子分组，创建成功后可以对组进行修改命名，或者添加新的产品进入产品组。

7. 查看商品诊断信息

在产品管理—诊断中心—商品诊断的商品诊断统计—商品质量优化—物流设置优化查看商品信息违规行为、质量违规行为和需要调整运费模板的商品，并及时进行处理。

8. 店铺商品排名查询

通过排名查询工具，根据关键词查看产品在速卖通平台的排名以及竞争对手的排名，根据排名查询结果优化产品关键词。

实验四　店铺开通与装修

实训目的

（1）了解不同店铺类型的店铺开通条件；

（2）掌握店铺装修页面编辑工具和在线布局工具的操作。

实训内容安排

1. 店铺开通

成功发布 10 个以上产品信息以后，为自己的店铺取一个名称，再根据目前速卖通提供的官方店、专卖店和专营店三种类型申请开通店铺。

2. 店铺装修

首先进入布局管理，确定店铺结构，增减店招模块、图片轮播模块、商品推荐模块、自定义内容区模块，然后进入页面编辑，编辑各模块。

实验五　交易管理

实训目的

（1）认识速卖通交易前台，以买家身份进入体验购物流程；

（2）掌握速卖通跨境直邮订单发货操作的基本流程；

（3）掌握速卖通海外仓订单发货操作的基本流程；

（4）了解跨境直邮和海外仓两种物流模式的订单配送操作流程；

（5）掌握客户评价管理。

实训内容安排

1. 买家购物体验

模拟买家角色注册买家账号，搜索需要购买的产品，并完成订单支付。

2. 注册直邮物流商账号

注册直邮物流服务商账号，完成海关备案、购买仓库、创建面单、添加员工信息等业务准备工作。

3. 订单直邮发货处理

买家付款后，选择直邮发货，添加物流信息，包括收件人信息、邮件基本信息、邮寄费用，选择直邮物流服务商。向直邮物流服务商支付物流费用，完成支付后，所有配送业务都由物流公司完成。

4. 跨境直邮物流配送处理

跨境直邮物流服务商完成货物入库、分拣合拢、委托单管理、入境报检、货物出库、进出口报关、封发清单、配送签收和货物退税等处理流程。

5. 注册海外仓物流商账号

每个学员都可以注册海外仓物流商账号，体验海外仓订单处理的所有业务流程。进入海外仓物流商后台后，需要创建仓库，管理仓库基本信息。

6. 申请海外仓用户

选择海外仓物流服务商，然后提交海外仓账号注册申请，由海外仓物流服务商审核。录入海外仓产品基本信息，提交头程签收申请，再由海外仓物流服务商将货物运至海外仓仓库。

7. 海外仓订单发货处理

卖家向海外仓申请订单派送，海外仓物流服务商接收到订单派送请求后，由海外仓物流服务商代理进口报关，填写进口报关单，完成最后的派送服务。

8. 客户评价管理

买家对产品进行评价后，卖家可在管理交易评价中对买家进行评价。设置“黑名单”屏蔽恶意买家，避免不必要的损失。

实验六　店铺营销管理

实训目的

（1）掌握后台平台活动、店铺自主营销、联盟营销等不同营销活动的设置技巧及方式；

（2）了解直通车营销与联盟营销的区别和竞价排名规则；

（3）掌握直通车开通步骤，新建推广计划，从而提升店铺的访客量、曝光量、订单量；

（4）学会灵活自定义客户分组，进行有效的客户营销。

实训内容安排

1. 参加平台活动

系统提供的平台活动包括促销活动、品牌闪购和爆品。卖家报名参加平台活动，选择活动商品，设置活动商品数量、折扣率。

2. 开展店铺活动

店铺自主营销活动主要有限时限量折扣、全店铺打折、店铺满立减、店铺发放优惠券等。卖家需要设置相应的活动基本信息、活动商品及促销规则。

3. 联盟营销

卖家可以申请加入联盟营销，设置店铺默认佣金、类目佣金、主推商品佣金，查看联盟营销报表，关注主推产品报表、流量报表、订单报表、退款报表以及成交详情报表，来了解推广效果和相关数据。

4. 直通车营销

首先确定直通车营销活动产品，可通过搜索词分析，从热搜词词表、飙升词词表中，按转化率或者点击率对搜索词进行排序，事先筛选出与产品相关性高的关键词。因为直通车按点击量收费，所以卖家参加直通车营销活动推广，就需要向直通车账户中充值。新建快捷推广计划。查看直通车数据报告，监控效果，优化调整。将最受欢迎的产品转入重点推广。

5. 客户管理与营销

首先卖家根据客户特征创建多个客户分组，将未分组的客户移入不同的分组或调整客户分组。卖家可按客户分组或客户类型对客户进行邮件营销或优惠券营销。

实验七　数据统计分析

实训目的

（1）了解数据分析的基本步骤；

（2）了解数据分析专业术语，了解各数据指标代表的含义和指导价值；

（3）掌握后台的实时风暴数据分析、店铺经营分析、商机发现和能力诊断等工具的应用。

实训内容安排

1. 实时风暴

查看当天店铺主营行业实时交易额排名、店铺流量和销量数据（包括曝光量、浏览量、访客数、订单数、转化率、成交金额等）及上周同比数据，及时了解店铺流量变化，判断商品信息优化、营销活动等调整带来的直接效果。

2. 经营分析

查看店铺的成交分析数据、商铺流量来源数据、商铺装修效果数据、单个商品指标分析数据。使用营销助手分析工具分析各类营销活动效果，分析店铺商品提升点。

3. 能力诊断

利用“八卦镜”工具从综合能力、转化能力、引流能力、商品能力、营销能力、服务能力、平台规则能力等维度对店铺数据进行分析和解读。

4. 商机发现

查看行业情报数据，了解市场行情变化趋势。查看各行业竞争指数，分析、寻找蓝海行业。根据行业，选择热搜产品词和热销产品词，查找竞争度小、产品供需指数小、产品搜索热度高的产品。查看各行业买家搜索的热门词、飙升词和零少词。